山东省政府决策咨询研究重点课题(18AZBJ06)

加快推动医养结合 建设健康山东研究

朱孔来　朱孟斐　孔 杨　著

山东大学出版社

图书在版编目(CIP)数据

加快推动医养结合　建设健康山东研究/朱孔来，朱孟斐，孔杨著.—济南：山东大学出版社，2019.8

ISBN 978-7-5607-6399-6

Ⅰ.①加…　Ⅱ.①朱…　②朱…　③孔…　Ⅲ.①养老—社会服务—研究—山东　Ⅳ.①D669.6

中国版本图书馆 CIP 数据核字(2019)第 174238 号

责任编辑：米克荣
封面设计：牛　钧

出版发行：山东大学出版社
　　社　　址　山东省济南市山大南路 20 号
　　邮　　编　250100
　　电　　话　市场部(0531)88363008
经　　销：新华书店
印　　刷：山东和平商务有限公司
规　　格：880 毫米×1230 毫米　1/32
　　　　　8.5 印张　213 千字
版　　次：2019 年 8 月第 1 版
印　　次：2019 年 8 月第 1 次印刷
定　　价：36.00 元

前　言

近些年来，我国人口结构变化迅速，人口老龄化加剧、家庭规模小型化、空巢化、少子化等因素带来的养老问题越来越受到社会的普遍关注，作为最基本的传统养老方式——家庭养老受到严重冲击、难以为继。随着高龄老人、失独老人、空巢老人、失能及半失能老人、慢性病老人不断增加，他们除生活照料外，对医疗卫生、康复护理、心理慰藉等方面的需求越来越迫切，传统的以“养”为主的养老服务模式难以满足老年人医疗健康方面的需求。事实上，随着生活条件改善和人均预期寿命延长，老年人对医疗健康的需求往往比单纯的生活照料和经济支持更加迫切，所以在保障老年人基本生活水平的基础上，如何切实满足老年人生理和心理两方面的护理需求，为老年人提供更为专业的医疗护理和心理慰藉服务将变得十分必要。在这一背景下，开展医养结合的养老服务是大势所趋，显得越来越重要。如何更有尊严地养老，如何让老年人“老有所养，病有所医”，安享晚年生活，成为当下社会亟待解决的问题。

山东省早在1994年就步入老龄化社会(比全国早5年)，目前是全国老年人口最多的省份，也是全国老龄化程度最高、发展速度最快的省份之一。2017年底，全省60岁及以上老年人达2137.3

万人，占总人口的21.4%，高出全国平均水平4.0个百分点；65岁及以上老年人1399.8万人，占总人口的14.0%，高出全国平均水平2.6个百分点。2018年底，全省60岁及以上老年人达2239.5万人，占总人口的22.3%，高出全国平均水平4.4个百分点；65岁及以上老年人1511.1万人，占总人口的15.04%，高出全国平均水平3.14个百分点。初步测算，目前在老年人口中，失能老人约112万人，半失能老人约336万人，空巢老人约1000万人；80岁以上高龄老人约350万人；今后几年，我省老年人口仍将以每年100万以上的速度呈递增状态增加，每年新增老年人口是新增人口的两倍多，老龄化程度以每年提高1个左右百分点的速度递增，递增速度比全国平均水平高出0.4个百分点。面对如此严重的老龄化形势，面对老年人旺盛的养老和医疗健康的双重需求，开展医养结合的养老服务成为解决供需矛盾的新途径，既能够有效满足健康养老需求，也能够有效实现医疗与养老资源的共享和利用效率的最大化。如何根据山东实际，推动医养结合、加快健康山东建设，省委、省政府和社会各界高度关注，加之山东省是全国唯一的医养结合示范省，因此开展此课题研究对更好地服务领导决策意义重大，对推动健康养老产业发展、新旧动能转换和高质量发展也具有重要意义。

作者以党的十九大提出的“健康中国”战略为大方向，结合《健康山东2030规划纲要》《山东省创建全国医养结合示范省工作方案》，经过近一年的深入调研，基本摸清了山东省医养结合、健康养老产业发展、医疗卫生工作的基本状况，深入分析了山东省医养结合和健康养老产业发展面临的形势和阶段性特点，基于全民健康的视角、以健康老龄化为目标探索出了不同养老方式在城区、乡镇和村级医养结合养老服务的优化模式；对照相关规划目标以及国内外先进经验，分析我省差距，从宏观和微观相结合角度找出了我省在医养结合、健康养老产业发展及医疗卫生工作中存在的困境

和问题，并针对目前存在问题，提出了系统的解决方案和一系列相应的对策建议。

本书分为九大部分，分别是：国内外医养结合养老服务研究现状评述；医养结合养老服务提出背景及相关理论问题；国内外医养结合养老服务典型案例及对山东省的启示；山东省医养结合养老服务开展情况和主要模式；山东省医养健康产业基本状况及阶段性特点分析；山东省养老业及医养结合工作目前存在的主要问题；山东省基层医疗卫生发展目前面临的困境和问题、推进医养结合和加快健康山东建设的改革措施和相应对策建议；在完成课题研究成果的基础上，另外撰写了 30 篇调研报告和决策咨询建议。课题研究基本达到了预期的目标，顺利完成了规定的研究任务。

本书主要是课题综合研究报告的内容，课题研究过程中撰写的调研报告和决策咨询建议因字数太多，未收录书中。

目　录

第一部分

国内外医养结合养老服务研究现状评述

部分发达国家步入老龄化国家行列早，自然对医养结合探索起步早，他们在养老领域的研究从深度和广度上均比我国全面，并早就进行养老服务和医疗卫生服务一体化方面的改革，形成了具有本国特色的医养结合养老模式。尤其是日本、英国、美国医养结合养老模式都经历了初步形成、快速发展、不断完善等过程，且都根据本国国情形成了比较成熟并极具代表性的医养结合养老模式（具体为英国综合照料、美国 PACE、日本介护保险制度），这三种医养结合的养老服务模式为保障本国老人切实利益、提升老人生活质量起到至关重要作用。国内关于医养结合养老模式的研究开展得较晚，但发展较快，尤其是 2013 年医养结合进入实践探索以后，关于医养结合的研究不断增多并呈“井喷”之势。

一、国外医养结合状况

一些发达国家从 20 世纪中期开始进行健康服务与社会照护

服务一体化改革(即医养结合),尤其是英国、日本、美国的模式比较成熟并具典型性。

(一)英国综合照料模式

英国从20世纪70年代始将医养结合作为重要政策目标,最初发展社区照料,2002年起建立起综合照料模式。该模式以被照护者为中心,以资源整合为核心,以整合健康和社会照护服务为重点,为被照护者提供持续优质综合服务,学界认为是资源整合的有效模式。Shortell(2002)、Grone(2002)、Mahiben(2015)等指出,综合照料通过联合生物模型和心理模型,最大化将健康服务供给所需人群,促进效率最大化。但Caroline(2003)认为,虽然“综合照料”能够整合资源、提高效率,但在整合过程中所涉及人员、组织和团队没有实现很好协作,同时存在操作复杂、管理困难、资金使用不清等问题。

(二)美国PACE计划

美国的医养结合主要有老人全包服务项目(PACE)、集中养老居所服务、居家长期照护服务等,其中PACE享誉全球。PACE计划起源于1973年,参与PACE的服务机构为老人提供日常照料、护理、保健、诊疗等综合性服务,并根据每位老人实际,制订服务计划,下达服务任务,且参与机构自主运营、自负盈亏。Mni(2002)认为,PACE计划虽为老年人提供全面养老服务,但在人才培养、政策支持和服务内容方面还需完善。Lyneh(2009)等指出,美国PACE计划虽减少了医疗费用支出,但在照料范围、政府支持力度、经营风险等方面发展缓慢,需进一步改善。

(三)日本为代表的长期介护保险制度

日本医养结合始自20世纪90年代实行的长期介护保险制

度，该制度在日间照护中心、老人养护之家、老年福利中心、老年公寓中得以应用。Black(1994)、Jones(1997)认为，长期介护制度为失能半失能老人提供基础性医疗服务和日常照料服务，减轻了被保险者负担，提高了生命质量。但也有学者认为，该制度实施过程中可能面临选择风险和道德风险，具有规模“挤出效应”，资金不足和护理人才缺乏是实施该制度面临的难题。另外，德国也推行长期照护保险制度，实行现收现付制。我国学者佘瑞芳、谢宇(2018)认为，该制度不足之处主要表现为：如根据护理需求的频率和时间决定长期护理服务的等级和资格，可能会使参保者的部分需求不能得到最大程度满足。

二、国内医养结合研究动态

我国医养结合最早是2005年由郭东等人提出，当时未引起重视。对医养结合的研究直到2013年国务院下发相关文件后学术研究才骤然增多。在中国知网检索，2013～2018年全国医养结合论文为分别37篇、121篇、351篇、660篇、899篇、1020篇，其主要研究内容和代表性观点如下：

（一）医养结合内涵研究

目前，国内学者对医养结合的内涵没有统一论述，也缺乏系统化的、理论性研究。其主要有三种观点：第一种观点认为，医养结合是医疗资源与养老资源相互平等地结合和共享。如郭东等(2005)认为，医养结合是指“医疗机构与养老机构之间的多方式结合”；李苗苗(2018)认为，医养结合是指医疗资源和养老资源的结合，以最大限度地利用社会资源；张晓洁(2018)认为，只有对“医”和“养”以同样重要的眼光看待，才真正叫“医养结合”。第二种观点认为，医养结合是在基本养老服务即生活照料基础上，着重强调健康医疗服务，即“医”比“养”更重要，如杨景亮(2012)、袁晓航(2013)、王素英等(2013)指出，医养结合是以基本养老服务为基础，重点提高老年人疾病诊治、护理、康复等的服务质量；当然也有人认为，医养结合中的“医”与“养”重要程度要根据老年人阶段性需求各有侧重，张功震(2016)、杜鹏和王雪辉(2016)持上述观点。第三种观点强调“整合”理念，如王长青(2016)指出，医养结合是部门职能、资源协同、服务体系精准、服务主体互补等多重整合；张峰(2018)认为，医养结合是将养老和医疗资源有效整合，将社会资源有利方面展现出来；杨贞贞(2014)、鲍捷(2015)指出，医养结合指医疗资源与养老机构、社区、家庭老年照护服务相互融合、相互促进的功能整合性服务体系；郭聪(2016)认为，医养结合是根据人体健康及患病不同时期的不同需求，由服务提供主体(医院、养老机构、社区)向有需求的老年人提供符合其养老护理需要的医、养服务，逐渐形成的医养康护一体的合作式服务；杨贞贞(2014)、鲍捷(2015)认为，医养结合模式是指医疗资源与养老机构、社区、家庭老年照护服务相互融合、相互促进的功能整合性服务体系；徐淑娟(2018)认为，医养结合养老服务不是独立存在的一种模式，而是在多种养老服务模式的基础上融入健康管理的内容，与国外发达国家长期照护基本一致。

(二)医养结合模式研究

多数学者认为有养中办医、医中办养、养医结合三种模式；也有人认为分四种，即养老机构新建医疗机构型、医疗机构新建养老机构型、医疗机构转型为医养结合型、医疗机构与养老机构合作型。还有其他观点，如刘稳(2015)、孟颖颖(2016)等认为，分整合照料、联合运行和支撑辐射三种模式，唐敏(2018)在此基础上又加上“社会自办”型；刘清发(2015)将医养结合分为科层组织模式、契约模式以及网络模式三类；杨翠迎、鲁於(2018)又称之为养老机构

主导型、医疗机构主导型和双方合作型。王建云(2015)认为,医养结合路径包括单一机构同时提供医疗康复护理服务和日常生活照料服务,符合条件的综合医院开设老年病科、老年病房,中心型养老机构与社区卫生服务中心或乡镇卫生院合作,社区卫生服务中心和乡镇卫生院与家庭建立合作关系等。尽管上述表述不同,但实质上的模式分类大同小异。

(三)医养结合存在问题研究

许多学者认为,目前我国医养结合普遍存在以下问题:管理标准不统一,医养融合不紧密;部门职责不清晰,服务定位模糊;人才短缺,资金短缺,信息智能化建设不足等。目前医养结合的实施涉及卫健、民政和社保三个部门。卫健委负责管理医疗卫生服务,民政负责管理养老机构,社保负责管理医疗报销。当今社会这三个部门分立存在,因行业差异、制度分设、财政分割等因素,尚未就医养结合养老事业制定出统一的管理标准,导致医养结合相关举措无法落实。吴侃(2016)认为,医疗机构属于卫生部门管理,养老机构属于民政部门管理、医疗保险归于医保部门管理,因为需要多个部门配合和共同管理,应该要具体明确各部门的各自职责和任务。但在目前管理中,各部门对其职责的定位仍然不明确。孟颖颖(2016)认为,具备公立、民营大型、专业化较高等特点的养老或医疗机构基于自身已有基础,能顺利增设“医+养”业务,但在不少已开展“医养结合”服务的机构中,存在较为严重的盲目定位高端市场、瞄准高端人群的问题,不能很好地契合本地区的经济发展水平、消费水平、人口结构等实际养老需求,严重影响了养老机构的入住率。袁晓航(2013)认为,医养结合的困境是缺乏配套政策和制度、部门职责不明晰、政策支持不够、资金和护工短缺、供需不匹配、服务不专业;米红(2013)、杜少英(2018)认为,医疗与养护缺乏协同联动;黄佳豪等(2014)认为,老年人评估体系缺失,服务供需结构失衡；杜少英(2018)认为，因政府部门比较强势，降低了民间社会资本的参与热情；王浦劬(2018)认为，断裂性医保机制造成医养对接难，孱弱性激励机制造成专业医护人员匮乏；蒋金鑫(2018)认为，评估与监督体系不完善也是主要问题，等等。

(四)医养结合实践案例研究

近几年来，国家在90个城市开展医养结合试点，学术界有一些案例研究。李珽龙(2018)对太原、周国明(2014)对宁波、李杰(2015)对青岛、陈庆琳(2014)对南京、邹茜(2018)对南昌、邹霞(2014)对大连、李万瑜(2018)对哈尔滨、夏家红(2014)对武汉、沈婉婉(2015)对上海、臧少敏(2015)对北京、徐淑娟(2018)对呼和浩特进行了案例研究；黄佳豪(2014)对天津、合肥、青岛、长沙四市，李长远和张举国(2017)对上海、苏州、青岛三市进行了比较研究。与试点城市数量相比，目前的案例研究相对较少。

(五)医养结合支持政策和改进对策研究

学术界分别从政策、制度、资金、人才及服务内容等提出了一些建议，对长期护理保险、医养结合专项基金呼声较高。赵晓芳(2014)认为，医养结合模式的推进需要从理念、政策、制度及人才四个方面为其提供战略支撑；耿爱生(2015)认为，需要社会氛围、制度体系、组织保障三方面的支撑。佘瑞芳(2014)、钱红祥(2015)、吴侃(2016)认为，政府应当将医养结合纳入国家健康服务业政策，将医养结合养老模式纳入社会经济建设发展总体规划、城市建设总体规划和医疗资源分布规划当中去，制定中长期发展规划，增强政策的支持力度。黄佳豪(2014)、吴侃(2016)认为，在医养结合中引入社会资本尤为重要，社会资本可以自主决策举办营利性或非营利性医养结合机构，也可以通过信贷支持、闲散资金整合、专项基金和集中式支付机构建立等多种方式解决资金问题。郝涛等(2018)认为，医养

结合中的困境可通过对接PPP模式、更多地让社会资本参与得以破解。钱红祥(2015)、夏天慧(2018)认为,教育部门应规划完善现有教育体系,加强养老服务人员的教育培训,提高其文化素质和专业水平,确保为老年人提供优质高效的养老服务,医养结合养老机构应建立资格认证、激励机制、职称评定体系,加强技术人才能力建设和提高专业护工的社会地位和待遇,以缓解老年照护人才短缺的问题。黄佳豪等(2014)认为,医养结合机构需要对老年人进行活动能力评估和服务需求调查,划分不同功能服务区,如慢病预防管理区、大病康复护理区、急病诊治区、临终关怀区、生活照料区等,针对不同老年人开展适应性养老服务。

(六)医养结合模式创新研究

伴随人口老龄化、高龄化的加剧,老年人的医护诉求剧增,养老需求日益多样化,探索创新医养结合养老服务模式,加快发展健康产业,是"健康中国2030"国家战略的重要主题。袁晓航(2013)早在2013年就研究基于多地调研从实践中凝练出医养结合机构养老的创新模式,以患有慢性病、残障、大病康复期、绝症晚期的失能老人为目标群体,以养老机构内设医疗机构、养老与医疗机构合作等创新方式提供服务,并重点强调区别于传统机构养老服务的专业医疗服务。闫薇(2018)、支建福(2018)认为,健康老龄化的提出,对于我国的养老未来提出了新要求,社区居家医养结合养老模式应运而生,作为养老模式的一股新势力,社区养老的建立有利于缓解我国日益增多而无法有效解决的老龄人口医养问题,提高老年人的生活质量和幸福度,减轻年轻劳动力的负担,减少政府的隐形成本,成为一种切实可推广的养老新选择。考虑到政策推行和具体实践过程中,因缺乏理性的制度设计、均衡的供给策略、有效的主体互动以及协同的技术干预,出现粗放发展的困境,难以发挥政策正效应等问题,邓大松(2018)认为应从各参与主体的行动逻辑出发，积极进行路径探索和模式创新，提高供给效率，为老年人建立持续的服务保障，促进社会经济发展。

三、国内外研究现状述评

通过对国内外研究现状的述评，我们认为，国外医养结合起步较早，开创了各具特色的模式，尤其是日本、美国、英国的模式和经验值得我国借鉴。国内研究起步晚，没有成熟、完备的理论，学术研究来自实践推动并滞后于实践。实践方面，国家在 90 个城市进行试点探索了一些特色模式，这些模式值得其他城市借鉴，但目前进行案例研究不够。

我们认为，学术界对医养结合研究存在如下缺陷：一是理论研究碎片化突出，缺乏系统性的综合研究；二是对医养结合试点城市总结研究较少，缺乏不同试点和特色模式的比较研究；三是侧重对“机构养老”模式进行研究且比较空泛，缺乏“社区养老”“居家养老”医养结合模式的研究，更缺乏不同模式的比较研究和评估研究；四是缺乏从“整合”视角对机构养老、社区养老、居家养老在不同地域层次（如城区、乡镇、村）医养结合优化模式的系统研究，尤其评判标准是“空白”；五是缺少针对具体医养结合模式支持政策的研究以及体制机制保障等的研究。

研究方法也存在不足：一是有些学者不注重实践调研，纸上谈兵，坐而论道；二是研究切入点主要从供给侧，缺乏需求侧研究；三是研究方法不够广泛，多为实证研究，以案例分析法为主，缺乏定量及综合评估研究。上述缺陷，不能有效指导并解决实践问题。

第二部分

医养结合养老服务提出背景及相关理论问题

一、医养结合养老服务提出背景及发展进程

综观国际养老方式的发展历程，自 20 世纪 90 年代中期以来，国际社会开始提倡以“持续照顾”理念为主的养老服务。提出养老服务不再只是提供传统的服务，还应增加老年群体更加注重的医疗护理、临终关怀等服务。在国际浪潮的指引下，我国逐步探索具有中国特色的医养结合养老体系。

我国老龄化程度和速度正在加剧，对养老服务需求的数量和质量均在提高，尤其是对医疗健康的需求不断增长，医养结合养老服务模式便在这样的背景下应运而生。相对日本、英国、美国等发达国家，我国医养结合起步比较晚。2005 年，我国学者郭东等人正式提出“医养结合”概念，但当时未引起重视。2000 年，太原率先开始医养结合养老模式实践，相继带来了全国各地的养老机构仿效改进，走上了医养结合养老模式的探索之路。民政部于 2011 年首次提出养老机构要发展医养结合，建立综合的养老服务网络，自此医养结合进入国家治理层面。

“十二五”以来，医养结合发展逐渐引起政府的重视。随着人口老龄化程度的不断提高，政府密集出台相关政策力促医养结合发展。2011年，国务院办公厅发布了《社会养老服务体系建设规划(2011～2015年)》。规划中明确提出，机构养老重点推进供养型、养护型、医护型养老设施建设。这是我国首次在国家政策文件中强调机构的医养结合发展。

2013年7月开始正式实施的新修订的《老年人权益保障法》中加入发展医养结合服务的内容，为医养结合服务的快速发展提供了良好的法律基础。2013年以来，由于国家高度重视，医养结合和养老业得到快速发展。2013年9月，国务院出台了《国务院关于加快发展养老服务业的若干意见》。明确提出积极推进医疗卫生与养老服务相结合，并提出医养结合的具体措施，鼓励养老机构、医疗机构、社区服务机构通过多种形式开展医养结合服务。同时健全医疗保险机制，完善医疗报销制度，鼓励发展长期护理保险、意外伤害保险等保险产品。2013年9月28日，国务院出台了《国务院关于促进健康服务业发展的若干意见》，该文件提出加快发展健康养老服务，在养老服务中充分融入健康理念，加强医疗卫生服务支撑，建立健全医疗机构与养老机构之间的业务协作机制。加快发展社区健康养老服务，提高社区为老年人提供医疗护理、康复保健等服务的能力，鼓励医疗机构将护理服务延伸至居民家庭。这两个意见是我国发展医养结合的最高指导性文件，明确了未来较长时期内的医养结合服务的发展方向和实施举措。以此为标志，我国全面推进医养结合工作。

2014年11月，国家卫生计生委发布了《养老机构医务室基本标准(试行)》和《养老机构护理站基本标准(试行)》，明确了养老机构内设医务室、护理站的功能定位，细化了配置标准，为养老机构新办以及配套设置医疗机构提供了行动指南。

2015年11月18日，国务院办公厅转发了《卫生计生委等部

门关于推进医疗卫生与养老服务相结合指导意见的通知》。《通知》明确要求推动医养融合发展，强调建立完善医疗卫生机构与养老机构合作机制，支持养老机构开展医疗服务，促进医疗卫生资源进入居民家庭、社区和养老机构，推动医疗卫生机构与社区养老服务延伸到社区、家庭等；《通知》提出医养结合发展的目标和重点任务，并特别提出推动医疗卫生服务延伸至社区、家庭。该《通知》的发布标志着我国医养结合服务发展进入了新的发展阶段，不断向实现健康老龄化的目标转变，医养结合已纳入健康中国、国家老龄事业发展、医药卫生体制改革、健康老龄化等国家战略和重要规划，医养结合成为养老服务业和健康服务业供给侧结构性改革的共同焦点和着力点。

2016 年 6 月，在《国民经济和社会发展第十三个五年规划纲要》中，医养结合政策进一步细化，提出要建立健全医养结合体制机制和政策法规，逐步形成覆盖城乡的医养结合服务网络。《国家卫生计生委办公厅、民政部办公厅关于确定第一批国家级医养结合试点单位的通知》(国卫办家庭函[2016]644 号)之后，国家大规模开展医养结合试点。《国家卫生计生委办公厅关于印发医养结合重点任务分工方案的通知》(国卫办家庭发[2016]340 号)，将医养结合纳入了督查工作的重点。

2017 年 1 月 11 日，国务院发布了《“十三五”卫生与健康规划》，着重强调重点推进的十项工作之一就是要积极发展老年健康服务，推动医疗卫生与养老服务融合发展。同时要加快发展健康产业，支持社会力量以多种形式参与健康服务，满足群众多元化不同层次的健康需求。同时，多部门联合下发了《工信部、民政部、国家卫生计生委关于印发智慧健康养老产业发展行动计划(2017～2020 年)的通知》(工信部联电子[2017]25 号)，相关试点工作深入推进，在全国遴选确定了 90 个城市(区)为国家级医养结合试点单位，22 个省级行政区设立了省级试点单位，形成了一批可持续、可复制的政策措施和创新成果。

2018年,中共中央、国务院《关于完善促进消费体制机制进一步激发居民消费潜力的若干意见》、国务院办公厅《关于印发完善促进消费体制机制实施方案(2018～2020年)的通知》(国办发[2018]93号),把健康养老作为中央促进消费的重要领域。方案提出,今后取消养老机构设立许可,建立养老机构分类管理制度,加快推进公办养老机构转制为企业或开展公建民营;建立健全养老领域公建民营相关规范,着力解决托底保障职能与公建民营不协调问题;编制实施国家积极应对人口老龄化中长期规划,支持各类市场主体增加养老服务供给。推动医养结合,研究出台医养结合机构服务和管理指南,深入开展长期护理保险试点;开展养老机构服务标准体系建设和养老机构服务质量专项行动,推动社区养老服务设施全覆盖。

2019年4月,国务院办公厅下发了《关于推进养老服务发展的意见》(国办发25号文),围绕养老服务体系、长期照护体系、服务管理体系,从六个方面提出了28条具体支持政策,并明确了各个部门的任务分工。这标志着我国医养结合和养老业发展将步入规范化、标准化、高质量发展阶段。

二、老年人及养老服务相关概念界定

(一)老年人群的分类界定

1.按年龄层段的分类

老年人按年龄结构分为低龄老人、中龄老人和高龄老人。其中低龄老人的年龄层段是60～69岁,其对于养老的需求通常为照顾性需求;中龄老人的年龄层段为70～80岁,其对于养老的需求已提高为医疗性需求;而年龄超过80岁以上的老年人为高龄老

人，其对于养老的需求已不再只停留于日常的照顾与基本的医疗诊治，而上升到康复护理。不同年龄阶段的老年人，其对于养老需求的侧重点也大不相同。

2.按自理能力的分类

老年人按照自理能力可分为自理老人、半失能老人及失能老人。自理老人是指身体机能比较健康，日常生活起居行为生活行为可以自理，不需要依赖他人及工具设备协助的老人。这类老人通常适应能力相对较强，生活行为与普通中年人相比，无太大的差异。半失能老人使指日常生活起居行为需要依赖他人并借助设备，又称“介助老人”。这类老人大多伴随“中轻度的功能性障碍”，并在日常活动中需要他人提供指导和帮助，在行动力方面需要借助轮椅、拐杖等辅助工具。失能老人是指各项日常生活起居行为均需要他人帮助完成，又称“介护老人”。这类老人主要表现为“重度的功能性障碍”，行动力严重障碍，几乎完全残疾，需要完全依赖他人的照料。其中这类老人中包含失智老人。

（二）养老设施的相关分类

养老设施是为老年人提供居住、生活照料、医疗保健、文化娱乐等方面专项或综合服务的建筑通称。按设施功能进行划分，主要有如下分类：

1.老年日间照料中心（社区综合养老中心、养老驿站）

老年日间照料中心主要是指为白天不能受到家庭照顾的半失能老年人提供膳食供应、个人照顾、保健康复、休闲娱乐等日间托养服务的设施（有的地方称托老所、老年驿站等）。一般由民政部门进行建设，老人白天在老年日间照料中心接受起居照护、活动交流；晚上回到自己家中，既能满足老年人对于同伴的交流需求，又可同时享受家庭的温暖。另外，有些社区还建设了社区综合养老中心，除提供日间照料外，还提供短期的全天照料，健康老年人也可以来此娱乐。

2. 敬老院

敬老院主要是由政府投资兴建，面向没有生活来源的独居高龄老年人(五保户)提供全方位服务。

3. 养老院(老年公寓)

养老院一般由社会或民营机构投资兴建，其规模较大，设施健全，主要接收缺乏生活自理能力或高龄身体衰弱的老年人，设有起居生活、文化娱乐等完整的配套服务设施。目前此类机构多为非营利性的民办社会服务机构，当然也有企业性的营利机构。

4. 护理院

护理院主要针对缺乏自理能力，并需要长期给予医疗监护和康复护理的老年人以及在身心上出现障碍的老年人提供医疗护理、康复促进、临终关怀等服务的机构。护理院主要由医护人员组成，属于以医疗康复为主、兼具养老的机构，主要针对身患疾病而又缺人照顾的老年人而设。它不同于一般的社会养老机构，又与普通医院有所区别；既可以为老年人提供日常的养生保健、康复治疗、生活照顾、健身娱乐等养老服务，又可随时提供医疗救助和临终关怀。护理院在功能设计方面综合了医院和老年公寓的优点，并在一定程度上弥补了医院和老年公寓各自所有的缺陷，尤其是针对需要康复老年人住在护理院，不但能够养老，而且还有希望实现身体的康复。

5. 护理站

护理站是我国医疗机构类别中的一种，可在社区或养老院开设，由护士和护理人员组成，主要提供基础医疗、专科护理门诊、居家护理、区域内护理资源调配、转介家庭医生或专科医生服务等。在护理方面，重点为患者提供常见病多发病护理、慢性病护理、康复指导、心理护理、根据医嘱进行处置、消毒隔离指导、健康教育等服务。

6.农村幸福院

农村幸福院是由村民委员会主办和管理，立足于日间休息、休闲娱乐等综合性日间照料服务的公益性活动场所，同时也能让农村非五保老人老有所养、老有所乐。其功能类似于城区的老年人日间照料中心。

7.光荣院

光荣院主要为老年优抚对象（退役军人、残疾军人、烈士遗属等按规定享受抚恤优待）提供住养和照护服务，属优待范畴。

8.社会福利院

社会福利院一般由政府建设，主要对无法定抚养人（赡养人）、无劳动能力、无经济来源、无法维持生活的老残孤幼提供住养、生活照料和教育的专业服务机构，入住人员不完全是老人。

另外，养老服务设施按投资主体不同分公办养老机构和民办养老机构。公办养老机构均为非营利性机构，而民办养老机构又分营利性和非营利性两类，在民政部门注册的民办非企业机构多为非营利性机构，在工商部门注册的企业多为营利性机构。

（三）养老方式的分类及特点

养老方式一般分为传统养老方式和现代养老方式。

传统养老方式特指的是家庭养老，是指以家庭作为单元，养老的物质需要和生活照料由家庭成员提供，家庭成员除了给老人物质生活上的保障外，还要通过家庭照顾的方式给他们以家庭的温馨。老年人在家中养老度过最后的岁月，由家人或护工陪伴，在保障老年人生活照顾的同时，满足其精神慰藉和心理疏导的需求，为我国最传统的养老方式。

现代养老方式一般分为三大类，即居家养老、社区养老和机构养老。

居家养老是指以家庭为核心、以社区为依托、以社会化和专业化服务为依靠，为居住在家的老年人提供以解决日常生活困难为主要内容的社会化服务。在我国目前家庭养老能力下降、机构养老总体供不应求的背景下，居家养老的优势更为突出，是一种很有前途、也是潜力最大的一种养老方式。居家养老以家庭养老为基础，但与传统家庭养老最大的不同是引入了社会化和专业化服务，家庭成员可以参与对老人的部分照料，也可以不参与（如子女在外地的情况）。居家养老可使老年人在熟悉的生活环境养老生活，并有利于代际之间感情沟通与交流，于家人、于老人都起到一定安心的作用。

社区养老是指老年人平时在家庭居住，但由于家人无暇照顾，在白天上班时间被送到社区日间照料中心或“托老所”，享受社区提供的日间照料或托管服务，并与其他老人交流娱乐，晚上可根据需要回到自己家中休息，受到家人的照顾。该种养老方式解除了家庭白天照顾不周的烦恼，辅之以社区提供的帮助，让老人的养老服务立足于家庭与社区这两大板块，老年人在社区中即可享受到家人的日常生活照料的同时又能维系着邻里朋友的社会交往和医疗保健活动的参与。社区养老对象尤其是老年人日间照料中心主要是半失能老人及高龄健康老人。

机构养老是指受专业化训练服务、体制建设较为健全，为老年人提供长期居住服务，并满足日常医疗诊治、护理保健、精神慰藉等需求的养老模式。养老机构为老人提供床位，通过统一的管理制度满足老人生活、保健、娱乐、交流等多方面的需求。虽然机构养老在整个养老模式中算是最少的一个份额，但是其以支撑养老设施建设为属性，较之社区养老与居家养老而言，其更倾向于对于缺乏家人照顾的高龄独居老人、失能和失智老人。在建设上应主要发展以医疗与养护为主的养老设施，例如护理院与医疗功能配备较为全面的养老院。

《国家老龄事业发展“十三五”规划》曾提出“居家为基础、社区

为依托、机构为补充”的社会养老服务体系，提出了“9073”计划，即90%的老人进行居家养老、7%为依托社区养老、最后3%的老人进入养老设施进行机构养老。当然，也有人提出“9064”计划，即90%的居家养老，6%的社区养老，4%的机构养老。

另外，在现代养老方式中，又出现了三种新的养老方式，即旅居养老、互助养老和智慧养老。

旅居养老是一种新型的养老方式，它遵循健康养老目标，是“候鸟式养老”和“度假式养老”的融合体，利用养老机构、度假村等闲置资源，组织老人在不同季节，辗转多个地方，结合休闲旅行，享受一种安全愉悦的高品质养老生活。旅居养老可以让老年人在日常居家养老或机构养老的同时，根据个人需求，选择有内涵的、慢行式的异地居住产品，享受吃、住、行、玩、乐等全站式服务的养老体验。它有别于以观光为主的老年旅游，老人一般会在一个地方住上十天半个月甚至数月，虽有旅游的成分，但不是以旅游为主，而是既养老又旅游，既健康养生，又愉悦身心、开阔视野，是有利于老年人身心健康的一种“品味”最高、老人幸福感最强、且对产业发展贡献最大的一种养老方式。旅居养老虽要依托养老机构，但与一般意义上的“机构养老”有所不同，旅居养老服务对象一般为经济条件较好的健康低龄老人，带有间歇性和流动性。

互助养老是居家养老及社区养老的一种新方式，是基于老人之间互助合作的养老方式，即老年人出于自愿或有一定的目的，老人和老人之间以一定的方式进行结合，服务的内容主要为生活照料、精神慰藉等帮助，以实现“积极老化”为根本目标，并且辅之以必要的社会支持的新型养老方式。一般要有专业养老社工组织在社区开展工作，以唤醒和提升老人生命活力作为养老的第一要素，通过运动、饮食、起居与情绪管理形成系统的健康生活指导方案，靠动员老人互助和伙伴式陪伴养成健康生活方式和落实健康指导方案，在康复身心上取得良好效果。互助养老的优越性表现在以下几个方面：一是低龄老人和高龄老人均在同一社区，邻里之间比较熟悉，尤其是对服务对象的精神慰藉效果好；二是有利于优化配置资源，实现低成本、高质量服务，能有效帮助家庭缓解养老负担，同时又帮助政府节省大量的养老保障金，是一种低成本、高收益的养老模式；三是有利于促进社区和谐，有利于营造互帮互助、相互关爱的良好邻里环境和社区环境；四是可以满足老年群体更好地参与社会交往的需求，有利于鼓励越来越多的老年人走出家门，老年人之间交往的频率不断增加，能充分发挥老年人的自身价值，实现“老有所为”。从实践看，互助养老又分为两种具体形式，一种是老人之间“报团养老”，相互帮助，参与互助的老年人不离开自己的家或几家老人住在一起，老年群体之间自愿结伴、彼此之间在生活照料，在精神上相互安慰，老年人既是提供服务的主体，也是提供服务的对象，实现了老年群体之间的互助双赢；另一种是“时间银行”的互助养老，通过发起成立互助社，带动低龄老人服务高龄老人，到居家提供服务或在社区养老机构提供服务；低龄老人在服务高龄老人过程中，一方面实现了“老有所为”，另一方面也有服务“积分”，当他成为高龄老人之时，凭他当年的“积分”又有新的低龄老人为其服务，在一定程度上解除养老的后顾之忧，实现“老有所养”。因此，这种“时间银行”性质的互助养老方式应该成为大力提倡的现代养老方式。但这种养老方式需要以数据库信息管理为依托，计算并保存好低龄老人为高龄老人的服务“积分”，借助精准评估分析，进行传承并可持续发展。另外，互助养老服务主要是辅助性服务，有时还需要其他社会化和专业化服务参与其中，才能更好地满足老年人的全面需求。

智慧养老是指依托互联网信息工具，通过大数据的采集、分析和云计算等物联网技术，借助养老服务信息云平台和智能化通信设备，实现养老服务供需双方资源整合、信息共享和智能化对接的新兴养老方式，是面向居家老人、社区及养老机构的传感网系统与

信息平台，并在此基础上提供实时、快捷、高效、低成本的物联化、互联化、智能化的养老服务方式。严格意义上讲，各种养老方式中都有信息化的应用，都有“智慧”或智能化的成分，且程度越来越高。从今后信息化应用更加广泛这个角度讲，我们认为智慧养老不必作为单独的一种养老方式。

（四）养老方式的转型和服务模式的转变

1.对养老方式转型的界定

我国传统养老服务模式是以家庭养老为主体的（老人的生活照料主要来自家庭成员或近亲属），但由于计划生育政策的实施，我国家庭人口的结构和性质均发生了巨大变化，家庭结构由“多代同堂”转换为“4-2-1”型，家庭性质也由联合家庭转变为核心家庭，家庭规模缩小，人均赡养老人的数量相应增多，使得青年人对于老年人日常的陪伴和生活照料的投入均有限，加之空巢老人占比不断提升，绝大多数老年人缺少心理关怀与精神慰藉。因此在目前形势下，传统的家庭养老方式已经无法满足老年人的正常需求，养老方式应转向现代养老方式中的——居家养老、社区养老和机构养老进行转型，逐步减少单纯的家庭养老，引入社会化、专业化服务，更多地发展“社区养老”及“机构养老”，且“社区养老”及“机构养老”要更多地支持“居家养老”并更多地向“居家养老”提供延伸服务。今后转型后的“居家养老”是“社区养老”和“机构养老”大力帮助下的“居家养老”，即以“社区养老＋居家养老”为主，以“机构养老＋居家养老”为辅。也有材料称，“居家养老”一般应是医养结合型的，属于现代或新型养老方式，以便与传统的家庭养老相区别。从传统家庭养老方式走向现代居家养老、社区养老和机构养老，既是工业化与城市化发展的使然，也是应对人口老龄化和家庭小型化以及解决“空巢”老人的必然。另外，目前旅居养老和互助养老分别是“机构养老”和“居家养老”的变种，有许多人认为应该把旅居养老、互助养老均作为现代养老方式之一。

2.对养老服务模式转变的界定

所谓养老服务模式的转变是指由传统养老服务模式向现代养老服务模式或称新型养老服务模式的转变。传统养老服务模式是指不包含医疗卫生，而单纯以生活照料、护理为重点的养老模式，这种养老服务模式不能满足老年人医疗卫生方面的需求和身体健康的需要。由于传统养老服务模式只能为老年人群提供生活的照料，对于“医疗和康复”的贯彻与实施还不够全面，尤其对于失能、失智老人的医疗诊治、康复护理及临终关怀等方面还不能全面落实，同时由于人均寿命的增长，老年人群对于医疗护理的要求也逐渐提高，因此，如何在“养老服务”中引入“医疗卫生”的功能、实现医养结合是解决传统养老服务模式存在问题的关键。随着时代的变化，传统养老服务模式难以为继，加快转变服务模式，由传统养老服务模式向现代养老服务模式即医养结合养老服务模式的转变是大势所趋(注：下文所说的传统养老服务模式是指只有“养”没有“医”，而现代养老服务模式就是医养结合的养老服务模式。当然，也有学者认为，新型养老服务模式除医养结合外，还包括智慧养老、以房养老、互助养老、旅游养老、虚拟养老等)。

三、医养结合养老服务模式

(一)医养结合的缘起

医养结合类似一些发达国家的“整合照料”，颇具中国特色，属于我国原创性概念，根植于老年群体日益增长的整合性健康养老服务需求以及医疗卫生服务和养老服务体系相对独立运行的现实。全国老龄办政策研究部副主任李志宏认为，医养结合虽然是供给侧的概念，但其根本动因是需求侧的推动。即使没有人口老

龄化因素，只要有老年人，就会有对医养结合的客观需求。然而伴随人口老龄化和疾病谱的转变，老年人“养”和“医”需求的叠加趋势越来越明显，需求总量的快速增长以及对质量要求的不断升级，倒逼供给侧为老年人提供综合性和连续性的生活照料、康复、护理以及疾病诊疗等服务。历次国家卫生服务调查的数据都显示，我国老年人的失能发生率和慢病患病率随着年龄增长而迅速增加。就失能而言，按照世界卫生组织宽口径的失能判定标准，我国失能老年人口快速增长。2010 年失能老年人口约有 3000 万，预计到 2020 年将达到 4200 万，2030 年将超过 6000 万，到 2050 年将进一步增长到 9750 万，年均增长 2.9%。就慢性病而言，预计到 2020 年，老年人慢性病病例将超过 1.5 亿，2030 年将近 2.2 亿，2050 年将近 3 亿，年均增长率 2.5%。一方面，失能老年人通常患有多种慢性病，其最迫切的需求除了基本生活照料外，还有康复、护理以及疾病诊疗等。而另一方面，患慢性病老年人随着病程发展和年龄增长，有可能导致不同程度的失能，除了基本诊疗服务外，还可能需要不同程度的康复、护理和生活照料等服务。从供给侧看，此前“医”和“养”长期分离，双方都有各自的痛点，主管方和服务提供方基于各自的利益诉求，都有推动医养结合的动力和愿望。

“医”的痛点主要有：一是老年人入住医院养老挤占了医疗资源，部分医院“压床现象”严重。一些患慢性病的老年人为了获得较好的医护服务，节省费用开支，长期住在医保定点的大医院，其主要目的是养病而不是诊治，相当于把医院当成了养老院。这些大医院老病号“压床患者”，造成了医院的医疗资源浪费。院方希望通过医养结合，将“压床患者”分流到接续性医疗机构或者养老机构，以此提高床位周转率以及医院的经济效益和社会效益。二是医师外聘到养老机构执业面临风险。规模较小的养老机构大多不具备单独设立医疗机构的条件，为解决入住老年人的看病就医问题，这些机构通常聘请周边医院医师或已退休的医务人员上门开展医疗执业活动。这本是一个双赢的做法，但是一旦发生医疗事故，则可能导致医师承担在定点医疗机构外非法行医的风险。2017年，原国家卫生计生委印发了《医师执业注册管理办法》（中华人民共和国国家卫生和计划生育委员会令第13号），将医师执业地点由"医疗、预防、保健机构"修改为"执业医师执业的医疗、预防、保健机构所在地的省级行政区划和执业助理医师执业的医疗、预防、保健机构所在地的县级行政区划"，从而实现医师一次注册，区域有效，可以在多个机构执业。此举一定程度上缓解了医师外聘到具有医疗资质的养老机构多点执业问题，但是仍没有从根本上解决外聘到没有医疗资质的养老机构执业面临的非法行医风险。

"养"的痛点主要有：一是养老机构老年人看病就医难。入住养老机构的老年人大多患有多种疾病，除了生活难以自理外，医疗服务需求也很强烈。尤其是一些常年患病的老年人，更希望在养老机构内随时进行病情的监测，遇到病情复发或其他紧急情况能得到及时救治。与这种强烈需求相比，能够提供规范医疗服务的养老机构却为数不多。部分养老机构床位空置率高，也与其缺乏医疗服务有关。业务主管部门和养老机构管理方希望通过医养结合解决入住老年人的看病就医问题，从而提高入住率。二是养老机构设立医疗机构成本太高且面临较高门槛。在养老机构内部设立诊所、卫生所（室）、医务室、护理院、康复医院等医疗机构，是养老机构为入住老年人提供医疗服务的主要方式。但是设立医疗机构的准入门槛比较高，即使是设立简单的医务室，也需要一名执业医师、一名注册护士，面积不少于40平方米，设有诊室、治疗室、处置室，并配备基本医疗设备、急救设备、健康教育及其他设备。这对于微利甚至是不赢利的养老机构而言无疑将导致支出压力巨大。三是养老机构的医疗服务绝大多数未能与医保衔接。一些养老机构的内设医疗机构尽管已经拿到卫生部门核发的《医疗机构

执业许可证》，但仍未达到更为严格的申请医保定点医疗机构的条件，未能纳入医保定点，由此导致入住老年人的就医费用无法报销。四是养老机构对医护人员缺乏吸引力，医疗服务难享经费补贴。此前，养老机构内设医疗机构聘用的医护人员，在科研立项、继续教育、在职培训、职称评定等方面无法享受与医院医护人员同等的待遇，导致许多医护人员不愿意到养老机构工作。针对这一情况，目前相关政策规定，要做好职称评定、专业技术培训和继续教育等方面的制度衔接，对养老机构和医疗卫生机构中的医务人员同等对待。这一问题虽然由此得到一定程度的缓解，但是事实上的不平等待遇仍然存在。一些地方政府对民办养老机构给予一定的建设补贴和运营补贴，但对具有医疗资质的养老机构却没有额外的补贴。一些地方政府为扶持民办医院的发展，给予其一定的床位补贴，但对于具有医疗资质的养老机构却没有给予相应的补贴，这就导致开展了医疗服务的养老机构没有得到必要的财政倾斜和支持以及政策激励。

需求侧的推动再加之供给侧“医”和“养”两方面都存在“痛点”，这就形成了医养结合的动力机制。

（二）关于医养结合的概念和内涵

关于医养结合的概念和内涵，现有研究持有不同的认识，民政部社会福利司在“医养结合的模式与路径”文章中提出，医养结合服务是以基本养老服务为基础，在提供生活照料、精神慰藉的基础上，着重提高疾病诊治护理、健康检查、大病康复、临终关怀等医疗服务质量的服务方式。李杰在一项针对青岛医养结合模式的研究中认为，“医养结合”是同时强调老年人照顾中的医疗护理和生活照料两个方面，将医疗保健服务和生活服务有机结合起来。全国老龄办政策研究部副主任李志宏认为，“医”的内涵和外延在不断拓展。按照“生物—心理—社会医学”模式来划分，人的健康有生理、心理、社会三个维度，从而超越了“医疗中心主义”的健康观。目前，国家按照大卫生、大健康的理念，实施了健康中国战略，在此背景下，由“医”向“康”转变成为必然。“养”的内涵和外延极具弹性。按照老年人的养老需求有大、中、小三个层次的划分。最宽泛意义上的“养”，对应于老年人所有需求的“颐养天年”的“养”，近似于“六个老有”。中观层次的“养”，对应于“为老服务”，把老年健康服务作为“养老服务”的一个子领域。狭义的“养”，对应于“照护服务”，即为老年人提供的生活照料和护理服务。在当时的语境中，护理服务是指区别于医疗护理的“社会性护理”。从需求侧来看，既然是“医”与“养”的结合，必然是同一层次“需求”的结合。从供给侧来看，提供医养结合服务的主体，可以是并行的主体，如具有平等关系的养老机构与医疗机构联合提供服务；可以是具有内含关系或嵌入关系的主体，也可以是同一主体。为了进一步明确医养结合的内涵，有学者从服务对象、服务主体、服务模式、责任主体、主管部门、结合机制等六个方面对医养结合作出了明确的界定。杨景亮更加具体地阐述了“医养结合”的内涵及模式。他将服务对象分为四类，并针对不同健康状况老人的需求提供不同性质的医养结合服务，可以使服务更加有针对性。总之，现有研究成果虽有差异，但都是从养老服务和医疗服务相融合的角度开展，并聚焦于养老机构和医疗机构如何实现医养结合，服务对象以失能老人及健康状况较差的老年人为主。医养结合的内涵可以阐述为“一种有病治病、无病疗养，医疗和养老有机结合的新型养老模式”，强调通过有机整合养老服务资源和医疗卫生资源，使老年人能够有序、共享持续性的照料服务。

（三）医养结合养老服务模式的界定

与传统以“养”为主的养老服务模式相比，医养结合养老服务模式是以基本养老服务为基础，将医疗资源和养老资源之间的壁

垒打破，将包含健康教育、常规体检、疾病诊治、康复保健、大病康复及临终关怀等医护内容的“医”与涵盖生活照料、心理健康服务、精神慰藉等养护内容的“养”结合起来的一种新型养老模式。医养结合养老服务模式反映了“整合照料”的养老概念，它并非单纯指医疗机构与养老机构的整合，而是医疗资源对养老的介入与融合。医养结合养老服务模式使医疗机构与养老机构这两个原本相互独立、自成体系的机构实现了跨界合作与有机融合，在满足老年人生活照料、精神慰藉、心理疏导的生活服务基础上，辅以老年疾病的治疗护理、康复养生、临终关怀等医疗服务，从而解决传统“医养分离”的养老模式所导致老年人在养老过程中有关医疗和长期护理的供求矛盾以及由此带来的一系列问题，医养结合养老服务模式更有助于满足高龄、失能、空巢、患病老人医疗与养老的多重需求。从养老理念上讲，医养结合养老服务模式以“有病治病，无病疗养”为服务主旨，为老年人提供持续性的照护；从服务内容上讲，医养结合养老模式是传统养老服务的充实和提高，它重新定义了“医”与“养”的关系，更加注重为老年人提供医疗服务，充分考虑慢性病多发以及失能、半失能老人在养老的同时较大的医疗需求，是能切实提高老年人晚年生活质量、使其保有晚年尊严的创新型养老路径。

（四）“医养结合”养老服务模式的构成要素

“医养结合”养老服务模式涵盖五个方面的元素，即服务主体、服务客体、服务内容、服务路径和管理机制。

(1)服务主体，即“医养结合”服务的提供方。具体包括老年公寓、护理院、临终关怀院、各级医院、社区卫生服务中心和社区居家养老服务中心等。

(2)服务客体，即“医养结合”服务的对象。“医养结合”养老服务面向健康、基本健康、不健康和生活不能自理的四类老年人，但重点面向生活不能自理的老年人，主要包括残障老年人、慢性病老年人、易复发病老年人、大病恢复期老年人及绝症晚期老年人等。

（3）服务内容，即“医养结合”的服务项目。“医养结合”服务不仅仅提供日常生活照料、精神慰藉和社会参与，更为重要的是提供预防、保健、治疗、康复、护理和临终关怀等方面的医疗护理服务。

（4）实现路径。主要包括养老机构区增设医疗机构、医疗机构内设养老机构、养老机构与医疗机构联合。当然，随着实践中的不断探索，新的路径会不断出现。

（5）管理机制，即对“医养结合”养老服务模式的管理及相关政策和制度体系。具体包括“医养结合”服务的管辖部门、管理方式、扶持政策的制定与落实等。

也有人认为，医养结合服务的核心要素包括三个方面：一是“医”，即医疗、康复和保健服务，具体涵盖健康咨询、健康检查、疾病诊治和护理、大病康复以及临终关怀等服务内容；二是“养”，即多种形式的照护服务，包括生活照料服务、文化活动服务和精神慰藉服务等；三是“合”，即整合，不是外在的、简单的“医疗机构＋养老”或“养老机构＋医疗”，而是内在的整合医疗卫生和养老服务资源，让医疗服务资源有序进入家庭、社区和养老机构，达到资源的优化配置。

（五）医养结合养老服务模式的实施路径

从目前各地推进医养结合的实践看，主要实施途径有：

（1）在养老机构内设置医疗机构，整体由养老机构进行运营管理。设施服务主要“以养为主，以医为辅”，也可称为“大养老＋小医疗”。所内设的医疗机构一般是医务室、门诊部或护理站，多数不具有住院功能。当然，也有养老与医疗并重型的机构，但实践中为数不多。

（2）依托于医疗机构，在医疗机构中增设养老护理机构和相应的服务设施，从而满足老年人的医疗和生活照料双重需求，其整体

由医疗机构进行运营管理。设施服务主要“以医为主,以养为辅”,也可称为“大医疗+小养老”。当然,也有医疗机构向康复医院、老年病专科医院转型的机构,将养老元素融入转型内容中,在具备养老功能的同时,又兼备强大的医疗资源保障。

(3)养老机构与定点医院签订合作协议,合作运营。定点医院为其开通绿色通道,提供远程急诊、会诊、预约挂号等专业医疗指导业务。从运营实践看,许多医疗机构与养老机构往往是“机械拼凑”式的合作,表面上签订合作协议,但实质上仍是各干各的,没有形成一个有机体,资源难以优化配置,更有甚者养老机构为医疗机构留出空间但利用不充分而造成浪费。

(4)医养一体化运营。往往是新建的同时具备医疗、养老功能的综合性机构,或由医疗机构托管运营现有养老机构,实现医养有机融合、一体化运营。这类机构属于真正的养老业市场主体,也容易做大做强。

(5)通过家庭医生签约为居家养老提供医疗服务。签约对象可以获得家庭医生提供的医疗保健咨询服务、优质诊疗服务、精准转诊服务、健康管理等服务,让老人在家中就能享受到优质的医疗资源。这一路径主要解决居家老人的医疗服务问题,属于基本公共卫生服务的范畴。

(6)护理站向家庭延伸服务。在社区或养老机构建立护理站,以护理站为依托,向有需求的居家老人提供上门服务,既有医疗卫生服务,也有生活服务,是一种比较理想的居家养老模式。我们可以在目前的社区卫生服务站的基础上,增加几位护理人员,加挂护理站牌子,实现医养结合的居家养老。

上述实施路径,也可称之为医养结合基本模式。但也有学者提供其他方式,如刘稳等人(2015)的研究则更为重视社区对养老的作用,由此将我国目前医养结合服务模式分为“整合照料”(养老机构内设医疗机构、医疗机构内设养老机构)、“联合运行”(养老机构与医疗机构在服务内容上的相互合作互补)及“支撑辐射”(依托社区或整合社会医疗资源实现一体化养老)三类。整合照料模式是指有一定能力的医疗机构或养老机构,对医养结合需求以及自身资源进行评估,在此基础上形成的养老机构配建医疗机构、卫生室或是医疗机构开展老年护理服务、配备养老功能。整合照料模式下,老年人在一个机构内就可以享受到兼顾医疗与养老的服务,整合之后的机构管理更加规范,在注重医疗卫生服务的同时,也关注老人的心理疏导、休闲娱乐等精神和生活服务,提高老年人生活质量,真正实现"老有所养,老有所医"。另一方面,无论是医疗机构还是养老机构,都可充分利用机构内闲置的资源,进行资源的优化配置,拓宽机构业务服务范围,提升社会形象与影响力。同时,整合之后还能创造大量的就业机会,如相关医学、养老服务专业的毕业生实习和就业,退休返聘医生到机构再服务等。该模式也有缺点,由于配设老年科室的医疗机构和养老相关的服务内容界定不清,容易发生骗保等道德风险。从现状看,政府对医疗机构和养老机构的资金和相关的政策保障力度不够,机构往往缺乏相应的技术支持和资金保障。相关的养老服务难以纳入医疗保险报销范围,入住的老人难以享受医疗待遇,相关部门没有规范机构的服务标准,难以保证服务质量。联合运行模式是指养老机构与医疗机构合作,建立双向转诊,医院提供医疗服务,养老机构提供相应的护理服务。联合运行模式下,由于协议内容是医疗机构和养老机构双方利益协调之后的,所以利益相关者的资源都可以得到充分利用,形成规范的管理秩序,使需要医疗服务的老人简化就医程序,降低其就医费用负担。在双方的联合运行下,养老机构通过宣传和引导,提高医疗机构的社会形象与知名度,使更多的病人到协议医疗机构就诊;同时医疗机构对养老机构提供技术支持,大大提高后者的养护水平和影响力。此模式的弊端是大多数医疗机构与养老机构在合作上缺乏有效的约束机制和利益协调机制,容易出现违约等现象。当协议影响到一方的利益时,该方就容易随意退出,难以确保联合模式的持续性,而且老年人由于各种因素易发生

责任事故，由于该模式难以明确医养双方责任界限，可能出现“踢皮球”的责任推诿现象，最终导致老年人的利益无法得到合理保障。支撑辐射模式是指社区养老服务中心与医疗机构或社区卫生服务机构合作，为居家社区老年人提供健康服务，实现医疗和养老资源区域联合与合理配置。支撑模式不仅具有整合模式和联合模式的优点，而且还可以实现辖区内医疗资源和社会服务资源的有效整合，实现双方优势资源的互补。一方面可以为辖区内老人提供持续、综合的医养服务，另一方面也可以实现辖区内医疗机构和养老机构共同发展，有益于和谐医养环境的构建。支撑模式下的机构是区域性的多方管治，因此可控性与协调性较差，管理难度大。另外，医疗机构为了实现自身利益，可能会诱导养老机构内的老人过度利用医疗服务；同时，康复期或休养期转诊到养老机构时，各养老机构的利益也难以协调。

刘清发(2015)结合我国的养老现状与需求，运用嵌入性理论中的结构性嵌入和关系性嵌入原理进行分析，认为医养结合的模式可以分为医养结合科层组织模式、医养结合契约模式以及医养结合网络模式。医养结合科层组织模式是指机构评估自身拥有和运用医疗资源的水平，通过横向或纵向一体化的发展，在机构内部建立养老科室或是医疗科室，实现医疗服务和养老服务内部化，提供全方位的老年人服务；医养结合契约模式是指医疗机构与养老机构通过市场契约或者签订合作共建协议，对自身的医疗或者养老服务资源进行优化，整合医疗和养老服务，共同满足老年人医疗养老服务要求；医养结合网络模式是医养结合契约模式和医养结合科层组织模式的联合体，指某一区域内的医疗机构和养老机构结合自身在社会网络中所处的位置和拥有的差异性资源，结成利益共同体的协同关系，或签订契约，或设立医疗科室(养老科室)，实现医疗和养老资源区域联合与合理配置。

（六）医养结合养老服务模式的主要特征

一般认为，医养结合养老服务模式的主要特征有：

（1）从参与主体来看，主体更加多元化。由于医养结合养老模式种类比较多，决定了其参与主体的多元化。具体主要有民办养老机构、敬老院、各级医院、临终关怀院、社区卫生和居家养老服务中心等。

（2）从服务内容来看，内容更加全面化。不仅能为老人提供日常生活照料、精神慰藉、文化体育等服务，而且还注重给老人提供疾病防治、保健康复、健康管理、临终关怀等服务。

（3）从保障对象来看，范围更加广泛化。不仅可以能够让普通高龄、空巢老人得到持续性的医养服务，而且还重点保障大病康复期、重症患者等失能、部分失能老人得到持续性的医养服务。

（七）医养结合养老模式与传统养老模式的区别

我们研究认为，二者的区别主要表现在以下几个方面：

（1）责任主体的区别。医养结合责任主体是多元的，如具有老年科室的医院，与医院开展合作的养老院、康复院等机构，针对老人开展上门医疗服务的社区卫生服务中心、与医生签约后的家庭等；而传统养老模式责任主体是单一化的，如机构养老主体的就是养老机构，社区养老主体就是社区，居家养老就是家庭。

（2）服务内容的区别。医养结合的服务内容集医、养、护为一体，为老人提供生活保障和疾病诊治、保健康复所需要的专业化医疗服务，包括医疗服务、健康管理、健康预防、健康保健、康复护理及临终关怀等医疗服务和生活照护、精神慰藉、文化体育等养老服务；而传统养老服务为老人提供基本单一的养老保障，具体包括生活照护、精神慰藉、文化娱乐等养老服务。

（3）保障范围的区别。医养结合不仅可以让普通高龄、空巢老人得到持续性的照顾服务，而且可以让患病、失能、半失能老年群

体得到持续性的老年照顾服务；而传统养老方式只能够让普通的高龄老人、空巢老人得到持续性的老年照顾服务。

（八）医养结合养老服务模式的优势

医养结合养老服务模式将医疗资源最大化地引入养老产业中，在做好老年人生活照料、精神慰藉的基础上，增添了疾病诊治、大病康复、临终关怀等医疗服务功能，从而解决了传统“医养分离”服务模式下养老设施中不方便就医、医疗机构里不能养老的问题。医养结合养老服务模式与传统养老服务模式具有明显优势，主要表现在以下几个方面：

（1）对养老机构来说可以提高效益，服务各类老年人，尤其是介助及介护型老人。

（2）对医疗机构而言，可以优化资源配置，提高诊疗效率，并增加收益。

（3）对老年人自身而言，可以对其提供医疗保障，满足医疗需求，从而提高幸福指数，延年益寿。

（4）对社会发展而言，有利于优化资源配置，提升医院和养老机构资源利用率和利用效率；有利于缓解医疗资源紧张问题，降低国家医保负担；同时还有利于增加就业，维护社会稳定；且服务对象较广，尤其针对介护、介助型老人或者患有重大疾病的老人，因其健康差异的不同而提供不同层级的医疗护理和健康照料。

（5）对经济发展而言，能够有效降低养老的经济成本，同时更能运用市场化手段配置资源，能够更多地培育市场主体，促进产业化发展和新旧动能转换。

四、对医养结合理论创新的初步思考

综观目前开展的相关研究，理论上对“医养结合”没有多少创新，一般认为“医养结合是指医疗资源与养老资源相结合”，甚至有许多人把医养结合简单地理解为医疗机构与养老机构的“机械拼凑”式的合作，这些认识不利于更有效地指导实践。从医养结合推进实践看，许多医疗机构与养老机构的“机械拼凑”式的合作，表面上签订合作协议，但实质上仍是各干各的，没有形成一个有机体，资源难以优化配置。

我们研究认为，具有协同效应是评判医养结合是否有效甚至是筛选优化模式的重要标准。医养结合取得实效的关键是医疗资源与养老资源通过“合作”达到“共享”，在“共享”基础上通过“整合”实现“协同”“融合”，实现“优势互补”“整体大于部分之和”的有机整合，发挥出“1+1 > 2 的效果”。而“整合”的关键是医养一体化，要成为有机体。为此有必要把“医养结合”在提法上作适当修改，建议今后把“医养结合”改为“医养融合”，或者更多地从“融合”的角度在理解医养合作；医疗机构与养老机构的“合作”改为“协同”；“医养”要由原来的“利益相关者”变为“利益共同体”，成为一个有机体。功能耦合，实现“优势互补”。

“医养融合”与“医养结合”仅有一字之差，但在表达意思层面上却有重大差异，其内涵和特征大不一样。“医养结合”往往容易被人理解为医疗机构与养老机构的“机械拼凑”式的合作，而“医养融合”则会被人们从二者实现“协同”形成有机体或一体化；“医养融合”养老服务并不是单纯地在养老服务机构中设置医院，或者医疗机构开办养老院形态，而是发挥养老机构和医疗机构的优势，形成二者“互动”“互助”“互补”以及“互融”的发展新格局，合理利用现有养老和医疗资源，发挥出“1+1 > 2 的效果”。

与“医养结合”相比，“医养融合”内涵更丰富，其特征更具有多样性，我们认为除了“医养结合”所具有的参与主体更加多元化、服务内容更加全面化、保障对象范围更加广泛化的特征外，还具有以下特征：

从资源配置方式看，更加市场化。“医养结合”往往容易理解为通过行政力量推进医疗机构与养老机构合作，而“医养融合”主

要以市场作为配置资源的手段，政府主要提供公益性的基本保障，起到“兜底线”作用，在此前提下更多由市场提供社会化服务，市场是配置资源的主体方式。

从服务层级看，更加差异化。“医养结合”往往是机构之间签订合作协议，不容易形成有机体，而“医养融合”推崇一体化，市场主体容易做大做强，市场主体容易差异化发展，提供多层次的医疗健康服务。

从供给业态看，更加多样化。“医养融合”的市场主体差异化发展必然会多层次供给，不断形成新产品、新业态、新模式。

从服务效率来看，更加高效化。“医养融合”实现了资源共享和高效利用，提高了服务效率，带来规模经济和范围经济，促进产业化发展。

总之，将“医养结合”改为“医养融合”，有利于运用市场机制培育市场主体，有利于市场主体做大做强，有利于多层次增加养老服务供给，有利于优化配置现有资源，有利于提高服务效率。从经济运行的实际情况看，市场主体只有大而强，才能更加专业化，只有专业化才能市场化，只有市场化才能社会化，只有社会化才能产业化。为此，我们应该更多地从“医养融合”、提高资源配置效率角度思考问题、创新方法，大力培育医养融合发展的市场主体，政府要通过购买服务方式提供公益性基本保障水平，在此前提下由市场提供更多差异化、社会化服务，唯此才能使医疗健康由民生事业真正变成新旧动能转换的朝阳产业。

从今后发展趋势看，我们认为，医养融合服务应该常态化，无论是机构养老，还是社区养老、居家养老，所有的养老方式都应该是医养融合型的，都应该有“医”的参与，所以今后在有关养老的相关材料中没有必要单独再强调医养结合或医养融合。

第三部分

国内外医养结合养老服务典型案例及对山东省的启示

我省是全国唯一的医养结合示范省，在创建过程中必须充分借鉴国内外医养结合养老服务典型案例和先进经验。

一、国外医养结合的典型案例及其启示

（一）日本医养结合的做法

日本步入老龄化社会时间相对比较早，且呈现“基数大、增长快、程度高”的特征。为确实更好地保障本国老年群体的福利和老年生活质量，日本经过长时间不断地探索、实践和总结，基本形成了比较完整的养老服务体系。其许多做法都值得我国学习和借鉴。

1.建立且不断完善相关法律制度

1963年出台的《老人福利法》，开启了日本全面推行养老服务法治化的开端；1982年出台了《老年人保健法》，1987年和1992年分别对其进行了修订和完善，然后开始讨论《介护保险法》制度。

1989 年开始实施《高领老人保健福利推进 10 年战略计划》，目的是加快养老基础设施的完善和居家养老福利的推行。日本经历了 34 年养老服务法制化进程的探索、实践和推进。直到 1997 年，为更好地保障老年群体福利、满足老年群体的护理需求、减轻社会和个人及家庭的养老负担，日本制定并通过了《介护保险法》的法案，并于 2000 年开始正式全面实施。该法经过多次修订完善，一直沿用至今，现已成为日本养老服务的代名词了。《介护保险法》具体核心内容如下：

参保人员分类及保险费组成：一类参保人员为：65 岁及以上老人，保险费的组成为：政府承担 50%＋个人承担 50%。二类参保人员为：40～65 岁公民（不含 65 岁），保险费的组成为：政府承担 50%＋（个人＋个人所在单位）承担 50%。此外，为切实保障贫困群体的养老福利，个人承担保费部分可以享受减免缴的福利。

参保人员一般从 65 岁以后（二类参保人员只有当失能的情况下，才能提前享受介护服务），经规范、严密、全面的介护等级调查确定后，老人才可以根据调查确定需要介护的等级，享受对应的支付服务，费用具体支付方式是介护保险支付 90%＋个人支付 10%。具体介护服务包括：预防居家介护（包括 2 个等级）和入住专门机构介护（包括 5 个等级）两种介护服务（7 个等级，每个等级都有对应的服务内容、服务价格及保险承担的金额）。另外，在符合相关规定的情况下，参保人员购买残疾辅助器具和必要的居家改造 90%的开销可纳入保险进行报销。

从 2005 年开始，日本根据国内的实际情况，按照“保障护理需求、有效节省成本、严控保险支出”的原则，开始对介护保险法进行不断的修改和完善。具体主要从三方面着手：从重视护理转变为护理与预防两手抓，实现从被动护理到主动预防的转变；重视居家和社区服务的发展，让老人能够在家中或者是社区内接受护理服务，提升老人的幸福指数；重视关心和支持低收入群体，切实保障他们享受服务的权利。通过重视预防方式，提升老年人的健康指数，降低需要介护服务基数，达到了节约护理成本的目的；通过加快居家和社区服务的发展，提升老人在家和社区享受护理服务的比例（居家和社区享受护理服务开支相对更少），不仅有效提升老人的幸福指数和认同指数，而且还在一定程度上达到节约护理成本的目的，进而减少保险费用的支出，从而让保险支出能够保持更充足的活力和支撑力。

综上所述，可以看出日本介护保险法，明确政府和个人的义务、细化明确服务内容及价格。在保险费支出方面坚持原则性与灵活性相统一原则，在参保费用交纳方面坚持公平性和照顾性相统一的原则。同时，该法顺应国内养老局势的变化，不断进行修订。据悉，2015 年日本将个人年收入超过 280 万日元且年龄在 65 岁以上老人，所要支付的介护服务费用中个人支付部分的比重增加到了 20％；2017 年，日本对《介护保险法》作出了进一步修改，提出把年收入超过 344 万日元的单身老人和年收入超过 463 万日元的老人夫妻，所要支付的介护服务费用中个人支付部分的比重增加到了 30％，并于 2018 年 8 月起执行。

2.服务分类精准化

早期日本就根据不同服务对象的需求，有针对性地提供不同护理标准，满足老年群体差异化、多样化的需要。日间照顾中心的服务对象主要是半失能老人和需要日间康复训练的老人；养老院的服务对象主要是痴呆老人和卧床不起等全失能老人；老年福利中心的服务对象主要是辖区内居住和生活的老人；老年公寓的服务对象主要是身体比较健康、生活能自理的老人。

3.从源头加强对专业护理人才的培养力度

医养结合对于硬件配备和软件配备要求缺一不可，日本除了需要加大对养老场所、医疗设备等基础设施的建设之外，还注重从源头上加大人才培养力度。日本根据社会需求，在国内全面发展

老年学和老年病学，目前全国约有30%的医学院校开设了各类护理老人的培训部门(课程)，致力于培养多层次、综合素质强、业务水平高的护理人才，为老年群体介护服务提供坚实的人才保障。

(二)英国医养结合的做法

早在20世纪30年代，英国就开始成为老龄化国家。由于国内养老形势不断变化，英国从医养分割实现到医养结合转变，经历数十年的发展历程。英国从20世纪70年代开始，将“医养结合”作为政府的一项重要政策目标，2002年在有关医疗与社会服务的相关报告中列出了“医养结合”发生的条件：服务围绕使用者开展；所有参与者认识到他们是相互依赖的，系统内的任何行动都会对其他部分产生影响；他们具有共同理念、目标、行动(包括重新进行服务设计)，共享资源并共担风险，这就是“综合照料”的医养结合模式。“综合照料”是指以被照护者为中心，以资源整合为核心，以整合健康和社会照护服务为重点，为被照护者提供持续优质的综合照料服务。近年来，英国依然不竭地探索和发展适应国内养老新国情的医养结合养老模式，现已形成比较完善的养老体系。回顾我国的发展历程，之前养老模式基本是医养分离的状况，直到2013年才开始正式进入医养结合全面起步的发展机遇期。从养老发展历程来看，英国医养结合发展经验对我国具有较强的借鉴性。

1.建立完善法律体系

1946年，英国政府实施了《国家卫生服务法》。该法的核心是政府免费为公民提供医疗服务、政府为弱势群体提供长期机构照顾服务；其弊端是致使医疗系统和政府财政压力巨大，后期无法运行。在随后的数十年中，英国医疗服务和养老服务长期处于分割的状态，导致医疗体系、国家财政、老年群体及家庭等压力不断增大。为切实应对养老的压力，1990年英国政府实施了《国家健康服务于社区照顾法案》。该法案的核心是采取社区照顾方式，运行模式是资金保障（地方政府专款专案）＋服务模式（社区日间照料）＋实施部门（地方社会服务局）。1999年，英国政府颁布了《健康法》，从法律层面使得医疗服务体系和社会照顾体系进行了有效的相互融合，逐步实现了从社区照顾到整合照顾的转变，但是医疗和养老服务依然存在交叉和空白之处。为此，2001年，英国卫生部颁布了《老年人国家健康服务框架》，以保障老年群体医疗和养老的多样化需求为目标，明确了消除年龄歧视、中期照顾服务标准、精神健康服务标准等八项服务标准，明确了整合照顾在财务、人才、科研、信息系统及医疗服务和实践决策支持系统等方面的体系建设和实施的标准。为顺应国内形势新情况、新变化、新需求，更好地保障老年群体的医疗和养老需求，进一步完善整合照顾体系，推动医养结合不断深化，英国陆续颁布了《解放全面健康系统白皮书》（2010年）、《照顾和支持白皮书》（2012年）、《医疗和社会照顾法案》（2012年）等一系列相关政策。

2. 机构重组

类似于我国的大部制改革，通过机构重组以再次调整、明确机构职责，促进健康和社会服务部门间的协作。如1974年英国政府对国民健康服务体系进行调整，在中央卫生和社会保障部（Central Department of Health and Social Security，DHSS）下，创立区域卫生当局（Regional HealthAuthorities）、地区卫生当局（Area HealthAuthorities）以及行政区（District）三重管理机构。其中地区卫生当局（AHAs），负责计划、实施和协调服务，它汇集了医疗方面的专业人员，主要职能是实施基础护理、社区护理服务和医院服务。由于地区卫生当局和社会服务部门存在共同的边界，因此建立一个专门的机构——联合委员会来负责协调他们的活动，以期实现医疗服务与社会照护服务之间的无缝衔接。不仅如此，在新的机构体系中，规定综合计划的制定需要跨部门的护理团队共

同完成，因此地区卫生当局在法律上有与社会服务部门合作的义务。尽管它和社会服务部门预算独立，但其中一些为老年人提供整合服务的资源是通过联合融资的方式获得的，这就在一定程度上规定了两部门要进行有效合作。英国政府欲通过机构重组的方式，将社会服务体系中的部分内容纳入整个NHS体系中，统一管理职能，并出台了诸多方案，如合作措施、共同成员、联合规划和联合财政，以促进服务之间的更好合作。

3.建立照护服务监管体系

英国医养结合经过几十年的发展，现在不仅拥有完善医疗照护服务体系，而且还具有成熟的社会服务监管体系。医疗照护服务体系包括国家医疗服务体系(NHS)和地方政府社会服务体系(SSD)。他们各司其职，共同为国内的老人提供整合照护服务。其中，NHS具体负责为国民提供初级及专业的医疗、居家护理等相关的医疗服务，SSD则具体负责地方养老资源配置和管理及提供日间照料、送餐服务、家务协助等各类社会福利。此外，通过国家医疗服务体系各个层级的医疗机构分别与地方的养老机构开展深入的合作，进一步整合医养资源，有效地保障了老年人的医养护一体的服务需求。为促进医疗照护服务体系整体水平不断地提升，切实保障老人能够享受到优质、持续医养护一体的服务，英国建立社会服务监管体系，具体是通过设立专门机构来开展专业的监督和评估工作，切实有效地保障社会服务质量。如英格兰的照护质量委员会(CQC)和苏格兰的照护服务监察会(the Care Inspectorate)，都是具体负责境内服务机构管理、评估和监督工作的部门。以英格兰为例，CQC的具体职责是：负责社会服务机构注册、监督、管理等工作，确保其符合准入条件、服务符合规定；负责服务机构日常检查和意见收集、信息公布等工作，不断敦促其提高整体服务水平和质量；同时，对特定类型的服务和照护方式进行检查和研究。

4.调整筹资政策

在英国医养结合的实践中，资金的扶持是推动改革进程不可缺少的重要路径。1997年10月，布莱尔政府出资300万英镑，提供一系列服务，包括初级保健（如快速反应团队）、二级护理（如强化康复）或社会护理（如一体化家庭护理团队）等，安排不需要急诊服务的老年人提前离院，以减少不必要的住院。所提供的这些服务实质上与地方政府提供的社会照护服务极为类似，区别之处在于这是由中央政府出资提供，患者可以免费接受服务。这种方式在一定程度上为健康服务与社会照护服务的衔接提供了有效的中间路径，减轻患者在护理服务方面的负担，但只能解决一时之需，政府无法从根本上促进两项服务的整合。此外，除了改变投资方式，政府在投资力度上也不断加大。2010～2015年，英国政府共出资27亿英镑促进NHS和社会服务的整合，其中，2013年新增地方政府拨款1亿英镑，2014年新增地方政府拨款2亿英镑。为确保老年人从医院治疗到家庭护理的有效衔接，制定临时性护理计划，2010～2015年，政府共拿出10亿英镑确保这一计划的顺利实施。

5.建立协调机构

2002年，为实现地方政府和健康部门在结构上更好地合作，NHS引入专门机制——护理信托机构（Integrated Care Trusts），来提高部门间的协作，它是一个专业独立的机构，由四名理事成员进行领导，针对的目标群体是有心理健康需要的患者及智障群体，为他们协调和提供初级医疗卫生服务以及相关社会护理服务。它力求以患者为中心，改善服务质量，提高资源及设备的使用率，汇集专家智慧，增强服务之间的灵活性，营造一个稳定的工作环境及一体化的信息体系。护理信托这种模式的确在加强医疗与社会护理服务之间的协调性上发挥了无可比拟的专业优势，并且为整合的进展提供了有计划的时间表。尽管老年人心理健康服务可以由

护理信托机构承担,但其中的社会护理组成部分仍然是独立之外的,并未真正融入进去。虽然原因尚不清晰,但却表明了一点,那就是在局部范围内设计一个新的组织来缩小医疗服务与社会服务之间的边界是收效甚微的,只有在整体范围或全国层次上才能实现真正程度上的整合。此外,在健康服务和老年社会照护服务的交界面,设立快速响应小组,小组成员由护士和社会工作者组成,目的是让被照护者尽快入院或者进入护理之家。一方面,由护士负责初级评估,决定其是否接受医院的紧急诊疗,如有需要及时转诊;另一方面,在患者接受完健康服务后,对其进行及时的追踪评估,待身体满足出院状态时,由社会工作者尽快安排患者进入护理之家。为保证评估的及时性和有效性,英国还专门设立了社区评估和康复小组(Community Assessment andRehabilitation Teams, CART),这些小组通常是由跨学科专业人员组成,负责沟通与联络工作。不管是快速反应小组、社区评估还是康复小组的设立都缩短了治疗到护理的期限,在健康服务与社会照护服务之间起到了缓冲的效果。

(三)美国医养结合做法

20 世纪 40 年代,美国开始步入老龄化行列,经过数十年探索,目前主要包括老人全包服务项目(PACE)、集中养老居所服务、居家养老的长期照护服务等三种医养结合服务模式。其中 PACE 模式享誉全球。

PACE 是由跨学科团队(IDT)针对符合入住护理院标准的社区老年人,通过上门服务、转诊及成人日间保健中心等方式,为社区老人提供连续、优质、全面的医疗服务和社会支持服务的非营利性机构。PACE 起源于 20 世纪 70 年代,1986 年正式成立,并从法律上规定其资金来源主要包括医疗保险和医疗救助。2015 年,美国国内有 32 个州 114 个 PACE 项目正在运行。

PACE计划在医疗和养护方面最显著的特色有：①计划扶植对象主要为需要机构养老的半失能、完全失能老人；②参与PACE计划的机构必须具有专业医疗、保健康复以及日常照护等完备的综合性功能；③PACE计划在支付方式上采取了Medicare和Medicaid相结合，按照“按人次计价格”来达成与受托机构的经费给付。具体的运作模式是：

1. **服务对象确定**

在PACE服务范围内的55岁及以上的居民，通过本人自愿申请并经特定的医疗机构鉴定确实符合入住规定后，才能成为PACE服务对象，且加入后不能接受除了该中心医疗机构、医护人员之外的人员或机构提供的服务。

2. **资金来源及使用**

资金来源于国家医疗保险和国家医疗救助两大公共医疗保障计划。其中，医疗保险提供保障的人员范围是所有的残疾人及65岁以上老年人，医疗救助提供保障的人员范围是所有的低收入群体(包括个人及家庭)，且他们各自有其保障标准。医疗保险和医疗救助分别根据入住的老年患者的身体状况情况，对其所患疾病进行分类，并对其现有的病情进行分级，然后再测算出该老年患者每个月所需支付的费用。每月定期将所需支付的费用划拨给PACE中心，由PACE中心汇总并统一支配经费。居民加入PACE之后，大多情况下，患者本人是不需要支付任何其他的医疗费用。但对于老人符合医疗保险保障标准，却不符合医疗救助保障标准的情况下，额外产生的费用则由患者本人自己支付。

3. **提供服务的主体及项目**

服务的主体是由全科医生、护士、复健师、药剂师、营养师、护理人员、社工等组成的跨学科团队(IDT)。他们会根据患者的自身情况，为其制定具有科学化、个性化的护理计划；同时，还定期对患者开展健康评估、用药管理等服务，并制定最佳的医疗方案，致

力于充分利用医疗和护理资源，保障他们每个人都能够获得优质、持续、全面的医疗服务及社会支持服务。PACE 特色服务还包括为患者进行临终关怀，尽可能地满足其健康愿望，让患者能够在愉悦的状态下度过生命的最后时光。

（四）国外经验模式对我省医养结合工作的启示

综观日本、英国、美国等发达国家医养结合的发展历程，从起步、发展到完善，都经历了不断克服阻力、不断自我革新、不断自我完善的漫长过程，是一部可歌可泣的探索史。从他们的经验可以看出，医养结合都呈现出完备法律的保障、筹资模式政府主导化、服务模式多样化及服务项目精细化、持续化、服务团队专业化等特征。英国还健全了监督体系保障医养结合的服务质量。我国医养结合处于发展起步阶段，总结日本、英国、美国等发达国家在医养结合养老模式的探索中的宝贵经验启示，为我国医养结合的健康有序快速发展提供了有益借鉴。①

1. 应加大对政策的顶层设计并嵌入整合理念，实施全方位制度保障

国外在医养结合发展方面都提供了全方位制度保障，涵盖了法律、政策、预算、设施等方面。日本先后出台了一系列规范性、引导性法律规范，从 2000 年开始推行了介护保护法，采取护理保险与医疗保险并列政策，个人与保险机构共同承担费用。英国出台了《国民健康服务法》《国民保健法》《全民健康与社区照顾法案》等系列法律制度，将老年服务领域的执行标准和具体细则上升到了法律层面。英国通过不断建立健全政策制度，从根本上改变医养分离的状态，明晰医养服务的交叉地带和填补医养服务空白地带，不断提升医养资源的利用率，实现从健康部门和照料部门双轨制

---

① 邹茜. 南昌市医养结合养老模式研究[D]. 南昌大学，2018.

的方式到整合照顾的医养服务体系转变。不难发现，英国以前医养分割状况与我国的养老现状在本质上具有一定的相似性。目前，我国在社会保障体系实行分部门管理体制，具体为卫生部门负责管理、构建医疗服务体系，民政部门负责管理、构建养老服务体系及社会照顾服务，人社部门负责医保、养老等资金管理。各部门分头而治，导致权责不清晰、职能交叉，进而难以实现医养的资源整合和资金的统筹高度统一，无法推进医养服务资源的一体化。为此，为切实加快医养结合发展步伐，必须从顶层设计上进一步加大医养服务政策的整合理念思维，必须进行机构重组，打破分头而治、条块分割的现状，要在体系建构与制度设计中嵌入整合理念，使得医养服务深入融合。英国“医养结合”改革实践给我们带来新的思考，它力图在健康部门和照料部门内部和二者之间进行有效联合，克服治疗和照料过程中的服务碎片化，提高养老资源的利用率，提升服务质量。通过借鉴英国改革经验，我国未来的养老服务政策设计要有整合的理念思维，根据老年人慢性病发病率高、躯体功能逐渐下降的特点，在制度设计中有效地将医疗服务与照料服务相结合。

2. 大力推广社区医疗与居家养老

在国外“医养结合”改革过程中，家庭和社区发挥了关键性作用。当老年人健康状况出现问题时，首先通过社区中的全科医生进行初步诊断，决定其是否前往专科医院或综合医院接受诊疗。由于医院和医生都是稀缺资源，其中的医疗成本较高，因此如果接受医疗服务，要求尽量缩短其住院时间。一方面是减少成本的需要；另一方面由于医院病床数量有限，只有缩短住院日，才能尽可能地为更多病人服务，实现病床的尽快轮换。对老年人而言，其出院后需要更多的养老照护服务，英国在改革中逐步将这方面的责任由正式机构转移到非正式机构，使社区和家庭扮演着主要角色，发挥着主导作用，以实现护理服务之间的有效衔接。医疗与养老

服务资源的整合需要适当的中间地带,客观上讲,与居家和社区养老相比,机构养老属于一种成本较高、相对隔离化的方式,也有悖老年人的个人偏好,因此将护理服务的场所安置在家庭及社区无疑更能将医疗服务资源和养老服务资源进行有效整合。具体到我国,医院服务主导着整个卫生服务体系,社区卫生服务形同虚设,服务人力资源不足、力量薄弱,加上居民的不信任,一旦生病首选去大医院接受治疗。因此,未来的养老服务体系建设,必须加大对初级卫生保健和社区卫生服务的建设与财政支持力度,发挥社区贴近人们的生活、方便人们咨询就医的优势,使社区和家庭承担更多责任。①

3. 加大服务项目精细化分类

日本、英国、美国等发达国家首先会通过对老人的整体状况进行评估,根据评估结果有针对性地提供不同护理标准,更好地满足老年群体差异化、多样化的需要。比如,日本根据服务对象身体状况,将服务对象分为四类,他们分别在日间照料中心、养老院、老年福利中心及老年公寓,获得不同的护理服务;英国为保障老年群体的医疗和养老的多样化需求,明确了消除年龄歧视、中期照顾服务标准、精神健康服务标准等八项服务标准;美国 PACE 则根据患者自身情况,为他们每个人制定科学化、个性化的护理计划。而我国目前医养结合养老模式服务内容整体上比较单一、质量标准较低的现状,且缺乏对老年人全面评估,无法明确老人的具体迫切需要,从而很难保障提供服务内容与老人的需求相一致。因此,我国应尽快成立评估专家委员会或评估机构,制定护理服务标准细则,根据评估结果确定老人所需的服务内容及接受服务的场所。②

---

① 余瑞芳,等.医养结合服务发展的国际经验研究[J].中国医院管理,2016(4).

② 杨楠.医养结合背景下机构养老现况调查及策略研究[J].河北大学,2018.

4.加大对医护养老人才队伍的培养

深入推进医养结合养老模式探索和发展，除了不断加强硬件设施的建设之外，必须加大软件设施的建设，即要加大对医护人才队伍培养。发达国家为了保障老年人能够获得优质持续的医疗和养老服务，日本具有一批专业化、多层次介护人才队伍，美国 PACE 则拥有由全科医生、康复师、营养师、护士、药剂师、护理人员、社工等组成的跨学科团队(IDT)。我国医护专业人才队伍呈现整体人数偏少、专业水平不高，且传统护工人员缺乏专业医疗知识等特征。为此，我国可以参照日本的介护人员培养方式，在符合条件的医学院校、综合性大学等高校内，增设老年护理、老年学科、老年保健与管理等相关专业，制订针对性培养计划、课程设置安排，培养高层次的医养护专业人才；同时，充分发挥的高职、高专、中专等职业技术学校的作用，不断深化老年护理学科的改革，加大对老年护理学科政策支持、师资力量等方面的倾斜，通过不断优化、调整老年护理学科的结构，从源头上保障和拓展老年护理人才队伍供给。

5.推进分级诊疗制度建设

英国“医养结合”改革中强调两种服务之间实现无缝衔接，但其立足点首先是对两项服务作出明确区分，实现分级诊疗。具体来讲，当老年人健康状况出现问题时，首先需要的是医疗服务，由社区全科医生进行初步检查，如有进一步需要，再通过综合性医院或专科医院进行检查，确诊病患，进行治疗。接下来，对出院的老年人实行两种不同的制度安排：一种是老年患者可以痊愈、恢复健康的，带着医生的医嘱住进康复医院，在那里得到积极的医疗健康服务，直至恢复健康；另一种病人是不可能痊愈的，他们更需要的是日常生活照料，享受的是照护服务。我国在进行“医养结合”的过程要充分借鉴这一思路和模式，推行分级诊疗制度，对服务需求进行功能性区分和有效定位，逐渐实现基层首诊、双向转诊、急慢分治、上下联动的目标，从而合理配置医疗资源，精准服务，减轻医疗成本。

6.建立健全医养服务的监督体系

国外对养老机构的评估实行随机、动态管理，实现了真正的常态化评估。具体评估由政府或第三方主导，综合运用评估工具和媒介手段，开展客观、公平、公正、公开评估，并开设奖惩机制，便于公众理性选择服务机构。美国医疗保健和医疗补助服务中心(CMS)对养老机构开展定期评估排名，并要求养老机构定期公布相关数据及指标。为确保医养服务质量，英国建立比较完善的医养服务监督体系，各地方政府都设立了负责评估和监督、管理养老服务的专门机构，他们通过定期检查、突击抽查等方式，对提供服务机构的服务质量和标准、价格，人员及设施配置等开展全面监督检查，并向社会公开检查结果，且对养老服务机构提出改进意见，同时会根据老人提出的需求及相关投诉，来对养老服务机构提出完善服务的建议。目前，我国尚未形成医养服务机构监督体系，医疗机构监督管理还是由卫生部门负责，养老机构监督管理由民政部门负责。从未来发展来看，我国可以借鉴国外的先进经验，通过成立负责评估、管理和监督国内养老服务机构的专门管理机构，并根据国内实际情况制定评估、监督和检查机制等相关政策。具体负责服务机构的注册、监督和管理工作，负责公布服务机构相关信息工作，负责接受和处理各类投诉问题等工作。通过定期或不定期地对服务机构进行监督、检查和评估，确保老年人获得相应的服务，逐步建立科学引导第三方评比机制开展评估。

二、国内医养结合的典型案例及其启示

(一)广州市白云区的“医养结合”模式

广州市白云区将政府和企事业单位在社区的医疗服务资源与养老服务资源进行功能整合和有效对接，将原来碎片化、单一功能

的托养服务转变为全方位、链条式、社工化、多功能的“医养结合”服务，切实保障老年人“老有所养”和“老有所医”在社区实现。目前，全区建设了一批居家养老服务部和日间托老机构，均已开展了“医养结合”式社区居家养老服务探索实践，其中松洲街、同和街2家社区居家养老服务示范中心的服务成效得到了社区老年人和社会媒体的关注和好评。主要做法是：

1.运营机构合一，着力提升社区居家养老规模效益

针对当前政府投放到社区的星光老年之家、居家养老服务部、日间托老中心和社区卫生服务中心等社区养老和医疗服务资源分割零散、规模较小、运营成本偏高等问题，白云区以“政府资助、民间运作”模式，引入社会的优质养老及医疗服务资源，由一家社会组织“打包”运作，通过三个“合一”，实现“1＋1＞2”的叠加效应。一是法定代表人合一。松洲街居家养老服务示范中心最为典型。该中心集白云区博爱养老院、松洲街社区卫生服务中心、白云区博爱社会工作服务中心三个机构为一体，均为同一民间力量承办，均由一名热心社会公益的资深社会工作者担任法定代表人，为整合社区养老与医疗服务资源、统一社区服务管理理念、进行一体化发展打下了现实基础。二是场地合一。合理规划布局社区养老和医疗服务场地，建设“没有围墙的社区养老院”，是实现“医养结合”的重要前提。松洲、同和、金沙、永平、景泰、石井等6个日间托老服务中心就是把养老服务场所设在了当地社区医院或社区卫生服务中心的功能布局当中，并按照符合老年人的生理特征设施了无障碍通道和设施设备。场地的规整合一，节省了老年人离开社区就医的时间，提高了医院抢救社区急症老人的效率，既受到了老人和家属的欢迎，又为解决当前社区医院的病源问题提供了保障。三是管理合一。在整合法定代表人和服务场地的基础上，医生、护士、护理员、助老员、志愿者、社工等社区养老、医疗的各类服务人员也得到了统一的管理培训，接受统一的协调调度，各种服务器

材、车辆、设备也得到最大利用，进而有效保障了社区居家养老服务质量，减少了不同机构之间内部消耗。

2.服务资源互补，优化提高社区居家养老服务质量

通过社区医疗资源和社区养老资源优势互补，打破了以往社区医疗机构与社区养老机构各自为政的局面，实现社区居家养老服务“转型升级”。一是拓展服务内容。借助社区“医养结合”养老服务平台，专业化的医生、护士、医疗器材以及规范化的疾病防控体系可以有效覆盖社区养老机构，社区老人只要登记成为社区居家养老服务部或日间托老中心等机构的服务对象，就能建立“老年健康档案”，并享受到由社区医院提供的急诊救治、慢性病监控、保健康复等专业服务。作为白云区首家日间托老公益机构，同和街社区居家养老服务部联合同和街社区卫生服务中心，除开展好为老年人理发、送餐、洗衣等生活照料外，还凭借社区“医养结合”养老服务平台拓展服务功能，为有需求的社区老年人提供康复、医疗、健康信息管理等服务，向户籍老人发放免诊金卡，给居家养老对象设绿色通道和特诊室；每年为户籍老年人进行一次体检，对居家养老对象实行专人医疗跟踪和送医送药上门服务，为有需要的老年人设置免费“家庭病床”，在中心诊疗住院的老年人还可享受免除个人自付费用等多项优惠服务。二是强化服务技能。依托广州友好医院自发设立的太和镇“友好日间托老中心”，通过提供免费午餐和文化娱乐等方式把居家养老服务向大源村老年人覆盖，每年到中心享受服务的周边老人达到3000多人次。同时，该中心还积极开展社区医养结合型服务人才培训，通过岗前培训、实战演练、考证上岗、在职教育四位一体的培训方式，打造素质高、专业强的社区居家养老服务队伍。经过该中心培训的社区服务人员既懂生活照料又懂康复医护，大大提升了太和镇及其周边村居的社区居家养老服务水平。三是节约服务成本。近年来，相关街镇的居家养老服务部和星光老人之家均通过第三方考评，实施“医养结

合”的机构均达到良好。相关居家养老服务机构纷纷表示，实施“医养结合”后，可以用医疗技术吸引老年人接受服务，从而既提高社区养老机构的运作效益，又能反哺社区医疗机构的日常运营；有偿、低偿与无偿服务的有机整合，既共享了资源，又提升了效益，在“保基本”的前提下，拓展了社区养老和医疗服务的生存发展空间，增强了社区服务机构的“自我造血”和可持续发展能力。

3.服务功能互动，丰富扩展社区居家养老服务内涵

“医养结合”式的社区居家养老，改变了以往的医就是医、养就是养的传统观念，通过社区养老与医疗服务资源的链接共享，使居家养老增添了医疗和健康保健的新内涵，使社区医疗找到了最需要服务的老年人群体，一个“养老不离社区，保健就在身边”社区老年健康生活氛围正在逐步形成。一是开展了老年人健康管理。把社区老年人医疗保健工作做到社区、走进家庭。例如，松洲街居家养老服务示范中心把全街 13 个社区划分为 10 个网格，每个网格有一支服务团队，配有全科医生、全科护士、公卫医生及持证社工，利用原已建立的健康档案资料，与辖区内的常住老人签订“家庭医生式”服务协议，进行上门服务，帮助老人做好预防保健干预；金沙街居家养老服务部实行老人档案电子化管理，社区全科医生根据档案有针对性地为老人提供保健和饮食指导，为老服务员根据老人不同的家庭情况提供更为人性化的居家养老服务。二是融入了社会工作元素。链接区域内的社工机构、家庭综合服务中心，通过个案、小组、社区等社会工作方式为老人提供心理调适、情绪支持、危机干预等服务。三元里街居家养老服务部在街道专业社工的指导下，通过义工探访、上门巡诊、陪诊服务、个案管理“包裹式”服务以及 MMSE 心理评估等社工服务，让社区居家养老服务突破简单的家政支援，为服务对象构建了稳固的社会支持网络，让他们能安心、舒适地居家养老。三是方便了老少相爱相融。据有关调查显示，老年人更愿意在自己熟悉的环境中安度晚年，单纯的医院和养

老院会使其产生恐惧和孤独感。针对上述问题，作为全区最优秀的社工机构以及全区最大的居家养老服务承接机构，白云区恒福社会工作服务社借助其强大的社工背景和社会服务资源，在其运营的多个家庭综合服务中心中，设置了专门的活动区域，搭建老少其乐悠悠的服务平台，为老年人带来“家的温暖”和“儿孙之乐”，对老人的身心健康的康复起到积极的作用，深受居民群众的欢迎。

4. 培育监管并重，巩固夯实社区居家养老服务根基

坚持培育与监管并重的原则，强化政府的监督引导作用，切实保障社区居家养老服务质量，巩固夯实社区居家养老服务根基。一是推动居家养老服务向社会化发展。合理布局社区养老及社区医疗服务场所，强化与民间资源的对接合作，实现协同共建、政社“双赢”。例如，广州益寿医院将现有场地划出500平方米，作为棠景街日间托老中心，配置生活服务区、保健康复区、文体娱乐区等，以“医养结合”的模式在房间增设呼叫器等救护必需设施。二是推进居家养老服务向市场化发展。鼓励和支持民办社区养老机构拓展自费购买服务对象，由居家养老服务机构与自费对象协商确定服务内容、形式和时间，实现政府购买服务与自费购买服务良性互动。同和街居家养老服务部提供的物超所值、“医养结合”的服务内容，不仅给政府购买服务对象带来惊喜实惠，而且还让社区老人认识到居家养老服务的好处，开拓了自费养老服务的市场。目前，该机构月均接受日间托管的20多名老人当中，自费购买服务的就占了一半以上。三是推进居家养老服务向规范化发展。在区卫生、民政、残联等职能部门的指导下，各街镇担负起对社区养老和医疗服务机构的属地管理责任，积极落实资金、场地、器材等扶持政策，协助居家养老和医疗机构解决运营中遇到的困难和问题。为保障居家养老服务质量，每年都组织开展对街道居家养老管理科室人员和社区养老机构负责人的管理工作培训，分批组织社区养老机构服务人员服务技能培训，每年召开全区性居家养老服务总结和研讨会议，发现和解决机构建设发展中遇到的困难和问题，推进政府与民间组织的互动和机构间运营经验的分享。

（二）北京海淀区“一键式”家庭医生式服务体系

北京市海淀区政府根据区域人口老龄化现状，进行了为老年人服务的顶层设计，进一步打造医养结合创新服务模式，提升社区卫生服务水平；结合居民健康管理、居家养老等服务需求，本着加大民生投入，促进居民健康；提高科技水平，打造健康海淀；履行服务承诺，提高服务质量；加强部门配合，注重服务效果的基本原则，建设了海淀区“一键式”家庭医生式服务体系，即在签约居民家里安装“一键式”智能服务终端，建设区级“一键式”家庭医生服务呼叫受理服务中心，在各社区卫生服务机构建设受理分中心，在北京红十字会 999 紧急救援中心建设“一键式”急救呼叫受理中心，建立起签约居民一键呼叫与医疗机构即时受理的服务模式。签约居民有健康管理需求时，可通过按“家庭医生”键向签约的家庭医生式服务团队寻求帮助，根据需求会享受到相应的健康管理咨询、预约服务、慢病管理服务。据海淀区卫计委介绍，2013 年，海淀区在两个街道的社区卫生服务中心先行试点“一键式”家庭医生式服务平台，约 4000 户老年家庭受益。2014 年全面启动该项工作，集中为全区 80 岁以上户籍老人免费安装智能服务电话，实现了全区 80 岁以上老人在政策实施上的全覆盖。老人可以只按一个键就接通自己的签约家庭医生或接通医疗急救机构，有效打通了老年人医疗健康服务的“最后一公里”。以“一键式”家庭医生式服务体系为依托，海淀区在发展大健康产业中，通过信息化及大数据云平台模式，以社区和家庭为主，社区养老向智慧养老转变的脚步正在一步步迈开，社区卫生服务得到了有力支撑。

2013 年，区政府尝试在全区建设社区“一键式”家庭医生式服务体系，通过“一键式”家庭医生式服务体系，配合信息化的监督考

核机制，可以对现有的社区卫生服务模式和效能提升进行“倒逼”管理，逐步建立起社区居民和家庭医生式服务团队之间的信任度和依赖度。“一键式”家庭医生式服务平台包括一个区级受理中心、各社区卫生服务中心受理分中心、每户一台“一键式”智能服务终端以及各家庭医生服务团队。其中，区级受理中心用于平台数据的交互、共享，并对签约居民的呼叫进行受理、转接；各街镇社区卫生服务中心的受理分中心主要是受理值班呼叫、备用呼叫以及对本辖区内签约居民资料进行集中管理和分别回访；智能服务终端是指安装在签约居民家中的“一键式”智能电话，其具备普通电话功能的同时具备一个“家庭医生”键和一个“急救”键，可以分别接通签约家庭医生和区急救中心；各社区卫生服务机构的家庭医生式服务团队还为签约居民提供不间断服务包括健康咨询管理、预约转诊服务，为签约居民中空巢、行动不便老人提供主动服务以及慢性病干预管理服务。

通过信息化手段对服务数据和居民需求进行分析，对社区卫生服务机构的服务效能进行“倒逼”管理，明显提升了家庭医生式服务团队的工作效率、服务能力以及对慢性病的干预意识，社区医生坐等患者的状况明显减少。随着签约居民和签约家庭医生的不断深入交流，居民对社区卫生工作的认知度、使用度和满意度不断提升，医患之间的信任逐步建立起来，患者无序就医的状况也在逐步转变，有效促进了分级诊疗服务新格局的建立。

（三）上海通过建立社区护理站开展医养结合的居家养老

自 2016 年 9 月 20 日上海市卫生与计划生育委员会颁布《上海市护理站管理办法》起，上海市各区逐渐建设了护理站，护理站服务由上海市长期照护险提供费用保障，依据综合评定分级结果为老年人提供居家护理服务。上海静安区、徐汇区、浦东新区等多个区已经建立护理站，护理站的运营主要靠长期照护险。服务项目90%的费用来自长期照护险，10%的费用由服务对象自理。护理站为社区居民提供测血糖、血压等基础护理和居家护理上门服务。上门居家服务主要由医疗照护护理员提供，包括洗澡、床上洗发、床上擦浴、测血糖等长期照护险涵盖的项目，注册护士主要为居家患者提供压疮换药、更换导尿管等专科护理服务。

在护理站护理服务质量管理方面：连锁护理站为"三级多部门联合质控"（总部质控为1级，连锁护理站相互之间质控为2级，单体护理站每日质控为3级），并有严格质量控制的SOP。

在居家护理服务质量管理方面：连锁护理站由总公司统一制定护理服务质量标准，其他护理站根据长期照护险要求制定，另根据区卫计委及质控、医保要求进行修正。运营过程中，根据质控要求执行护理服务，并通过GPS定位系统来监控护理人员入户和出户时间，把控护理服务时间。有些护理站通过电话回访或定期抽查的形式进行服务质量控制。

根据有关政策规定护理站执业点为一个基本护理单元，设护士长1名，超过3个护理站执业点设总护士长1名。护士长负责执业点的护理管理，应具有主管护师以上职称，执业点护士数量应根据开展业务的工作量合理配备。

按照《上海市护理站管理办法》，护理站可提供42项服务项目：口腔护理；体温、脉搏、呼吸、血压的测量和记录；皮肤（含压疮）护理；物理降温；鼻饲；个人卫生处置：床上洗发、床上擦浴、剪指（趾）甲；冷、热、湿敷；热水袋的应用；肛管排气；雾化吸入；氧气吸入；吸痰；持续导尿病人的护理及膀胱冲洗；饮食指导；简易通便法；伤口护理；药物服用及指导；肌肉、皮下注射；血、尿、便标本的采集；家庭消毒、隔离技术等。专科护理包括：造口/造瘘护理及指导；连续性腹膜透析护理及指导；气管切开护理；糖尿病护理及指导；心、肺康复护理及指导；心脏疾病护理及指导；家居适应及康复运动；临终关怀护理等。

(四)国内典型案例的启示

1."社区养老"必须加强资源整合,提高资源利用效率

"社区养老"在整个养老体系居承上启下位置,政府对城区的"老年人日间照料中心"和农村的"幸福院"都投入很大,尤其是城区还有老年人残疾人康复中心和其他养老服务设施。但目前这些养老资源最大问题是资源闲置浪费严重,而与此同时社区卫生服务机构用房又十分紧张,广州白云区社区——"运营机构合一,着力提升社区居家养老规模效益"的经验值得很好地借鉴。该区针对当前政府投放到社区的星光老年之家、居家养老服务部、日间托老中心和社区卫生服务中心等社区养老和医疗服务资源分割零散、规模较小、运营成本偏高等问题,以"政府资助,民间运作"模式,引入社会的优质养老及医疗服务资源,由一家社会组织"打包"运作,通过三个"合一",实现"1+1＞2"的叠加效应:一是法定代表人合一;二是场地合一;三是管理合一。在整合法定代表人和服务场地的基础上,医生、护士、护理员、助老员、志愿者、社工等社区养老、医疗的各类服务人员也得到了统一的管埋培训,接受统一的协调调度,各种服务器材、车辆、设备也得到最大利用,进而有效保障了社区居家养老服务质量,减少了不同机构之间不必要的内部消耗。通过社区医疗资源和社区养老资源优势互补,打破了以往社区医疗机构与社区养老机构各自为政的局面,实现社区居家养老服务"转型升级":一是拓展服务内容;二是强化服务技能;三是节约服务成本(实施"医养结合"后,可以用医疗技术吸引老年人接受服务,从而提高社区养老机构的运作效益,又能反哺社区医疗机构的日常运营,有偿、低偿与无偿服务的有机整合,既共享了资源,又提升了效益,在"保基本"的前提下,拓展了社区养老和医疗服务的生存发展空间,增强了社区服务机构的"自我造血"和可持续发展能力)。另外还推动居家养老服务向社会化发展、市场化和规范化

方向发展。

2.“居家养老”必须建立基于互联网、物联网技术的信息管理平台，让居家老人享受到充分的医疗服务和生活照料服务

从目前人口结构变化情况看，我省“空巢”老人、独居老人和高龄老人占比不断提升，而“机构养老”和“社区养老”接纳的老年人毕竟有限，大量的老年人必须实行“居家养老”。随着老龄化程度日益加深、社会总抚养比的不断减小，传统家庭养老受到更多挑战，其功能逐步弱化。在目前大力推进“医养结合”的新形势下，解决传统家庭养老功能弱化问题的关键是必须有效整合社会资源，尤其要做好“医养衔接”的文章。只有为居家老年人提供有效的医疗保障和生活保障，让老年人在家中也能享受到“机构养老”和“社区养老”类似的服务，唯此才能真正开展好“居家养老”，巩固其在养老体系中的基础性地位。海淀区“一键式”家庭医生式服务体系给予我们有益启示，如能建设区域性居家养老信息服务平台，在居民家里为老人配备智能穿戴设备，安装“一键式”智能服务终端，完全可以建立远程医疗监控与健康管理下“居家养老”模式。利用区域性居家养老信息服务平台，不但可以在家中 24 小时监测老人的健康状态，将采集数据实时传送到云数据中心，如出现紧急情况则及时给予救助、干预并通知相关家人和子女等；同时老年人有何个性化生活服务需求，通过信息平台及时传输到社区养老服务机构，由社区养老机构派员及时上门为老年人提供助医、助餐、助购、助浴、助洁、助急、助慰等服务，实现需求与供给的对接。此模式可以实现“居家养老”的市场化和社会化。

3.在社区建设护理站是开展医养结合“居家养老”的重要载体

长期护理保险即将全面普及，为失能老人开展居家养老的家护服务创造了良好条件。而目前具备条件的医疗机构因还有其他业务而不愿意开展家护服务，在各个社区成立护理站将为全面开展家护服务提供了重要平台。因护理站中既有护士又有养老护理

员，既可以开展医疗护理服务，也可以开展家政服务；既可以为享受长期护理险的对象开展家护服务，也可以为其他“居家养老”老人提供相关服务。所以护理站可以专门成立，也可以依托医养结合的养老机构成立，还可以依托医疗机构成立，走集团化、连锁化、市场化的路子。

第四部分 

山东省医养结合养老服务开展情况和主要模式

一、山东省医养结合工作总体开展情况

（一）出台的相关政策

自2013年9月以来，国家密集出台了关于医改、养老服务以及医养结合的一系列文件。如国务院先后出台了《关于加快发展养老服务业的若干意见》《关于促进健康服务业发展的若干意见》《关于推进医疗卫生与养老服务相结合的指导意见》等文件，明确要求推动医养融合发展，促进医疗卫生资源进入居民家庭、社区和养老机构；要求加快发展健康养老服务，推进医疗机构与养老机构的合作；强调建立完善医疗卫生机构与养老机构合作机制，支持养老机构开展医疗服务，推动医疗卫生机构与社区养老服务延伸到社区、家庭；要求建立健全医养结合体制机制和政策法规，逐步形成覆盖城乡的医养结合服务网络。

根据中央和国务院的要求，我省积极跟进时代步伐，科学把握和适时预判社会发展趋势，准确定位老年人健康需求，结合全省人

口状况和经济发展状况，相继出台了多项措施促进养老服务事业健康有序发展。2014 年 5 月 26 日，省政府发布了《关于加快发展养老服务业的意见》。文件要求生活照料、医疗护理、精神慰藉、紧急救援等基本养老服务覆盖所有居家老年人；每千名老年人拥有养老床位数 40 张以上，护理床位占养老床位总数的 30%以上；积极探索职工长期护理保险制度，先行试点，取得经验后在全省逐步推开；积极推进医养结合，提升养老机构的医疗服务功能等。2015 年，省民政厅出台了《关于做好养老机构设立许可及管理工作的通知》，鼓励各地相关部门可利用原学校、卫生院、办公楼等兴办养老机构，养老机构设立医疗机构的，应当依据医疗机构类别，分别向卫生计生部门备案或设置许可，取得《医疗机构执业许可证》后方可执业，卫生部门负责监督管理。2016 年 2 月 25 日，省政府公布了《山东省养老服务业转型升级实施方案》，对医养结合服务进行了突出表述，并提出了具体内容和要求。主要包括：建立健全医疗卫生机构与养老机构合作机制，鼓励二级以上综合医院包括中医医院要与养老机构开展对口支援、合作共建；公立医院资源丰富地区可根据老年服务需求增加设立康复、护理床位。支持有条件的养老机构开办老年病医院、康复护理院，并按照有关规定纳入基本医疗保险定点范围。推动医疗卫生服务延伸至社区、家庭，为居家老年人提供相应的医疗、护理服务项目，有条件的地方推进面向养老机构和老年人的远程医疗服务。支持社会力量举办医养结合机构，凡符合规划条件和准入资质的不得加以限制等。同时，加快公办养老机构改革，鼓励民间资本通过参资入股、收购、委托管理、公建民营等方式，建设和管理运营公办养老机构，推动养老服务由补缺型向普惠型转变。积极探索多元化的保险筹资模式，加快建立完善长期护理保险制度，争取到 2020 年，所有医疗机构能够为老年人提供挂号、就医等便利服务，所有养老机构能够为入住老年人提供不同形式的医疗卫生服务，护理型床位占养老床位总数的

30%以上，达到264万张。继2014年10月省民政厅和省财政厅印发《山东省发展养老服务业省级专项资金补助项目实施方案》后，2016年省民政厅和省财政厅发布了《山东省发展养老服务业省级专项资金补助项目实施方案》（鲁民[2016]44号）等相关文件，要求各地对符合养老服务业发展的系列项目按照要求进行补助并对补助项目进行公示，以接受社会监督。这些补助项目主要包括：对符合条件的养老机构进行一次性建设补助和运营补助，对城乡社区养老设施进行补助，对养老服务信息平台进行补助以及对养老服务人才培养进行补助等。养老服务人才补助项目主要包括：各院校设立养老服务专业补助、大学毕业生入职养老服务行业补助、养老护理员职业资格补助、养老服务与管理人员省级培训补助等。

按照中央和省里相关文件精神，山东省各级各部门积极行动，医养结合服务发展态势良好，取得了优异成绩。2014年6月，省政府印发了《关于开展职工长期护理保险试点工作的指导意见》，在全国率先建立以“医养康护”相结合为特点的社会化长期护理保障制度。青岛、东营、潍坊、日照、聊城5市先后进行试点，2016年6月济南开始试点实施，山东省将在试点的基础上逐步扩大制度的实施范围，探索建立覆盖全省的具有普惠性的社会化长期护理保险体系。随着老龄化程度的加深和国家政策措施的实施，全国各地医养结合服务工作相继推进。2016年6月，青岛市和烟台市被列为第一批国家级医养结合试点单位，随后威海市又被确定为第二批国家级医养结合试点单位。

从2017年开始，山东省筹划创建全国医养结合示范省工作，编制了《山东省创建全国医养结合示范省工作方案》，将医养健康产业列入全省新旧动能转换重大工程中的“十强”产业和五大新兴产业之一，成为全国唯一的医养结合示范省。2018年2月26日，省政府召开创建全国医养结合示范省启动会议，提出要坚持高起

点谋划、高标准要求、高质量推进，加快创建全国医养结合示范省，把“以健康为中心”的理念贯穿到老年人衣、食、住、行各方面，着力提升医养结合服务能力，大力发展医养健康产业，不断创新政策体系，全面强化人才支撑，努力做到“人民群众得实惠，健康产业得发展，医养结合树品牌”，推动形成医养互促共进、深度融合的良好态势，努力创造可复制、可推广的经验，为实施健康中国战略做出山东贡献。启动会议拉开了全省创建全国医养结合示范省的序幕，并先后公布了两批“山东省医养结合示范单位”(第一批 15 家，第二批 73 家)。

(二)采取的重要措施①

山东省紧抓创建全国医养结合示范省的契机，以规范化标准化为重点，以政策创制突破为抓手，采取一系列主要措施，不断推进机构医养融合，促进养老服务水平提升。

1.抓组织领导，积极实施战略推进

中共山东省委、省政府高度重视医养结合工作，将“创建全国医养结合示范省”列入《山东新旧动能转换综合试验区建设总体方案》全力推进。2018 年 2 月，省政府召开创建全国医养结合示范省启动会议，印发工作方案，在 6 个市、80 个县(市、区)率先开展示范创建。依托全省人口健康信息大数据平台，对全省老年人的基本健康状况、健康风险因素、医养结合需求等进行全面评估。2018 年 8～10 月分两批对 17 市及 80 个医养结合示范先行县(市、区)及 57 个非先行县(市、区)示范创建情况进行了中期评估，累计查看各类医养结合机构、医疗机构 530 家，实地座谈工作人员、走访老年人 6800 余人次。通过评估，有力推动了全省医养结

---

① 根据 2018 年 12 月 5 日在山东省医养健康产业协会成立大会上，山东省卫生和健康委员会介绍的山东省推进医养健康发展和医养结合示范省创建情况进行整理。

合事业快速发展，整体呈现良好态势。

2. 抓政策引导，着力突破瓶颈制约

一是明确了医疗机构开展医养结合服务的收费依据。2018年，省政府出台了《关于进一步扩内需补短板促发展的若干意见》，明确开展医养结合服务的公立医疗机构、国有企事业单位所属医疗机构，可参照养老机构有关规定收费。二是突破了医疗机构申办养老机构的政策障碍。联合省民政厅、省编办印发了《关于进一步做好医疗机构设立养老机构许可工作的通知》，突破了医疗机构申请设立养老机构的政策障碍，不需另行设立新的法人，可依据已具备的消防、住建等条件，增加养老服务、培训等职能。三是加快推行老年人长期护理保险。青岛市2012年在全国率先建立长期医疗护理保险，目前全省已有16市建立了职工长期护理保险制度，将失能、半失能老人的日常生活照料和医疗护理费用纳入保障范围，实现城乡全覆盖。四是加大养老服务业财政补助力度。自2014年起，省级每年安排10亿元专项资金和5000亩土地指标支持养老服务业发展，其中对医养结合型养老设施建设进行重点扶持，新建、改扩建床位按东中西地区每张5400元、6600元、7800元标准给予一次性建设补助；对每入住1名自理、部分失能、失能老人分别给予600元、1200元、2400元运营补助，连补3年。

3. 抓规范指导，不断完善标准体系

一是全面开展老年人家庭医生签约服务。全省老年人家庭医生签约服务费提高到每人每年不低于130元。拟订了《老年人中高级家庭医生签约服务包参考目录》，明确了服务项目5大类49项，不断丰富和提升签约服务内涵，为老年人提供综合、连续、安全、有效且适宜的基本医疗卫生和健康管理服务。二是建立老年人绿色就医通道服务规范。印发了《山东省老年人就医绿色通道服务规范》，在全国率先明确了老年人就医绿色通道的内涵，规范了二级及以上医疗机构绿色就医通道的设置要求和服务内容，落

实老年患者优先就诊、优先检查、优先住院等服务措施，提高服务质量。三是制定医养结合示范创建工作指南。印发了省级医养结合示范先行市、县（市、区）和示范单位工作指南，从组织领导、服务内容、人才队伍等方面指导各地、各单位开展医养结合示范创建，确定了一批省级医养结合示范单位。四是组织开展安宁疗护服务试点。印发了《关于开展安宁疗护服务试点工作的通知》，明确试点任务，各地至少选择1家医疗机构或养老机构开展安宁疗护服务，更好地促进全社会转变思想观念，充分尊重生命，推进人文关怀。

4.抓服务提升，丰富医养结合服务模式，涌现出一批先进典型

各市、县（市、区）以示范创建为契机，在居家社区医养结合、机构医养结合等方面勇于探索创新，形成了各具特色的医养结合服务模式。目前的先进典型和主要工作经验有：

（1）在城市医养结合方面，推动以健康养老服务信息平台为依托，以家庭医生签约服务为抓手，通过社区网格精细化管理，实现城市社区智慧健康养老服务模式。烟台市推行社区卫生服务站与日间照料中心“嵌入”建设、融合发展，将优质医疗资源下沉到社区，为老年人提供个性化签约服务包。安丘市、荣成市、宁津县、巨野县等县（市、区）依托健康大数据中心或“12349”民政养老服务平台实现社区居家医养服务。青岛市城阳区创建“向日葵”家庭医生服务品牌，建立“家医120”分层级救治机制，实现社区巡护与特许人群个性化签约服务深入融合。

（2）在农村医养结合方面，推动乡镇卫生院与养老院协同发展，通过签约合作、托管、医护人员驻点等形式，打造“两院一体”的农村健康养老服务模式。日照市出台了《关于加快推进乡镇卫生院与养老院协同发展的通知》，乡镇卫生院与养老院通过“拆院墙、建连廊”，建立起紧密的合作关系。日照市东港区对“两院一体”模式和医疗机构设置康复护理床位的，给予一次性10万～30万元扶持资金。

(3)在机构医养结合方面,推动医疗机构通过与养老院合作或内设养老机构等多种形式开展养老服务,打造医疗养老联合体或品牌化连锁模式。枣庄市精神卫生中心打造“一体四区”的集团化运营格局,实现功能定位、资源共享、信息平台、服务标准、绩效考核“五统一”。山东枫叶正红医养中心采取PPP合作模式,在菏泽市及所辖县(市、区)打造出连锁化品牌,成为政府满意、投资方满意、老人及家属满意和医疗机构满意的“四满意”项目。

(4)在安宁疗护服务方面,推动居家临终关怀和机构安宁疗护两种服务模式。省立医院“启明星”志愿服务团队开展居家安宁疗护服务,建立“爱之家癌症家属互助平台”,在医疗、心理方面给予专业引导和帮助。淄建集团老年护理服务中心以临终关怀为特色的护理服务,开设140余张安宁疗护床位,一床难求。

(三)医养结合工作总体评价

根据山东省民政厅2018年的相关资料,目前全省正在运营的养老服务机构有2000多家,其中内设医院的200多家,内设诊所、卫生室的1000多家,纳入医保定点110家;80%以上的小型养老机构、社区日间照料中心、农村幸福院与周边医院、医疗诊所或卫生室建立了合作关系。

由上述数据进行测算,养老机构内建立医院的占比为10%,养老机构内设医疗机构的占比为49.2%,但养老机构内设医疗机构纳入医保定点的占比只有5.4%。“养内设医”如不能用上医保资金,难以有效解决医疗问题。但现有养老机构中目前能够用医保的占比只有5.4%,这从总体上说明实质上实现医养结合的养老机构并不多。

根据山东省卫健委2018年的相关资料,目前全省有1517家医疗机构通过多种形式开展养老服务,336家医疗机构内设了养

老机构，开放护理型养老床位 6.81 万张；138 家乡镇卫生院与养老院建立了“两院一体”模式；554 家医疗机构设立了老年病科，97.94%的医疗机构为老年人开设绿色通道；945 家医疗机构开展了安宁疗护服务。

由上述数据进行测算，目前全省有 1517 家医疗机构通过多种形式开展养老服务，而全省各类医疗卫生机构总数达 79099 个，开展养老服务的机构占比只有 1.9%（在所有医院和卫生院的占比为 36.9%）；只有 336 家医疗机构内设了养老机构（不完全是养老院或护理院），按全省适宜开展养老业务的 1501 所综合医院、263 所中医院、1658 所乡镇卫生院测算，占比仅为 9.82%；开放护理型养老床位 6.81 万张，占医疗机构病房总床位的 11.5%，相当于养老床位的 9.7%；138 家乡镇卫生院与养老院建立了“两院一体”模式，全省有乡镇卫生院 1624 家，开展医养结合占比为 8.5%。这说明医疗机构开展养老服务服务的总体状况也不乐观。

目前各种养老方式都提倡医养结合，但“机构养老”起重要的支撑作用，所以，医养结合覆盖程度是衡量“机构养老”质量的重要标志。山东省目前养老机构内设医疗机构的占比为 49.2%，80% 以上的小型养老机构、社区日间照料中心、农村幸福院与周边医院、医疗诊所或卫生室签订协议并建立了合作关系，单纯从这些数据看，医养结合覆盖率比较高。但一般认为，只有能够在养老机构解决医疗住院问题并能纳入医保报销范围才算是真正意义的医养结合（我们认为，真正的医养结合是“利用同一张床位，能同时满足养老和医疗两种服务”），而山东省目前养老机构内建立医院的占比为 10%，全省纳入医保定点的养老机构只占 5.4%，医疗机构内设养老机构的占比只有 9.2%，乡镇卫生院新办养老院的占比只有 8.5%，这说明目前养老机构实际的医养结合覆盖率并不高。通过上述数据资料可以看出，山东省医养结合未来发展空间和发展潜力很大。

二、山东省目前医养结合的主要模式

(一)“机构养老”医养结合的主要模式

1.“大养老+小医疗”型

该模式以养老为主、医疗为辅，通常是在原有养老机构的基础上新建医疗机构、新增医疗服务，通过充分利用自身护理设施与医疗资源，为老年人提供良好的护理服务和必要的医疗服务。目前大部分养老机构采取这种模式开展医养结合服务。该模式的优点：一方面可以充分利用养老机构的资源，增加其业务服务范围，提升其整体形象；另一方面可以让老人在常住环境下获得持续的医养一体化服务。但该模式也存在明显缺点：医疗多为门诊，医护服务水平偏低，只能满足初步的诊断和护理服务，多数不能解决在养老机构直接办住院的问题，不能实现“利用同一张床位，同时满足养老和医疗两项服务需求”的医养结合目标。因此，此模式适宜于非危急重病但又需要大量护理服务的失能、失智、半失能、高龄、慢性病、病后康复等老年人的养老。由于这种模式不能在养老机构就地解决住院问题，养老机构还需要与其他医院开展合作，一旦有需要住院的老年人还需要到其他医疗办理住院。该模式一般是养老机构新办医疗机构，成本较高，医生、护士、药剂师一般需5～7人，仅这些医务人员的工资就给养老机构带来很大的负担。调研发现，许多已经申请办理了医疗机构的养老机构，医疗机构试运行一段时间内坚持不下去而“人走楼空”。实践证明，这种模式不能从根本上解决养老机构中的医疗问题，不能实现实质上的医养结合，不可能实现资源优化配置和经济效益的最优化。

2.“医疗、养老并重”型

这种模式多为新建医养结合机构或医院转型为养老机构，强

调医和养并重发展。新建的大型养老机构，同步建设配套相应医院，实现医疗、养老并重发展；一些资源闲置的医疗机构将富余资源转型为养老服务，以开设老年专护病房或者直接转型为护理院、康复中心等方式提供医养结合型的医护服务。这类机构能够根据自身实力，往往采取自营方式，将医疗与养老资源直接整合，形成以医促养、以养助医的运营态势，能基本实现非危急重病老年人在机构内医养共享，实现住院医疗和养老的零距离切换。我们认为，此模式特别适宜企业投资新建的医养结合型的大型养老机构，如临沭县的山东伟业集团投资建设的金明寓健康养老中心、日照中盛集团旗下的中盛幸福苑即为此类型。此模式的缺点是机构建设中医疗设备成本较高。

3.“大医疗＋小养老”型

这种模式多数是规模较大的医疗机构新建一个小型养老机构，通过配备相关设施、增加护理人员等举措，在医疗内部又新建了一个医院下属的专业养老机构。如蓬莱市中医院涌泉康护中心就属于这种模式，蓬莱市中医院为三甲医院，该中心为全省首家高端医养融合型养老中心。此模式主要特点是利用高端医疗资源兴办养老机构，该模式下养老环境条件虽好，但存在明显缺点：一方面对现有医院资源的利用不经济甚至浪费，另一方面是养老费用较高，经济条件中下等的普通家庭难以承受。我们认为，这种模式不宜提倡，也即二级及以上医院没有必要新建养老机构（可以增设康复或老年病科室），以免造成对高端医疗资源利用不经济。

4.“大医疗＋小康复”型

这种模式多数为规模较大医疗机构新建一个小型康复机构，以医疗为主、康复为辅，多数是在原有的医疗机构新增康复、养护功能，构建医疗、照护、康复等相互衔接的服务体系。该模式主要是在医疗机构内增设老年科室或康复科、康复中心，此类型原来的医院多为二级、三级医院。莱矿医院就属于这一模式的典型，在原来医院的基础上建立了康复中心，康复床位100多张，效益很好。

5.“两院一体”型

该模式在农村地区较为普及，将地方政府建设的敬老院由当地的乡镇卫生院托管运营，乡镇卫生院与敬老院实现“一体化”，或者由乡镇卫生院直接新建养老机构以实现医养结合。乡镇卫生院利用敬老院的资源除照顾好“五保老人”外，还接纳一部分社会养老人员。如临沂市河东区九曲护理院就是这种模式，效果很好。该护理院的前身为地方政府建设的养老院，床位200多张，原集中供养的“五保老人”有80人左右，河东区九曲社区卫生服务中心(又称“城区医院”)托管运营后，利用原来敬老院空闲床位吸收社会老人100多人，敬老院的资源得到充分利用，同时又与医院的资源实现优化配置，取得很好的经济效益和社会效益。此模式是对区域内既有养老和医疗资源的有效整合，能激活医养资源供给引力，就近服务农村老年人群，帮助他们实现就地养老。另外，这一模式与养老机构“公建民营”相比还有一个重要优点，容易实现原有敬老院国有资产的保值增值。我们认为，所有地方政府建设的敬老院都应该首先采取这种模式由当地卫生院托管运营，以实现医养结合。

6.“医康养一体”型

在医院的基础上，新建护理院和养老院，实施医、康、养一体化运营。如临朐景福养老护理院就是在临朐辛寨镇卫生院卧龙分院基础上建立起来的，目前入住者有纯养老110人，康复患者80人，做到了医康养一体化发展。此模式优点是康复患者住院一段时间内，身体状况大为好转，许多患者由卧床不起到独立行走，社会效益极佳；康复患者在住院期间既得到康复治疗服务，同时又得到养老服务，康复出院后可能还会有一批人在养老院长期住下，机构的经济效益大为改善。我们认为，对乡镇一级卫生院而言，这一模式为最佳模式。

7."个体诊所＋小型养老"型

此模式一般由个体诊所举办，前面门厅为诊所，后面为家庭式小型养老，诊所的医生、护士为老人提供医疗服务，另聘1～2位护理人员照顾老人。这个模式的优点是收费低，离家近，比较方便，资源利用充分，效果好；缺点是医疗和护理设施相对简单，护理不太规范，同时还存在规模不经济的问题。

8."养老机构＋医疗服务整体外包"型

这种模式是指不具备设置医疗机构条件的养老机构，与就近的医疗机构签订合作协议，将养老机构所需的医疗服务整体外包给医疗机构，养老机构为医疗机构提供场所和必要条件，医疗机构在养老机构设置老年病科或分院等正常的医疗分支机构，医疗机构派医护人员到养老机构为其提供医疗健康整体外包服务，或称"整体托管养老机构的医疗服务"。如庆云县辛店卫生院托管幸福苑养老服务中心的医疗服务，派了5名医务人员在养老服务中心工作，同时对附近居民提供医疗服务，每月纯收入8万元。这种模式的优点，医养双方责、权、利明确，双方充分利用市场机制开展合作。实践证明，这是医养开展专业化分工与合作、提高资源利用效率的有效形式，特别适用于100人以上中上等规模的养老机构；规模较小的养老机构，医疗机构可能会因"赔本"造成服务不可持续，需要养老机构对医疗机构给予一定补贴。

9."养老机构＋医疗服务绿色通道"型

这种模式是指养老机构与邻近医疗机构签订合作协议，医疗机构为养老机构患者就医提供"绿色通道"，优先提供住院、远程会诊、预约挂号等服务，这是目前医养结合最多的一种模式。该类型的缺点：医疗机构与养老机构合作基础是来自双方的信任和利益驱动，双方的合作缺乏有效约束和利益协调机制，一旦协议影响到了某一方利益，就很容易出现终止协议的情形，很难保证合作的有效性、持续性。此外，由于存在一些无法预知的意外，患病老人比较容易发生责任事故，而该模式客观存在医疗机构和养老机构“权责界限”不清晰问题，一旦发生有关责任事故，很可能会出现推诿扯皮的现象。从实际运行情况，这种模式难以实现医养一体化，基本属于“搞形式”，医养之间很难开展长期实质性合作，基本上是各干各的。调研发现，如养老机构有患者需要住院，虽协议要求优先到合作的医疗机构住院，但多数患者家属并不一定同意（可能会到更放心的医院），久而久之，难以长期合作。

10.“大养老＋小医疗＋医疗服务绿色通道”型

规模较大的养老机构自身建设一个小医疗机构，如卫生室或诊所，同时又另与其他较大规模的医疗机构签订合作协议，并由其为养老机构患者就医提供“绿色通道”。对一般的医疗问题，平时养老机构自行解决，当有较重患者就立即转入合作的医疗机构诊治。

上述十种“机构养老”医养结合服务模式，前七种为“一体化”模式，第八、第九种为“嵌入式”，第十种为“混合式”。前八种医与养结合得比较紧密，第九种为松散型的医养结合，第十种为半松半紧型。目前相关部门介绍成绩时所说的医养结合覆盖率达到多少多少时，往往包括签订协议类的松散型模式，且此模式占比较多。我们认为，松散型模式基本属于“搞形式”，医疗机构和养老机构难以实质性合作，更难进行市场化运作，医养结合必须提倡“一体化”模式。

（二）“社区养老”医养结合的主要模式

1.“社区卫生服务机构＋老年人日间照料中心”型

目前，同一社区内的一些社会公益服务机构在用房分配方面存在不公平现象，在老年人日间照料中心用房大量闲置的同时，社区卫生服务站（中心）的用房却十分紧张，有许多社区卫生服务站（中心）自行租赁工作场所，高额房租给这些社区卫生服务站（中

心）的正常工作带来极大“困惑”。社区卫生服务机构托管日间照料中心养老机构，社区卫生服务机构可以免费使用老年人日间照料中心的房屋等设施，并承担起照料老年人的相应工作。老年人日间照料中心的设施可以在养老、医疗、基本公共卫生服务等多方面得以共享使用。从满足老年人医疗健康需求看，一般需要送到“日间老年人照料中心”的老年人，多数是“一体多病”，这些人更多需要医务人员提供服务；同时，只有医务人员承担此项工作，老年人子女才能更放心、才能更多地把老年人送到老年人日间照料中心。由社区卫生服务站（中心）运营日间老年人照料中心，可以有效解决对老年人专业服务不到位、配套服务跟不上的问题，能够更好地迎合并满足老年人的特定需求。从提高资源配置效率和促进养老产业化角度看，社区卫生服务站（中心）属于实体性机构，由其运营老年人日间照料中心，符合“能负责、能问责”的要求，所有权与经营权相分离，既解决了原由社区居委会管理运营带来的体制不顺、权属不清问题，又解决了老年人日间照料中心资产闲置问题，同时还化解了社区卫生服务机构用房紧张的矛盾，实现了资源共享；既能收获“更好保障老年人保健、老年人子女更安心”等的社会效益，又能通过更多的服务为社区卫生服务站（中心）带来应有的经济效益，同时还能推进养老产业化，真正实现多方共赢，是社区层面实现医养结合的捷径。

2.“社区医养设施共建共享”型

将养老服务设施同基层医疗卫生服务机构统一规划，统一建设，如农村幸福院与卫生室同步建设、城市社区日间照料中心与社区卫生服务中心同步建设，通过同步建设，一步到位实现医养结合。如章丘区先后新建或利用现有农村闲置房舍等建成幸福院157处，其中和村卫生室融合运行的有40余处。我们认为，这种模式主要适用于增量的社区新建的养老设施，值得大力推广。

3.“专业养老运营机构+老年人日间照料中心”型

由大型专业化养老机构托管老年人日间照料中心，将日间照料中心的闲置资源利用起来。如济南市民政局牵头引进上海专业养老机构托管运营社区的日间照料中心。我们认为，由于老年人日间照料中心的规模较小（一般只有10张床位），难以发挥规模效益。同时，由于有些专业养老机构医疗服务跟不上，很难做实做优医养结合。从对济南市的调研情况看，目前政府补贴较多，专业化养老机构托管老年人日间照料中心还勉强维持，一旦政府补贴减少或取消，将很难维持下去。

4.“社区综合养老服务机构与社区卫生服务机构签订协议”型

这种模式往往是社区建立了养老综合服务中心，为了开展医养结合与社区卫生服务机构签订合作协议，社区卫生服务机构也很喜欢参与合作。他们主要是基于完成基本公共卫生服务的目的而参与合作，所开展的服务主要是基本公共卫生服务，基本医疗服务相对较少。由于社区卫生服务机构执业医护人员数量少，服务对象多，工作任务重，除开展基本公共卫生服务外，难以与社区综合养老机构开展有效深度合作。

5.“村卫生室+农村幸福院”型

这种模式是由村卫生室托管运营农村幸福院，实现农村社区层面的医养结合，但目前典型例子不多。

（三）“居家养老”医养结合的主要模式

1.“互联网+可穿戴设备+实体性服务机构”型

这种模式需要为居家老人配备穿戴式监测设备，对老人的生活和身体状况进行远程监测，通过信息管理平台并利用互联网、物联网，对老年人在日常生活、健康和出行情况的相关数据及时传递给实体性医养结合型的养老机构或实体性社区机构（如护理站、社区卫生服务机构）及老年人子女；实体性服务机构根据对老年人身

体监测数据设计服务方案，同时根据老年人及其子女的需求，及时为居家老人提供饮食起居、医疗医护、消防安保、休闲娱乐、报警呼救等的相关服务。目前，政府出资搞了一些居家养老服务试点，基本都不成功，原因是执行主体不对（多数是社区居委会或委托一些外地专业机构，他们在当地没有实体性养老机构，没有专业人员），没有社会化、市场化，他们的目的主要是“赚”政府的钱，政府一旦不拨经费就经营不下去，这样的居家养老不能实现可持续发展。目前看，许多企业热衷开发此模式，有的设计规模较大，但目前成功案例不多，主要是没有进行有效的市场化运作，政府也缺少相应的政策支持。我们认为，此模式在城镇应重点推广，执行主体应该是具有较强实力的医养结合型的实体性养老机构，通过在社区建立服务站并向居家养老提供延伸服务。

2.“居家养老＋家庭医生签约服务”型

这种模式是通过开展家庭医生签约服务活动，推广家庭医生服务，与有需求的老年居民签订服务协议，开展契约式服务，签约对象可以获得家庭医生提供的医疗保健咨询服务、优质诊疗服务、精准预约转诊服务、保健指导、疾病干预、家庭病床、健康管理等服务，让老人在家中就能享受到优质的医疗资源等基本医疗服务、基本公共卫生服务和个性化健康管理服务。这一模式主要解决居家老人的医疗服务问题，但社会化的生活服务得不到有效解决。我们认为，这不是实质性的医养结合，仍属于基本公共卫生服务的范畴。

3.“居家养老＋长护险中的‘家护’服务”型

这种模式是失能老人平时在家中由自家人提供生活照料，由长护险的定点医疗机构提供以康复为重点的“家护”服务，相关费用主要由医保资金提供。这一居家养老模式目前主要针对享受长护险的城镇职工，虽受居民欢迎，但社会成本很高，且医务人员往返医疗机构和居民家中浪费不少时间，与失能老人入住养老机构的“院护”相比资源配置效益不佳。

上述模式虽多，但又可以进行合并，根据是否协作可分为两种：第一种运作模式叫“单一主体主导的延伸模式”，是指原来不具有医疗功能的养老机构或不具备养老功能的医疗机构，通过对自身医养融合需求及医养资源的评估后，通过在机构内部建立医疗机构或养老科室，实现医疗功能或养老功能内部化，以满足老年人的医养一体化需求的医养融合结构形态。第二种运作模式叫“多主体相互嵌入的协作模式”，是指一个或多个养老机构和医疗机构通过建立合作关系，实现医疗资源和养老资源相互嵌入的一种组织结构形式，是一种组织关系互嵌的模式。至于延伸模式、协作模式哪一种好，我们认为不能一概而论，取决于对闲置资源的充分利用和资源的优化配置效率。

三、对山东省医养结合现有模式的总体评价

上述是我们调研中发现已经存在的医养结合的主要模式，虽然各地情况千差万别，需要因地制宜地探索更为适宜的模式，医养结合模式不可能千篇一律甚至会随着时间推移而不断变化，但从充分利用资源、促进资源共享、提供资源利用效率、提升社会效益和经济效益等方面考虑，应该选择优化模式进行重点推广甚至设计开发更为适宜的模式。

从“机构养老”医养结合的模式看，我们认为城区应重点推广“医疗、养老并重”型的模式，尤其是应支持社会力量尤其是大型企业新建医养结合的养老机构，鼓励和支持一些医疗水平偏低的医疗机构向护理院和养老机构转型；农村地区应重点推广“两院一体”型和“医康养一体”型模式，尤其是乡镇一级应强制推行。我们认为，不应该提倡任何养老机构都新建医疗机构，尤其是不具备条件的养老机构没有必要“硬性”新建医疗机构。2014 年 11 月，国

家卫生计生委发布《养老机构医务室基本标准(试行)》和《养老机构护理站基本标准(试行)》,明确了养老机构内设医务室、护理站的功能定位,细化了配置标准。此文下发后,许多养老机构新建医疗机构,由于成本高、收益低,得不偿失,最后不得不"关门大吉"。我们认为,中等规模养老机构(一般入住老人100人以上)如果"大养老+小医疗"型模式解决不了老人一旦生病在养老机构直接办住院的问题,这一模式的推广就没有多大的经济意义,为此建议重点推广"养老机构+医疗服务整体外包"型模式。

目前,由于专业医护人员缺乏,各级医疗机构本身的工作任务较为繁重,医务人员超负荷工作现象较为突出。医疗机构在完成自身工作任务的同时再与养老机构协议合作,无疑会增加工作量。如果缺乏相应的激励机制,不为此专门增加医务人员,则医疗机构不可能有开展医养结合的积极性。即使有行政手段干预,协议合作也很难落到实处。因此,签订协议类的医养合作都不是医养结合的理想模式。

医疗机构开展养老服务是大势所趋,应该赋予医疗机构开展养老康复服务的职责,有必要指令性要求任何一个综合性医疗机构都必须开展养老服务。从调研发现的情况看,"大医疗+小养老"型模式浪费高端医疗资源,不可取,因此不提倡二级及以上医院新建养老机构,应该指令性要求二级及以上医院设立老年病科或康复科(中心)。

建议指令性要求所有乡镇卫生院都要新建养老机构或托管现有敬老院。目前乡镇卫生院新建护理院有一些有利条件:一是现有住院床位空置率较高(许多卫生院高达50%),可以利用现有空置床位开展失能老人的养老;二是大多数乡镇卫生院职工宿舍基本全部闲置且多数为平房,拆除后可就地建设护理院,无需占用土地指标;三是部分乡镇合并后乡镇卫生院没有合并,同一乡镇的两家卫生院相距很近造成医疗资源浪费,完全可以合并腾出更多空间建设护理院；四是乡镇卫生院新办护理院后可以更好地承接上级大医院康复转诊的任务。农村敬老院应全部由当地乡镇卫生院托管运营，乡镇卫生院托管运营敬老院，可以实现多方共赢：一是可以有效保障敬老院老年人的医疗和身体健康；二是可以将敬老院的资源与乡镇卫生院共享，有效扩展乡镇卫生院发展空间；三是可以增加乡镇卫生院收入，提升医务人员绩效工资和福利待遇，调动医务人员的工作积极性；四是使乡镇卫生院借助敬老院的基础设施面向社会发展养老业，并将敬老院的闲置资源向社会开放，有力促进农村养老业发展；五是可以为农村养老业发展培育新的市场主体，大幅增加乡镇卫生院收入，改善医务人员的福利待遇；六是乡镇卫生院接管敬老院后，部分工作人员可以享受养老从业人员的补贴，有利于稳定乡镇卫生院人才队伍；七是乡镇卫生院接管敬老院后，与“公建民营”模式相比，有利于敬老院国有资产的保值增值和资产管理。因此，指令性要求所有乡镇卫生院都要新建养老机构或托管现有敬老院是完全可行的。

从“社区养老”医养结合模式看，应重点推广“社区卫生服务机构＋老年人日间照料中心”型和“社区医养设施共建共享”型两种模式，而“专业运营机构托管老年人日间照料中心”型不具有规模经济效应，不宜提倡。建议政府指令性要求，目前城区所有“老年人日间照料中心”均由社区卫生服务机构托管运营，强力推行“社区卫生服务机构＋老年人日间照料中心”型优化模式。

从“居家养老”医养结合模式看，应重点推广“互联网＋可穿戴设备＋应用管理平台”型以及“护理站向社区家庭提供上门服务”型两种模式。目前对居家养老缺少有效的支持政策，建议加大政策支持力度。如为老年人免费配备可穿戴设备和发放适量的养老服务券，对在社区建设护理站向社区家庭提供上门服务的提供免费用房和相应的服务经费补贴。

四、今后还应设计并推广的医养结合模式

(一)“养老机构＋社区卫生服务机构”型

在有条件的养老机构内部设立社区卫生服务中心(站)等医疗机构,尤其是提倡具备条件的养老机构(如具有较强实力并地理位置适当)领办社区卫生服务机构,不但为机构内入住的老年人提供高品质的“医养结合”服务,而且还为周边社区居民提供基本公共卫生服务。

(二)“医共体结合”型

这个模式是以建立“医共体”、实施分级诊疗制度为契机,辖区内较大的医疗机构在牵头组建“医共体”时将邻近的养老机构纳入“医共体”,由“医共体”的医疗机构为养老机构提供医疗服务,养老机构为“医共体”的医疗机构提供后期康复服务。这种方式的优点除了实现医养融合外,还可以分担大医疗机构后期医疗过程中的分级转诊任务,提高人医疗机构资源利用效率。此模式实质上是实力较强的医疗机构兼并养老机构,其成败关键在于双方合作者的权责分担和利益分割机制是否合理。

(三)“养老机构＋购买医疗服务”型

对规模较小的养老机构不提倡自身建设医疗机构,可向附近的医疗机构购买医疗服务,由医疗机构向养老机构“嵌入式”提供医疗服务,医疗机构每天派人到养老机构提供所需的医疗服务,正常医疗收费归医疗机构,派驻人员工资福利由养老机构为医疗机构提供补贴。随着养老机构入住人员数量以及医疗机构从养老机构获得的医疗服务收入的逐渐增多,可再转换为“养老机构＋医疗服务整体外包”型。

（四）“医养融合服务中心＋医养融合服务集团”型

从县级医疗和养老发展目前情况看，无论是养老资源还是医疗资源都存在闲置问题，开展医养结合是促进养老资源与医疗资源的优化配置的好形式，但由于有的乡镇卫生院不积极，难以开展；有的乡镇卫生院虽很积极，但由于受不能跨区域开展医疗服务的政策限制，也难以有效推进。在县区卫计局指导下组建医养融合服务中心（为县区卫计局下设的自收自支事业单位，由龙头单位牵头并整合相关医疗机构和养老机构进行组建），上述问题均可迎刃而解，能够在全县范围内优化布局和配置相关资源，可以有效规避不能跨区域开展医疗服务的政策限制，实现全域医养结合全覆盖。这一模式由龙头单位带动，完全市场化运作，由于能够提供规模化、集团化服务，必然会降低运营成本，提升经济效益和社会效益。

（五）“社区卫生服务机构＋老年人日间照料中心＋居家服务”型

社区卫生服务机构托管运营社区老年人日间照料中心，成为医养结合的实体性机构，不但对光顾“日间照料中心”的老年人提供优质配套的服务，而且还能发挥“医养结合”实体性机构的优势，延长服务链条，对本社区内有医疗健康和生活照料及相关服务需求的其他老年人（居家养老）及时上门提供个性化服务。这一模式应成为在“社区养老”支持下开展“居家养老”的主体服务模式，并将“社区养老”与“居家养老”有机结合在一起。

（六）“护理站＋家政服务”型

这种模式是在社区建立护理站，以护理站为依托，向有需求的居家老人提供上门服务，既有医疗卫生服务，也有生活服务，是一种比较理想的居家养老模式。可以在目前的社区卫生服务机构以

及城区私营诊所、村卫生室的基础上，增加几位护理人员，加挂护理站牌子；也可以依托现有医养结合型养老机构在社区建设一批连锁经营的护理站，实现医养结合型的“居家养老”。

（七）“村卫生室＋养老机构”型

对规模较大的行政村完全可以建设一处村级养老机构（如有农村幸福院的村也可以在幸福院基础上进行扩建），本村“五保户”和失能、失智及高龄老人均可入住，由村卫生室托管运营（村卫生室应是与乡镇卫生院一体化的中心村卫生室），实现村级医养结合。

五、医养结合的优化模式

近几年，山东省医养结合虽然取得了很大成绩，但据我们调研，推进医养结合过程中，签协议、搞形式多，实质性合作少；政府主导多，市场化运作少；养老机构积极性高，医疗机构缺乏积极性。从效果看，“医”“养”真正实现一体化并融合发展的并不多。究其原因是医养结合模式不当。调研发现，如选择运用的模式不当，不但没有效果，反而造成浪费或损失。如：许多养老机构盲目新建医疗机构，由于成本高难以持续最终“人去楼空”；有些养老机构“拉郎配”与医疗机构合作，养老机构留出医疗服务房间，但医疗机构因体制机制原因却不利用造成闲置。为此，急需因地制宜地探索医养结合的优化模式及配套的支持政策。

（一）“机构养老”医养结合的优化模式

“机构养老”医养结合的模式很多，需要根据城区、乡镇、村等不同的层级选择优化模式。我们认为，“利用同一张床位，同时满足养老和医疗两种服务”是“机构养老”医养结合的标志，具有协同效应是评判医养结合优化模式的重要标准。医养结合取得实效的关键是医疗资源与养老资源通过“合作”达到“共享”，在“共享”基础上通过“整合”实现“协同”和“融合”，发挥“1＋1 ＞ 2 效果”。而“整合”的关键是医养一体化，要成为有机体，能够大大提高效率。

根据上述判断标准，就城区而言，如新建养老机构特别是 500 张床位以上的大型养老机构推进医养结合应选择“医疗、养老并重”型模式为最优，尤其是大企业新建养老机构要建成“医疗、养老并重”型的机构；同时，医疗水平相对较差、资源闲置较多的医疗机构如要转型，也应优先转型为“医疗、养老并重”型的护理院或养护院。规模较大的养老机构如 300～500 张床位要实现医养结合，可优先选择“养老机构＋社区卫生服务机构”型模式；中等规模的养老机构如 100 张床位以上应优先选择“养老机构＋医疗服务整体外包”型模式；规模较小的养老机构如 100 张床位以下要实现医养结合，应优先选择“养老机构＋购买医疗服务”型模式。

乡镇一级医养结合要优先选择“医康养一体”型和“两院一体”型模式。

规模较大的村推进医养结合要优先选择“村卫生室＋养老机构”型模式，规模较小的村优先选择“村卫生室＋农村幸福院”型模式。

同质化较强的县（市、区）如在推进医养结合方面拟实行垄断实现规模化、集团化发展，要优先选择“医养融合服务中心＋医养融合服务集团”型模式。

（二）“社区养老”医养结合的优化模式

城区社区如新建养老服务机构要优先选择“社区医养设施共建共享”型模式；不新建者要优先选择“社区卫生服务机构＋老年人日间照料中心”型模式。农村社区要优先选择“村卫生室＋农村幸福院”型模式。

(三)"居家养老"医养结合的优化模式

"居家养老"医养结合要优先选择"互联网＋可穿戴设备＋实体性服务机构"型模式、"社区卫生服务机构＋老年人日间照料中心＋家政服务"型模式以及"护理站＋家政服务"型模式。

六、对医养结合养老服务优化模式相关支持政策的建议

(一)对城区"医疗、养老并重"型优化模式的支持政策

"机构养老"中的"医疗、养老并重"型模式,主要有两种情况:一是社会力量尤其是大型企业新建医养结合的养老机构;二是医疗水平偏低的医疗机构向护理院和养老机构转型。要支持该模式加快发展,前提是政府减少或不再直接投资新建养老机构。目前地方政府直接投资新建养老机构可谓是"热火朝天",建议及时"刹车"。鉴于政府直接投资建设养老机构对民营养老机构形成"挤占效应",且"公建民营"不利于形成公平竞争环境,并且国有资产存在流失或损失风险等问题,建议政府不再直接投资建设养老机构,而应更多鼓励社会资本投入养老业。政府应重点为社会资本投资养老业解决好土地问题,将节省下来的钱采取差异化的补贴政策引导老年人选择适宜的养老方式,实现由"补砖头"向"补人头"的转变。建议在长护险政策未实现全覆盖之前,政府对入住养老机构且符合补贴条件者按稍低于长护险中的"院护"标准给予补贴。具体建议如下:"机构养老"收费较高,建议对目前不能享受长护险的失能老人、85 岁以上高龄老人、不能自理的残疾人入住养老机构,由政府按市场平均收费标准的 40%给予补贴;对计划生育"失独"老人以及"空巢"老人入住养老机构分别给予 20%和 10%的补贴。山东省目前失能老人

约107万，不能享受长护险的约占90%，按其中有一半的失能老人有可能入住养老机构，再加之有可能入住养老机构的高龄老人及不能自理的残疾人总计不足60万，如按市场平均收费标准的40%给予补贴，全省每年约需补贴资金80亿元。山东省是经济大省，省、市、县三级财政负担应该没有太大困难。一旦补贴到位，将会有效激发养老有效需求，有更多的失能老人将会选择“机构养老”，同时也将会大大刺激社会资本投资养老机构建设的热情，养老业的市场主体才能真正活跃并发展起来。

（二）对乡镇“两院一体”、“医康养一体”型优化模式的支持政策

要赋予乡镇卫生院开展养老服务新职能，指令性要求各个乡镇卫生院都要兴办护理院等养老服务机构。农村失能老人较多，是目前全社会需要关爱的弱势群体；而农村居民收入偏低，很难入住城市养老机构。建议指令性要求各个乡镇卫生院都要兴办养老机构，以集中接纳农村中的失能老人和高龄老人。建议实施如下政策：

一是将地方政府举办的“敬老院”委托给乡镇卫生院经营，共享资源，互利互惠。将敬老院委托给乡镇卫生院经营，可以实现多方共赢，因此，我们应该将所有的公建公营以及公建民营效果不理想的敬老院全部委托给有实力的乡镇卫生院运营管理。

二是支持乡镇卫生院新建护理院。为调动乡镇卫生院开展养老服务的积极性，提出如下建议：对新建护理院需要贷款的由当地政府给予贴息；取消医保“限额”；对农村失能老人、85岁以上高龄老人、不能自理的残疾人入住护理院给予40%补贴；对计划生育“失独”老人以及“空巢”老人入住养老机构分别给予20%和10%的补贴。

三是赋予乡镇卫生院更多自主权，主要有：对乡镇卫生院住院床位取消上限控制，由其自行调节；取消县域范围内跨乡镇异地行

医限制，取消乡镇卫生院建立分支机构的审批；政府按服务人口核算相应编制后，“缺编”人员政府拨付相应经费，医务人员由机构自主聘任；提高乡镇卫生院绩效工资比重并实施“下托底、上不封顶”政策，鼓励通过兴办养老业增加医务人员收入。政府对需要“托底”的服务，要通过购买服务方式按成本价全额支付“基本保障”所需费用，确保在完成“基本保障”任务前提下，不让乡镇卫生院“亏本”。调研发现，许多农村“五保”老人入住农村“两院一体”型养老机构，但民政部门仅发放 400 元补助，给养老机构造成很大负担，建议按养老机构人均服务成本通过购买服务方式全额支付养老费用。

（三）对“养老机构＋医疗服务整体外包”型优化模式的支持政策

医院在养老机构开展医疗卫生服务，需要建立分院或老年病科等分支机构，建议政府取消医院建立分支机构的审批；除养老机构无偿提供相应房间和医疗床位外，建议政府无偿提供 25 万元以上医疗设备补助；取消医保资金使用限额，取消同时打破县域范围内异地行医限制。初步测算，全 2025 年全省适宜养老床位达 200 万张，适宜采用这一优化模式的养老机构按 3000 家计算，补贴经费总计 7.5 亿元，每年 1 亿元左右。

（四）对“养老机构＋购买医疗服务”型优化模式的支持政策

对规模较小的养老机构不提倡自身建设医疗机构，鼓励向附近的医疗机构购买医疗服务，建议对购买服务的养老机构，按其实际支付医疗机构经费额度的 20％给予补贴。对承接购买服务的医疗机构享受“养老机构＋医疗服务整体外包”型优化模式的支持政策（医疗设备补助除外）。初步测算，至 2025 年全省适宜养老床位达 200 万张，适宜采用这一优化模式的养老机构按 8000 家计算，每年的补贴经费 1 亿元左右。

（五）对“互联网＋可穿戴设备＋实体性服务机构”优化模式的支持政策

开展医养结合的居家养老（即现代居家养老）离不开医养结合的养老机构和社区相关机构的支持，而目前对居家养老缺少有效的支持政策。为加快推进现代居家养老、推进“机构养老”向“社区养老”和“居家养老”延伸服务，促进各类市场主体提供更多的市场化、专业化服务，建议政府不再以现金方式追加老年人高龄补贴及特殊困难老人群体的补贴，而是借鉴科技部门“创新券”经验，将相应补贴以“养老服务券”方式发放，通过互联网、物联网技术建立远程监控与健康管理平台实现供求对接，并依此为依托根据老年人提出的需求，养老机构（包括机构和社区并以社区为主）人员可以及时上门提供助餐、助购、助浴、助洁、助急、助医、助慰等服务，并领取相应服务券。此举既能够解决老年人领取现金补贴后不愿再花钱买服务的问题，有效满足老年人多样化、个性化、多层次服务需求，而且能够有效激活居家养老服务市场，有效带动养老机构加快发展，是养老机构向居家养老延伸服务的有效形式。

为加快推进医养结合的居家养老尤其是“互联网＋可穿戴设备＋实体性服务机构”型优化模式，建议政府对“远程监控云平台”建设给予平均市场价格的50%的补贴，开展先行试点，试点期间对在平台上注册的“居家养老”适宜服务对象，由政府免费提供可穿戴健康监测设备，每月发放适量的养老服务券如100元；对向现代居家养老提供延伸服务的养老机构和社区养老机构，政府在安排政府购买养老服务项目时给予相应政策支持，同时鼓励具备医养结合条件的养老机构在不同社区建设护理站，开展集团化的连锁化、规模化经营。

(六)对“社区卫生服务机构十老年人日间照料中心十家政服务”型优化模式的支持政策

对托管运营老年人日常照料中心具有法人资格的实体性社区卫生服务机构,由当地街道办事处或社区居委会无偿提供场所和相应的房屋,社区卫生服务机构全部无偿使用老年人日常照料中心的资产;政府对护理人员购买养老保险等提供50%补贴,对接纳半失能老人给予平均收费的10%补贴,对接纳的半失能老人购买意外伤害险给予50%补贴。鼓励社区卫生服务机构在托管运营老年人日常照料中心之后加挂护理站牌子并进一步履行护理站职责,为其从事基本公共卫生服务的辖区范围内为“居家养老”提供服务。

(七)对“护理站向社区家庭提供上门服务”型优化模式的支持政策

对在居民社区新建的护理站,由当地街道办事处或社区居委会无偿提供场所和相应的房屋;政府提供护理站基础设施和设备补贴1万元,政府对护理人员购买养老保险等提供50%补贴;具备条件的护理站可以作为长期护理保险的定点医疗机构承担家护任务。

(八)对“村卫生室十养老机构”型优化模式的支持政策

村级养老机构可以由村集体投资兴建,也可以由村集体提供土地,吸引社会资本投资兴建,由村卫生室托管运营(如投资机构为医养结合型的大型养老机构,一般由养老机构托管运营,村卫生室配合)。由于农村居民收入偏低,为降低入住费用,村集体可以为养老机构留出部分土地,由年龄小且身体健康的五保老人耕种,甚至还可以养猪、养家禽等,以补贴生活;对困难家庭的失能老人,可优先让其子女在养老机构从事护理工作,既照顾自己的老人,又有一定的收入。其他补贴政策与城区“医疗、养老并重”型及乡镇“两院一体”型和“医康养一体”型优化模式同等对待。

第五部分 

山东省医养健康产业基本状况及阶段性特点分析①

随着经济社会发展和生活水平的不断提高，人们对健康产品的需求日趋增加并不断多样化。美国经济学家保罗·皮尔泽将健康产业称为继 IT 产业之后的“财富第五波”，认为它是市场前景“无限广阔的兆亿产业”。健康产业的发展已成为一股全球性潮流，为贯彻落实健康中国建设战略部署，深入推进健康山东建设，切实提高人民健康水平，中共山东省委、省政府出台了《“健康山东2030”规划纲要》，为山东省健康产业发展明确了发展思路、目标和重点任务，将山东省健康产业推入了一个新时代。

健康产业涉及医药产品、保健用品、营养食品、医疗器械、保健器具、休闲健身、健康管理、健康咨询等多个与人类健康紧密相关的生产和服务领域。其中，医疗卫生服务行业是健康产业的重要分支，以医疗卫生服务业为代表的现代健康服务业，不仅日益成为

---

① 本部分的数据均根据《山东省统计年鉴》《山东省统计局公报》《山东省卫生统计年鉴》《山东省卫生事业统计公报》《山东省体育产业发展报告》等有关资料整理而得。

健康产业的重要组成部分,而且还成为现代服务业的一个新的增长点。医药产业是我国国民经济的重要组成部分,改革开放以来,随着我国人口总数的持续增长、人口老龄化和城镇化的速度加快、医疗体制改革的深入,医药行业在我国有了长足发展,并且山东省医药工业经济运行情况一直处于全国前列,是全国 31 个省、市、自治区中唯一一个主营业务收入过 4000 亿元的省份。山东省作为我国人口大省,庞大的人口基数以及快速增长的老龄人口带来了持续增长的医疗、养老方面的服务需求,养老服务领域作为健康产业的一大特色以及第二支柱性分支产业,把握健康养老产业发展方向,探索医养结合发展新趋势日益成为养老服务领域的重要组成部分。随着大健康观的深入人心,健康体育产业应运而生,健康产业和体育产业相结合,衍生出一种新的模式,即“医体结合”模式。通过医疗与体育的结合,可以使得体育活动的危险性大大降低,最大限度地达到强身健体的目的。最后,以健康旅游、健康食品为代表的新型健康产业也逐渐出现,发展潜力巨大。本部分结合《健康山东 2030 规划纲要》,对该规划中所涉及的主要产业,尤其是医疗卫生、养老、体育、旅游等重点领域,目前发展的基本状况进行深入分析及前景预测,总结出山东健康产业发展的阶段性特点及发展趋势。

一、国内健康产业研究现状

健康是促进人类全面发展的必然要求,是经济社会发展的基础条件。我国的健康建设起步较晚,但发展迅速。近年来,随着经济社会的快速发展,我国的民生需求快速提升,健康建设成为党和政府高度关注的民生问题。2007 年,时任卫生部部长陈竺提出了“健康护小康,小康看健康”的三步走战略;2015 年,党的十八届五中全会明确提出“推进健康中国建设”的新目标;2016 年,全国卫生与健康大会对如何“推进健康中国建设”作出全面部署。随后，中共中央、国务院发布了《“健康中国 2030”规划纲要》，这是中华人民共和国成立以来首次从国家层面提出的健康领域中长期规划。2017 年，党的十九大报告指出，“人民健康是民族昌盛和国家富强的重要标志”，将“健康中国建设”作为一项国家战略，提高到优先发展的地位。[①] 当前，虽然我国大健康产业发展迅速，但由于起步较晚、科技相对落后，我国大健康产业很大程度上还是追随国家发展的角度，仿制国外的产品，在中低端市场打价格战，缺乏高端产业孵化和服务平台，产业整体收益与西方欧美国家还存在巨大差距[②]，健康产业仅占我国 GDP 的 4%～5%，因此，如何推动健康产业进一步发展，成为亟待解决的关键问题。[③] 为助力健康中国建设，我国将进一步优化健康服务，完善健康保障，建设健康环境，发展健康产业。到 2030 年，我国健康产业规模将显著扩大，健康服务业总规模将达 16 万亿元。[④] 有关健康产业的研究成为热点，主要集中在以下几个方面：

1. 医养健康产业

随着我国老龄化程度的不断加剧，老年人对医疗护理的需求与日俱增，而我国养老服务和医疗服务互不衔接，走“医养结合”之路就成为中国养老模式的必然选择(黄佳豪，2014)。当前中国养老的最大难题也是能否实现维持健康体魄的持续性与获取医疗护理的便捷性，老年人将对医疗服务资源产生巨大需求，迫切需要为

---

① 申曙光，马颖颖. 新时代健康中国战略论纲[J]. 改革，2018(4).

② 王跃，毛开云，王恒哲. 面向老龄化和慢性病推进我国大健康产业发展[J]. 生命科学，2018，30(02)：884-890.

③ 郭新艳，陈林会. 共建共享：健康产业协同发展推进思路[J]. 成都体育学院学报，2017，43(1)：3-5.

④ 本报迅. 我国加速推进健康产业发展——2030 年健康服务业总规模将达 16 万亿元[J]. 中国食品学报，2017(8)：274-274.

老年人构建综合的、连续的、适宜的医疗服务（张晓杰，2016）。医疗资源融入养老服务的“医养结合”模式，能够提升老人的健康水平和独立性，通过其积累的技能与经验为家庭和社区做贡献，将会节省大量的照料成本和医疗开支，是促进健康老龄化的可行途径之一（赵晓芳，2014）。医养结合作为一种备受我国政策支持和推动的新型养老服务模式，未来医养结合养老服务模式的发展更应该结合当地老年人口结构、需求、养老体系、医疗体系以及财政能力等特点，因地制宜地发展适合当地实际、突显我国国情与特色的医疗养老照护体系（廖芮，2017）。在“健康中国”已成为国家战略和我国人口老龄化形势日趋严峻的背景下，进行养老供给侧结构性改革，积极发展养老健康产业，既有利于推进“健康中国”战略，有效化解人口老龄化问题，又有利于促进我国经济结构转型升级（程承坪，2018）。在国家加强社会保障体系建设、实施健康中国战略、保险服务实体经济的总基调下，未来保险进一步服务健康养老产业是大势所趋，“健康＋保险”“养老＋保险”都将迎来新的发展机遇（燕妮，2018）。以济南市为例，医养健康产业还存在诸多问题，如产业规划跟不上产业发展步伐、人才短缺导致标准化缺失、“限高”三层楼影响养老资源利用率等（孙世会，2018）。

2.健康体育产业

从健康中国与体育事业发展的关系分析，健康中国是一项涉及教育、医疗、养老、娱乐、体育等事业和产业的综合概念；从健身的角度分析，体育事业是促进健康中国建设的积极动力；从健心的角度分析，体育事业是促进健康中国建设的内涵效应；从健群的角度分析，体育事业是促进健康中国建设的社会融合方式、文化发展效应和居民生活质量的体现（柳鸣毅，2017）。“体医结合”这一代表了健康促进新趋势的理念将成为推进健康中国建设、全面提升中华民族健康素质、实现人民健康与经济社会协调发展的国家战略的重要措施和依托（廖远朋，2017）。积极响应健康中国战略，并以此为提高学校办学层次契机，以培养适应国家、社会、市场发展需要的体育人才是体育人的使命与担当（刘青，2017）。

3. 医药健康产业

未来一个时期，中药大健康产业发展战略概括为：一个战略中心（以服务健康需求为中心），两个战略重点（规划监管、提质增效），四个发展方向（规范种植、新品研发、商贸物流、国际发展）（张伯礼，2017）。大健康产业的迅猛发展也为民族医药民俗的传承提供了新的机遇，而保护我国的民族医药民俗并保持其本真性和活态性，将会对我国大健康产业的发展提供强有力支撑（肖远平，2016）。中医具有养生保健、治未病的独特优势，中医健康养生保健服务产业具有广阔的发展前景，但当前还存在规模不太、品质不高、秩序不规范、监管不足等现象，还不能充分满足社会的需要（胡振宇，2015）。在大力提倡“不治已病治未病”的健康理念推动下，药食两用中药正以其独特的魅力赢得公众的广泛认可，并且药食两用中药领域有巨大的潜力（王智民，2017）。

4. 健康保险产业

伴随国家各项扶持政策的密集出台，商业健康险迎来了难得的政策机遇期，市场活跃度大幅提升。近年来，保监会已先后批准七家专业健康险公司，结合原有产险、寿险机构，总计近百家保险公司开展了商业健康保险业务，备案销售的产品近千件。在发展规模上，保监会的数据显示，2013～2016 年，我国商业健康险原保费规模保持高速增长，平均增长率近 50%，远高于其他险种。但 2017 年以来，商业健康险的保费收入增长有所放缓，2017 年上半年，商业健康险原保费收入同比增长仅 10.9%，低于其他险种，商业健康险的发展需要寻求突破（李煜，2018）。加快发展商业健康保险对于完善社会保障制度，提升健康产业水平，优化金融保险市场具有重要意义（王小琳，2018）。

5.健康管理产业

我国健康管理服务仍处于起步阶段，存在产业基础及供给能力低，健康管理的产业链不全；健康管理机构良莠不齐，公众认知和接受度不高；产业发展模式有待改进，学科理论体系研究不足；相应规范和机制不健全，发展环境尚待继续优化；健康管理支付机制不畅，服务的公平性相对较差等问题。但随着“健康中国”“健康2030”理念的提出，健康管理产业将迎来新一轮的快速发展机遇，健康管理将步入产业升级的关键时期，在科研与技术发展、人才培养、服务模式与理念、管理服务上将快步发展(杨星，2017)。

我国民族地区健康产业发展也呈现出多层级政策体系加快建立和完善，健康产业总体规模增长、带动能力有所增强，民族特色的健康服务体系逐步健全，产业对外交流合作日趋多样等特点，同时也面对国内外产业竞争加剧，产业同质化现象凸显，产业辐射带动能力较弱，支撑产业发展的关键要素仍存在突出短板等困难(王昊，2018)。当前，我国健康产业却有望成为农村经济增长的战略支撑点，但是，因为当下我国农村居民的消费理念还相对滞后，民众整体的健康意识还比较薄弱。同时，农村社会产业化程度偏低，使得健康行业的投资、运作面临多重考验(单敏飞，2018)。

二、健康产业分类体系

综合国内外研究发现，有学者为建立与国民经济核算接轨的健康产业核算体系，将健康产业分为以保健食品和中药材种植养殖为主体的健康农、林、牧、渔业，以医药和医疗器械等生产制造为主体的健康相关产品制造业，以医疗卫生和健康管理与促进服务为主体的健康服务业(2017，张毓辉)。还有学者从公共产品理论出发，将健康产品分为公共健康产品、准公共健康产品和私人健康产品三大类(2016，倪春霞)；或者从制造与服务两个大类出发，梳理出健康产业细分为健康用品行业、健康食品药品行业、现代健康服务行业3大行业与16个细分行业(2015,杨林)。此外,国家统计局印发的关于《健康服务业分类(试行)》(以下简称"《分类》")的通知(国统字[2014]18号)是目前开展健康服务业统计监测的主要依据。该《分类》以《意见》《国民经济行业分类》(GB/T4754～2011)、《卫生核算体系(2011)》中对健康服务的定义和方法为基础,明确将健康服务业分为四大部分:一是医疗卫生服务,二是健康管理与促进服务,三是健康保险和保障服务,四是其他与健康相关的服务。前三部分是核心内容,包括以维护和促进人类身体健康状况或预防健康状况恶化为主要目的的服务活动;第四部分是与健康服务相关的产业,包括相关健康产品的批发、零售和租赁服务。最后结合山东省出台的《"健康山东2030"规划纲要》,归纳山东省主要健康子产业为医疗卫生服务业、医药产业、健康养老产业、健康体育产业、健康旅游产业及健康食品产业等。

三、山东省主要健康子产业发展现状

(一)医疗卫生服务业现状分析

1.医疗卫生服务供给分析

(1)供给概况

山东省医疗卫生服务供给情况如图5-1(左侧纵坐标轴为卫生机构数,右侧纵坐标轴为政府卫生支出及卫生人员数)所示。2010～2017年山东省的医疗卫生机构、人员和费用总量,呈逐年增加态势。其中医疗机构个数2017年比2010年增加了18.12%;卫生人员数从2010年64.59万人增加到2017年91.90万人,增加了27.31万人;2016年政府卫生支出为813.18亿元,相比于2010年增加了485.73亿元(见表5-1)。

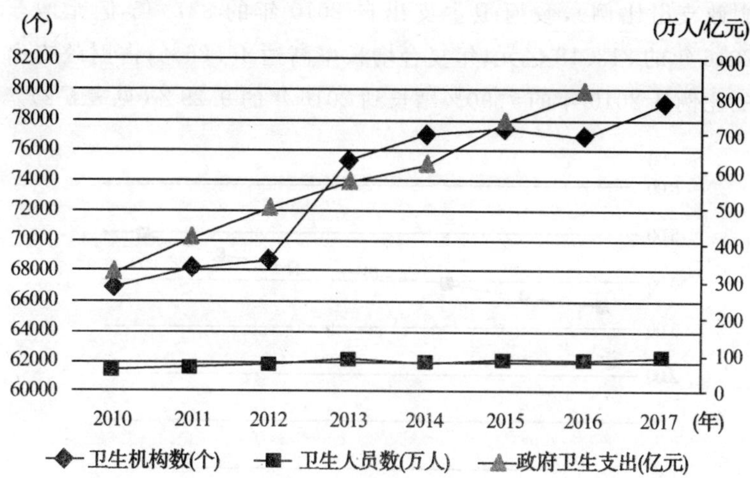

图 5-1　2010～2017 年山东省医疗卫生服务供给情况

表 5-1　　　2010～2017 年山东省医疗卫生情况

年份	卫生机构数(个)	卫生人员数(万人)	政府卫生支出(亿元)
2010	66967	64.59	327.45
2011	68275	68.96	425.02
2012	68840	73.93	498.42
2013	75475	82.02	571.37
2014	77066	83.84	619.80
2015	77435	85.64	722.34
2016	77050	87.58	813.18
2017	79099	91.90	—

(2)卫生投入情况

资金投入作为医疗卫生服务行业发展的关键推动力。近年来,山东省卫生费用占 GDP 比例保持 3.0%～5.0%的速度平稳缓慢增加(见图 5-2),政府于医疗领域的投入也在持续增加(见图 5-3:左侧纵坐标为政府卫生支出,右侧纵坐标为政府卫生支出占财政支出比例)，政府卫生支出自2010年的327.45亿元增至2016年的813.18亿元，年复合增长率高达46.86%；占财政支出的比例从2010年的7.90%增长到2016年的9.29%(见表5-2)。

图5-2 山东省卫生费用占GDP比例变化情况

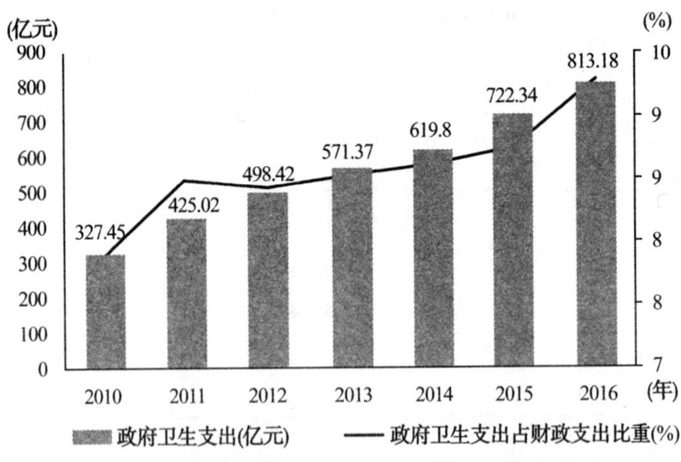

图5-3 政府卫生支出情况

表 5-2　　山东省政府卫生支出情况

年份	政府卫生支出(亿元)	增长率(%)	政府卫生支出占财政支出比重(%)
2010	327.45	—	7.90
2011	425.02	29.80	8.50
2012	498.42	17.27	8.44
2013	571.37	14.64	8.54
2014	619.80	8.48	8.63
2015	722.34	16.54	8.76
2016	813.18	12.58	9.29

(3)卫生机构数及床位数情况

政府持续性的医疗投入,提升了医疗卫生服务机构数量以及床位数,创造了更多的医疗卫生服务供给(见图 5-4:左侧纵坐标为卫生机构数,右侧纵坐标为床位数)。2010～2016 年间,山东省医疗机构数量年均复合增长率为 1.09%,同期医疗机构床位数年均复合增长率为 7.62%。

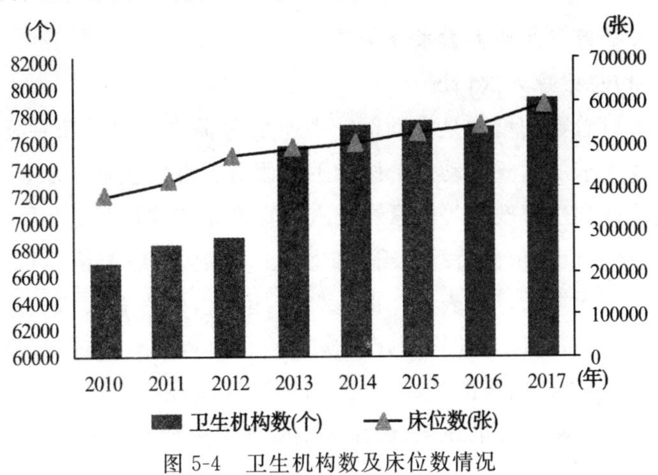

图 5-4　卫生机构数及床位数情况

(4)卫生人员情况

由图 5-5 可知,我省卫生人员队伍也在不断壮大。据统计,截至 2017 年底,全省各级各类卫生计生机构卫生人员总数达 91.90 万人,比 2016 年增加 4.32 万人(增长 4.93%)。卫生人员总数中,卫生技术人员 68.94 万人,比 2016 年增加 4.64 万人(增长 7.22%)。乡村医生和卫生员 10.97 万人,其他技术人员 4.15 万人,管理人员 3.21 万人,工勤技能人员 4.63 万人。

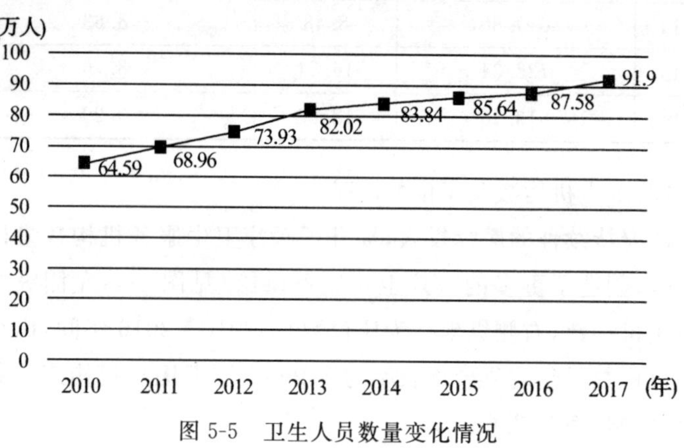

图 5-5　卫生人员数量变化情况

2. 医疗卫生服务需求分析

(1)总诊疗人次情况

人口总数的增加是推动医疗卫生服务需求上涨的第一要素,而行业需求的增长推动整个医疗卫生服务行业的快速发展。尽管受过往计划生育政策等因素影响人口自然增长率已呈逐年下降趋势,但总人口数依然持续上升,加上人口基数大,各类医疗机构就诊人数不断增长。如表 5-3、图 5-6(左侧纵坐标为总人口、总诊疗人次,右侧纵坐标为人均诊疗人次)所示:山东省总人口在不断增长,并且在人口增长的基础上,人均诊疗人次在不断增加,造成总诊疗人次大幅增长的现象,医疗卫生服务需求加速释放。

表 5-3　　医疗机构总诊疗人数情况

年份	总人口(万)	总诊疗(万人次)	人均诊疗(人次)
2010	9579	48024.41	5.01
2011	9637	51794.21	5.37
2012	9685	58264.69	6.02
2013	9733	62153.57	6.39
2014	9789	63232.91	6.46
2015	9847	61558.87	6.25
2016	9947	62393.92	6.27
2017	10006	64447.28	6.44

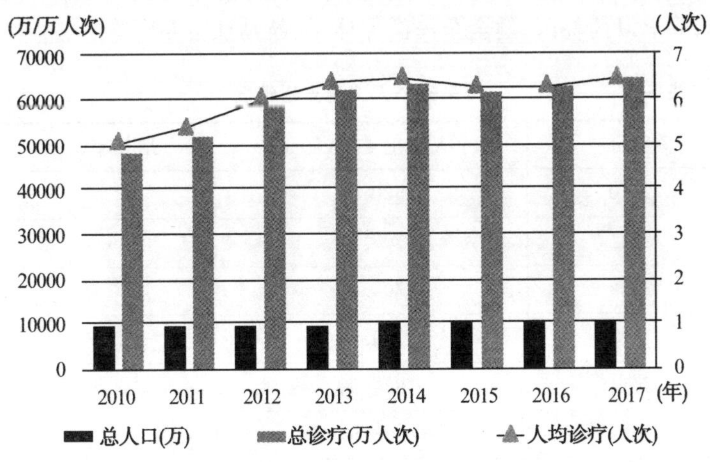

图 5-6　医疗机构总诊疗人数情况

医疗卫生服务需求的持续增长还与人口老龄化密切相关。作为中国人口老龄化第一大省，2017 年，山东省 60 岁及以上老年人口已达 2137.3 万，占总人口的 21.4%，高出全国平均水平 4.0 个百分点；65 岁及以上老年人口达 1399.8 万，占总人口的 14.0%，高出全国平均水平 2.6 个百分点。北京大学国家发展研究院研究表明，65 岁以上老年人口组的年均医疗费用远远高于其他组别的人群，这也说明老龄人口对医疗卫生服务消费有明显的推动作用（由于数据缺乏，未作各年龄组医疗卫生服务支出对比）。

(2)个人卫生支出情况

在总人口数及老龄人口数持续上涨的双重推动下，山东省医疗卫生服务需求不断释放，个人卫生支出持续上涨。如表 5-4、图 5-7 所示，2016 年山东省个人卫生现金支出已达 1004.73 亿元，对比 2010 年 520.90 亿元，年均复合增长率达 11.57%。其中 2014 年增长率骤减，可能与 2013 年 11 月 12 日党的十八届三中全会通过的《中共中央关于全面深化改革若干重大问题的决定》有关，该决定明确提出深化基层医疗卫生机构综合改革、加快公立医院改革、取消以药补医、健全全民医保体系、鼓励社会办医等。

表 5-4　　山东省个人卫生支出情况

年份	个人卫生支出(亿元)	增长率(%)
2010	520.90	—
2011	607.53	16.63
2012	704.04	15.89
2013	799.79	13.60
2014	824.99	3.15
2015	908.68	10.14
2016	1004.73	10.57

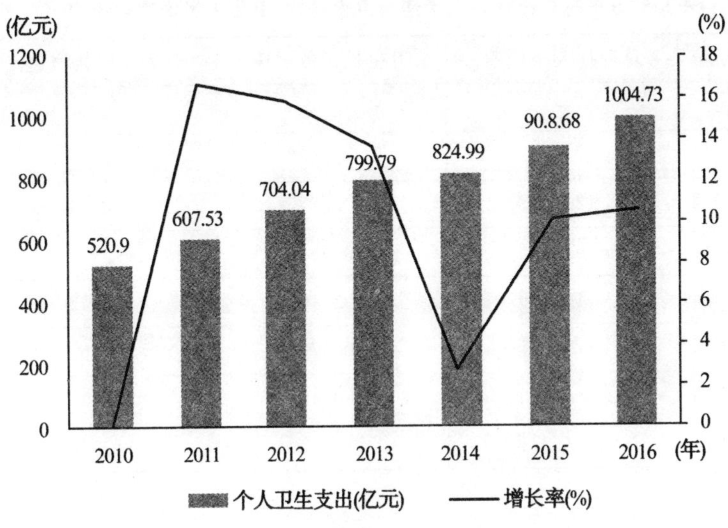

图 5-7　山东省个人卫生支出情况

3. 医疗卫生服务供需对比

(1)增速对比

在医疗卫生服务需求及供给双重增加的情况下,依然呈现"看病难、看病贵"的问题。这表明,医疗卫生服务供给不能满足人们日益增长的健康需求,可能存在医疗资源供给不足、分布不均衡等问题。

由图 5-8 可知,2010～2017 年(除 2015 年)总诊疗人次呈逐年增加状态,但增长率整体呈下降趋势。整体来看,总诊疗人次呈波动上升趋势,并且在 2012 年增长率达到最大值,对应的卫生机构数与卫生人员数随后也出现了相同的变化趋势,在 2013 年达到最大值,可以认为卫生机构与卫生人员的数量与前一年总诊疗人数的多少密切相关。此外,卫生人员数一直保持增长状态,卫生机构数在 2016 年出现了负增长,可能是受 2015 总诊疗人次负增长的影响。

表 5-5 山东省总诊疗人次增速与卫生机构、卫生人员增速对比　单位：%

年份	总诊疗人次增速	卫生机构数增速	卫生人员数增速
2010	—	—	—
2011	7.8498	1.9532	6.7658
2012	12.4927	0.8275	7.2071
2013	6.6745	9.6383	10.9428
2014	1.7366	2.108	2.219
2015	−2.647	0.4788	2.1469
2016	1.3565	−0.497	2.2653
2017	3.291	2.6593	4.9326

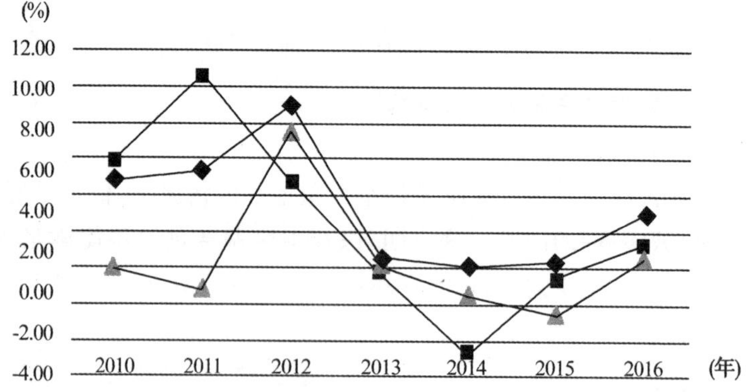

图 5-8　山东省总诊疗人次增速与卫生机构、卫生人员增速对比

(2)资源配置与使用对比

截至 2017 年，公立医院数量仅占全部卫生机构的 1.10%，却承担了将近 1/3 的诊疗服务；按医院级别分类，三级医院仅占 9.71%，占比不到一成的医疗机构却承担了超出一半(53.57%)的门诊量(见表 5-6、图 5-9：左侧纵坐标轴为机构数，右侧纵坐标轴

为总诊疗人次数)。2017年全省医院病床使用率为83.41%,其中三级医院的病床使用率高达96.61%,各级各类医疗卫生服务机构的病床使用率差异巨大(见图5-10)。由此形成山东省公立医院、大型医院人满为患、基层医疗机构供过于求的局面。

表5-6　各级各类医疗机构门诊情况

机构类别	机构(个)	总诊疗(万人次)
卫生机构合计	79099	64447.28
公立医院	863	19067.78
民营医院	1587	3450.11
三级医院	166	11328.84
二级医院	595	7964.15
一级医院	948	1853.27

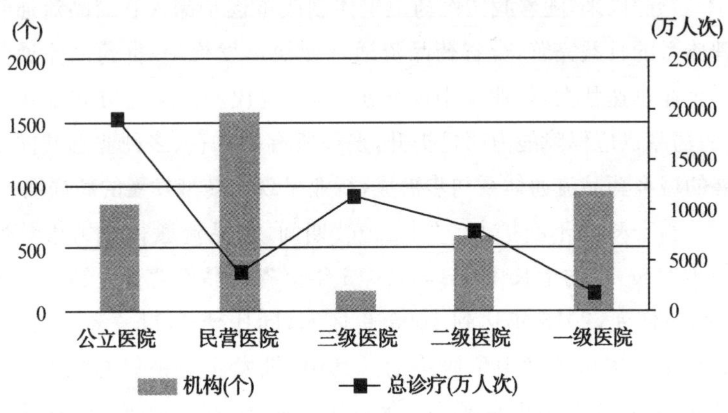

图5-9　各级各类医疗机构情况

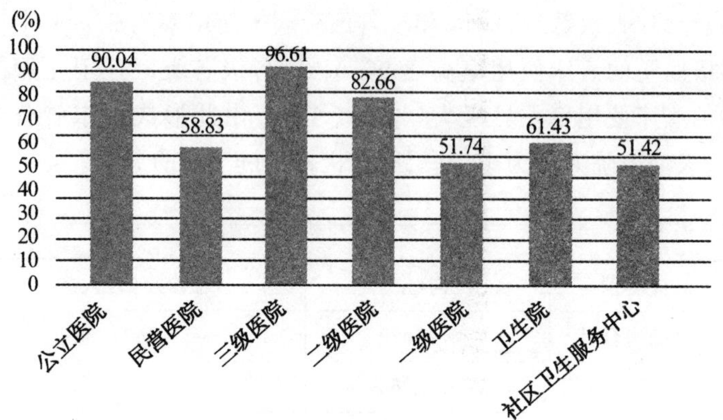

图 5-10　各类医疗机构病床使用情况

(二)医药产业现状分析

由《山东省药品流通行业发展规划纲要(2017～2020 年)》可知，“十二五”以来，随着我国医药卫生体制改革逐步深入和药品流通管理体系的日益完善，全省药品流通行业快速发展，一批药品流通骨干企业迅速壮大，行业集中度稳步提高，现代药品流通方式加快发展，药品供应保障能力明显提升，多种所有制并存、多种业态共同发展的城乡药品流通体系初步形成，行业呈现出转型发展的新局面。

行业规模不断扩大。“十二五”期间，药品流通行业销售总额稳步增长，年均增长 12.4%。2015 年全省药品经营企业销售总额 900.5 亿元，2016 年达到 1005.9 亿元，同比增长 11.7%，销售总额在全国省市排名中位居第七。其中，批发企业销售总额 804.7 亿元，零售企业销售总额 201.2 亿元。截至 2016 年底，全省共有药品批发企业 614 家，比上年略有减少；零售连锁企业 822 家，比上年有所增加。

行业集中度不断提升。近年来省内药品流通企业兼并重组步伐加快，龙头企业带动作用明显，行业集中度逐步提升。前 10 位

的药品批发企业所占市场份额由 2010 年的 71.2%提升到 2016 年的 80.5%，前 10 位的药品零售企业所占市场份额由 2010 年的 12.1%提升到 2016 年的 21.6%，增加趋势明显。2016 年全省有 7 家药品批发企业进入全国药品批发企业销售百强，有 5 家药品零售企业进入全国药品零售企业销售百强。区域性龙头连锁企业积极推进全省布局和跨区域并购，行业整合速度明显加快。

经营业态向现代化、多元化方向发展。药品流通领域现代流通方式快速发展，初步建立了以现代药品流通业态为主导的市场格局。经营模式由传统批发、零售业态，向批发、零售和连锁经营、现代物流、电子商务、网上采购、医院药事服务等多种流通模式并存发展。连锁经营发展迅速，零售连锁企业由 2010 年的 254 家增加到 2016 年的 822 家，连锁率由 26.8%增加到 80%。电子商务发展迅速，截至 2016 年底，全省具有互联网药品交易服务资格的企业达到 77 家。药品流通企业性质多元化、经营模式多样化，有力地促进了全省医药事业的健康发展。

行业的社会作用日益增强。药品流通行业已成为全省第三产业的重要行业，行业的社会贡献较为显著。2015 年药品流通行业销售总额占全省社会消费品零售总额的比例为 3.24%，2016 年提高到 3.3%。由于引入市场机制，形成了开放竞争的药品流通市场格局，批发、零售企业队伍快速壮大，在保障医疗服务、方便群众用药、平抑物价、解决就业、维护社会稳定等方面都发挥了重要作用。

1. 医药产业供给分析

山东省药师人员数量自 2012～2016 年药师人员数不断上升，山东省的药师人员数相对较大；山东省的中西医药品及医疗保健品商品零售价格指数处于上升过程中，但上升幅度不明显。

(1)药师数情况

由图 5-11(左侧纵坐标轴为全国药师数，右侧纵坐标轴为山东省药师数)可知，全国药师人员数与山东省药师数自 2012～2016 年一直处于增加状态，到2016年，山东省药师数已达到3.3万人，且山东省药师数增长趋势与全国药师数增长趋势与幅度趋同。

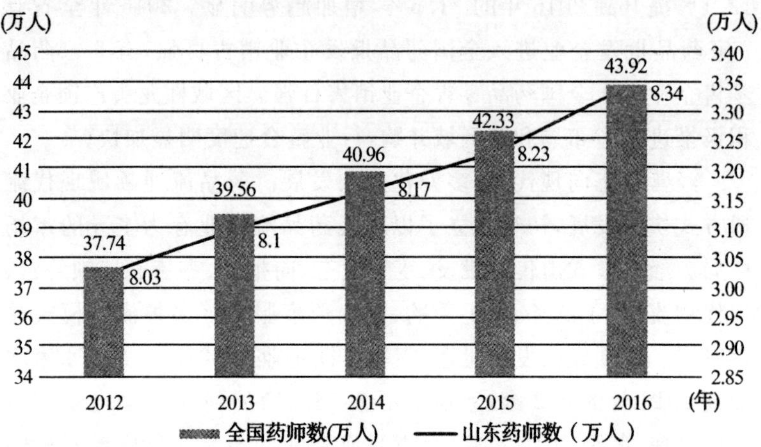

图5-11　全国药师数(万人)及山东省药师数(万人)逐年变化情况

(2)中西医商品零售价格指数情况

如图5-12所示，山东省的中西医药品及医疗保健品商品零售价格指数较之全国相差不大，且变化趋势相接近。

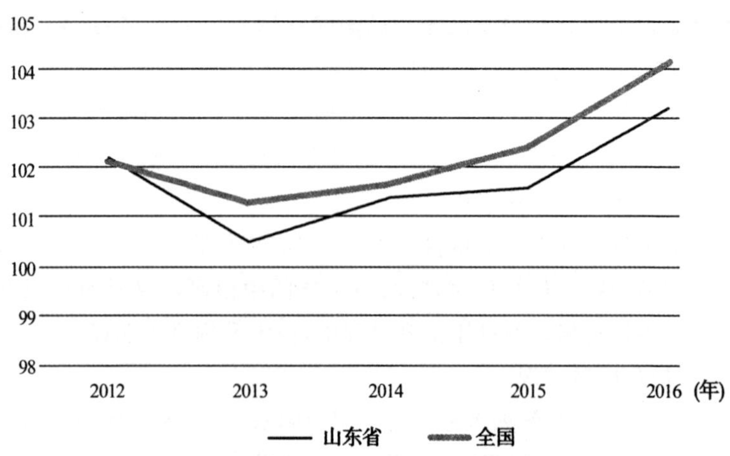

图5-12　山东省与全国中西医商品零售价格指数比较(上年为100)

2. 医药产业需求分析

(1)中药及中成药消费价格指数情况

如图 5-13 所示,山东省中药类及中成药消费价格指数一直处于 100 以上,自 2011 年起一直处于增长过程中,近两年增速逐渐放缓;全国中药类及中成药消费价格指数自 2011 年到 2015 年增速逐渐放缓,总体上山东省中药类及中成药消费价格指数低于全国的中药类及中成药消费价格指数。2014 年山东药品消费价格指数高于全国,图 5-12 中数据显示 2014 年山东省中西药品零售价格指数上升,药品价格上升,因此 2014 年山东中药品消费指数大幅上升。

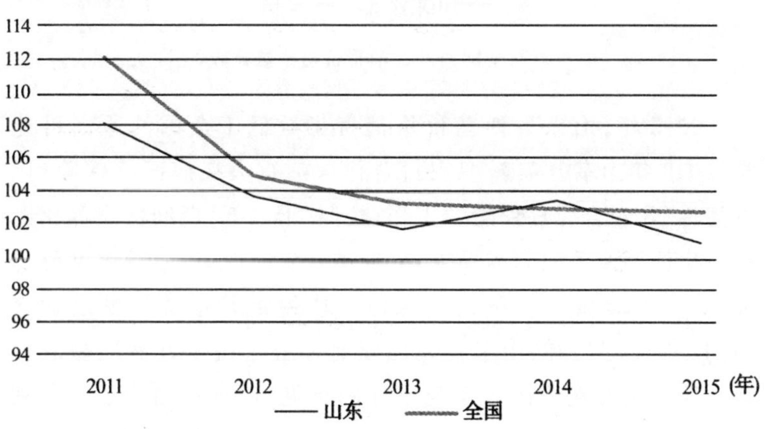

图 5-13　山东省与全国中药类及中成药消费价格指数比较(上年为 100)

(2)西药类消费价格指数情况

如图 5-14 所示,山东省及全国的西药消费指数总体呈上升趋势,但 2013 年山东省西药消费指数明显低于全国西药消费指数。

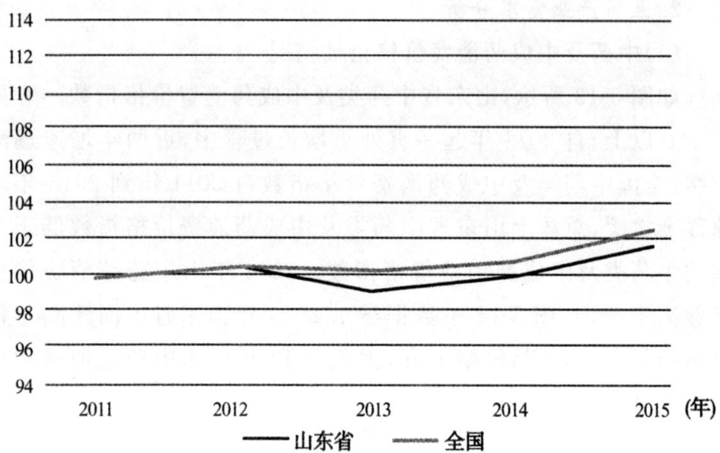

图 5-14　山东省与全国西药类消费价格指数比较(上年为 100)

2013 年,山东省西药价格消费指数低于全国的原因可能是:2013 年山东开展新型农村合作医疗重大疾病医疗保险(以下简称“新农合大病保险”)工作,按照“十二五”期间国家深化医药卫生体制改革的总体要求,根据国家发展改革委、卫生部等部委《关于开展城乡居民大病保险工作的指导意见》(发改社会[2012]2605 号)和《山东省人民政府办公厅关于开展新型农村合作医疗重大疾病医疗保险工作的意见(试行)》制定了一系列方案。其中关于中药的部分为:提高中医药补偿比例。①中药饮片(包括院内中药制剂)和中医适宜技术的住院报销比例提高 10 个百分点。住院患者的针灸治疗费用补偿比例为 90%。②将中药饮片(包括院内中药制剂)和中医针灸、推拿、拔罐、刮痧等非药物非手术疗法,纳入县、乡两级定点医疗机构门诊报销范围,均按 50%报销比例予以补偿。

中药和西药在一定程度上互为替代品,中药价格下降需求上升,那么西药的消费水平就会随之下降,因此 2013 年山东省西药

价格消费指数低于全国。

(三)健康养老产业现状分析

1.健康养老产业供给分析

在医疗养老需求持续快速增长的背景下,我省以扩大养老机构数为基础,侧重于倡导养老机构与医疗机构的结合和卫生社会人员的队伍建设等方面来增加供给,以满足日益高涨的养老服务需求。

(1)养老服务机构数情况

养老服务机构是指为老年人提供住宿、养护、康复等综合性服务的养老机构,按照性质可分为城乡福利中心、城乡养护院、城乡老年公寓及敬老院等多种类别。如图 5-15 所示:2007～2017 年间,山东省养老服务机构总数呈现波动趋势,其中 2010～2013 年一直呈明显的上升趋势。但在 2013～2017 年间,山东省新创办的社会养老服务机构数却呈大幅度波动甚至递减趋势。这主要是因为在 2013～2017 年间我省养老服务机构的规模不断扩大、小机构间相互合并所造成的。

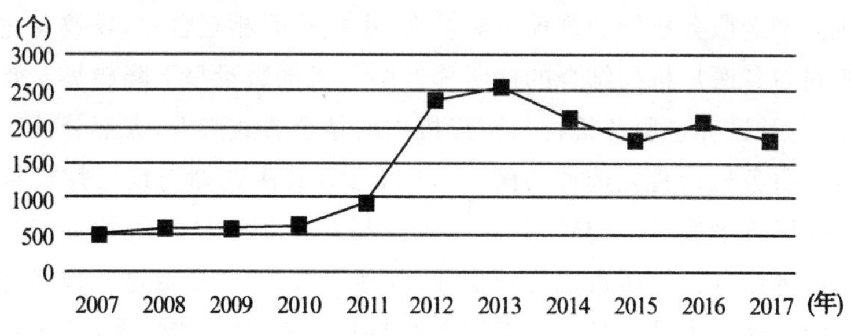

图 5-15 年山东省养老服务机构总数变化情况

(2)新办社区养老服务机构选取医疗方式情况

2007～2017年山东省社区养老服务机构通过与医疗机构合作、内设医务室、内设护理站及其他等多种方式来满足老年人对于医疗方面的需求,为老年人提供全方位的医疗护理工作(见图5-16)。

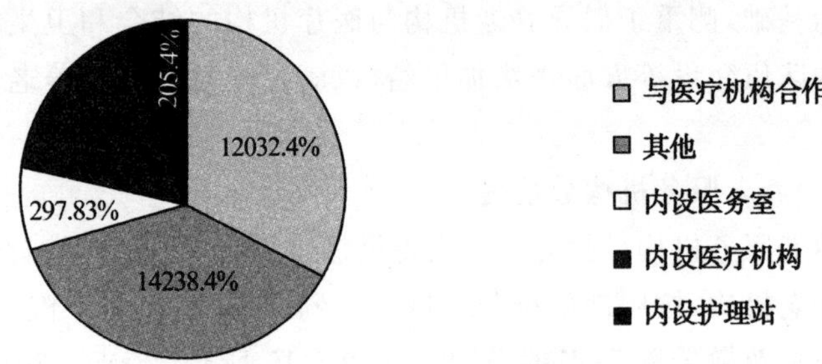

图5-16　山东省新办社区养老服务机构与医疗机构的结合方式

近五年间,山东省推行与各医疗机构结合的养老服务模式,此类社区养老服务机构数量呈波动增加态势(见表5-7、图5-17)。前三年(2013～2015年)的增速较为稳定,但在2016～2017年间,社会养老服务机构的规模不断扩大、小机构间相互合并,导致在此期间与各医疗机构结合的社区养老服务机构数量呈下降趋势。此外,在社区养老服务机构与医疗机构的结合方式来看,大部分社区养老服务机构首先选择与医疗机构合作,其次选择内设医疗机构的社区养老服务机构较多,历年来选择内设护理站和医务室的社区养老服务机构所占比均较少(除其他方式外)。造成这一现状的原因可能是大部分社区养老服务机构医疗护理人才匮乏,社区养老服务机构中深度了解医疗知识的人员较少,专用的医用设施缺乏,无法为社区养老服务机构选择内设护理站、医务室或医疗机构提供基本保障。

表 5-7　山东省新办社区养老服务机构与各医疗机构的结合方式汇总

单位：个

	2013 年	2014 年	2015 年	2016 年	2017 年
内设护理站	1	4	3	1	6
内设医疗机构	12	12	10	10	9
内设医务室	5	1	9	6	0
与医疗机构合作	15	24	26	14	8
其他	18	23	32	23	14
合计	51	64	80	54	37

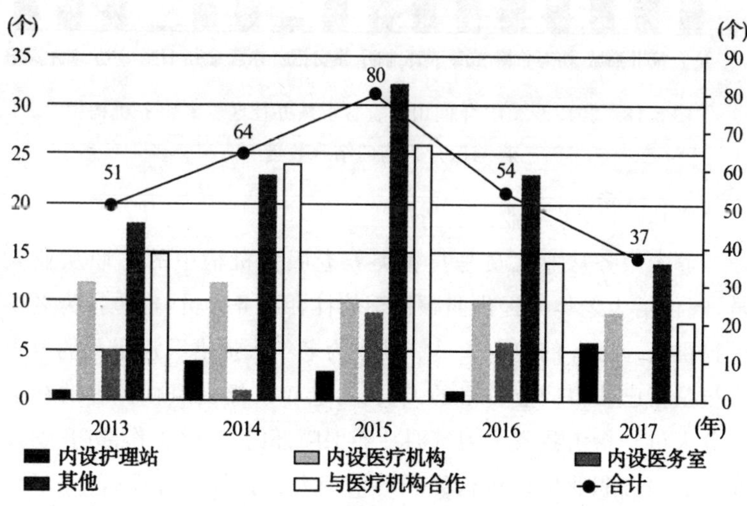

图 5-17　山东省新办社区养老服务机构与各医疗机构的结合方式汇总

据山东省民政厅相关数据显示，随着长期护理保险政策的推行和实施，2013～2017 年间山东省各市社区养老服务机构通过与

医疗机构结合的方式来满足社区养老服务机构中的老年人对于医疗方面的需求，为老年人提供全方位的医疗护理工作。此类机构以烟台、威海两市数量最多（见图5-18），其主要原因为，烟台、威海两市均为沿海城市，有着优越的自然环境，更适合老年人居住和养老。

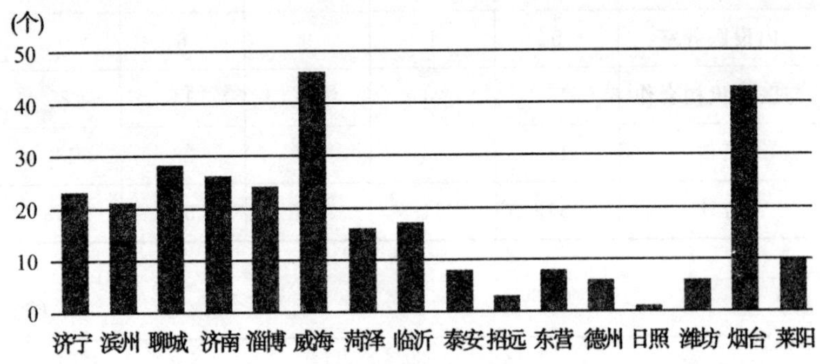

图5-18　2013～2017年间山东省各市新办社区养老服务机构中与医疗机构的结合数量

（3）养老服务从业人员情况

养老服务从业人员是指各类养老服务机构中的在职从业人员，既包括为老年人提供照顾护理的社会服务人员，也包括为老年人提供医疗服务的卫生人员。其中为老年人提供医疗服务的卫生人员是指已获得职业资格的人员；为老年人提供照顾护理的社会服务人员是指由我省人力资源社会保障部门、老龄工作部门、学校及养老服务职业培训机构组织的培训人员。就全省而言，2007～2017年养老服务从业人数除在2014年有小幅度下降外，其余年份数量均显著增加（见图5-19）。

图 5-19　2007～2017 年山东省各类养老服务机构中养老服务从业人员数

2. 健康养老产业需求分析

人口总数的增加是推动养老服务产业需求上涨的主要因素，而行业需求的增长推动整个养老服务产业的快速发展。尽管受过往计划生育政策等因素影响人口自然增长率已呈逐年下降趋势，但总人口数仍持续上升，加上人口基数大，老年人中所占比重较多，造成养老需求直线上升。如表 5-8、图 5-20 所示，我省总人口在不断增长，并且在人口增长的基础上，65 岁以上老年人口增加，造成老年人口数越来越多，老年人的需求也趋于多样化。

表 5-8　2012～2017 年山东省 65 岁以上老年人口占总人口的比重

年份	总人口(万)	65 岁以上人口(万)	65 岁以人口占比(%)
2012	9685	1007	10.4
2013	9733	1071	11.0
2014	9789	1136	11.6
2015	9847	1201	12.2
2016	9947	1313	13.2
2017	10006	1399	14.0

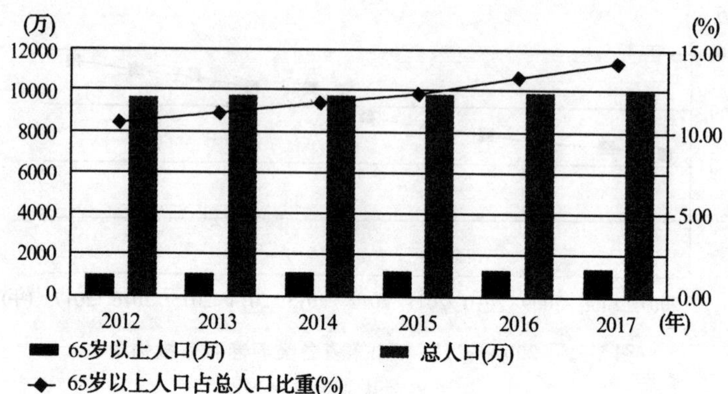

图 5-20　2012～2017 年山东省 65 岁以上老年人口占总人口的比重

据《山东省统计年鉴》数据资料，近六年来山东省的总人口从 2012 年的 9685 万上升至 2017 年的 10006 万，出生率和自然增长率均呈大幅度上升趋势（出生率从 2012 年的 11.90%上升至 2017 年的 17.89%，自然增长率从 2012 年的 4.95%上升至 2017 年的 10.84%）。65 岁及以上人口占总人口的百分比从 2012 年的 10.4%上升至 2017 年的 14.0%。截至 2017 年年底，山东省 60 岁及以上老年人口已达 2137.3 万，占总人口的 21.4%，高出全国平均水平 4.0 个百分点；65 岁及以上老年人口达 1399.8 万，占总人口的 14.0%，高出全国平均水平 2.6 个百分点。老年人口的增加预示着养老服务业迎来高潮，经济的发展和健康意识的提高让老年人对养老服务提出了新的要求。这说明老龄人口对养老服务业的消费有明显的推动作用，也意味着山东省将长期面临人口老龄化的影响。

4. 健康养老产供需对比

在养老服务业的需求及供给双重增加的情况下，社会依然出现部分老年人的需求无法满足、多数年轻人面临巨大养老压力的问题。这表明：养老服务业的供给无法满足老年人群的多方面需

求，可能存在社区养老服务机构增速过快、养老服务从业人员增速与其相比较为缓慢无法为社区养老服务机构提供内部支持等问题。

由表5-9、图5-21可知，2012～2017年间山东省65岁以上人口的增速逐年增加，同时在此期间我省每年养老服务从业人员的增速也随之逐年增加，增长趋势与我省老龄人口增速基本吻合。但在此背景下，2015年以前我省每年的新办社区养老服务机构的增速成大幅度上升态势，并明显高于逐年养老服务从业人员的增速，这直接造成当年大部分社区养老服务机构内部缺少专业技术人员。虽说我省每年的新办社区养老服务机构数都有所增加，但与之相匹配的养老服务从业人员数并未扩张，造成多数社区养老服务机构内部缺少人员支持。为此，我省不仅要各类社区养老服务机构加大投入，而且还要加大养老服务从业人员的培养，加大山东省人力资源社会保障部门、老龄工作部门、学校及养老服务职业培训机构组织对养老服务从业人员数的培训力度。

表5-9 2012～2017年山东省老年人口增速与养老服务从业机构、人员增速对比

单位：%

年份	新办社区养老服务机构增速	养老服务从业人员数增速	65岁以上人口数增速
2012	130.77	106.02	104.49
2013	300.00	117.20	106.36
2014	123.53	101.66	106.07
2015	126.98	104.61	105.72
2016	67.50	103.27	109.33
2017	68.52	103.99	106.55

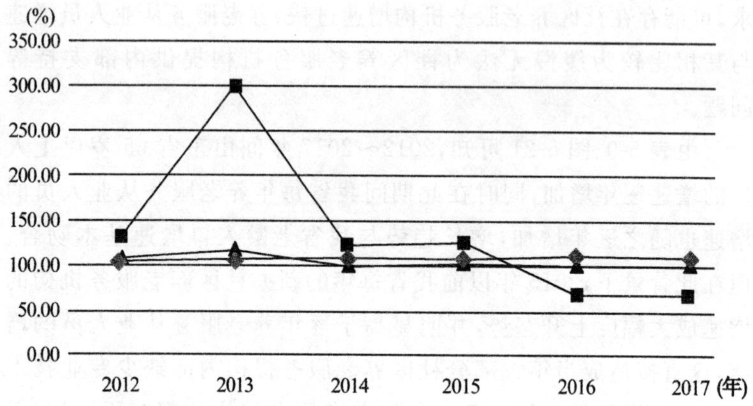

图 5-21 2012～2017 年山东省老年人口增速与养老服务从业机构、人员增速对比

(四)健康体育产业现状分析

体育运动作为最有效、最直接的健康管理与促进手段也保持着一定规模。在首期山东体育产业发展报告发布会上，有关领导宣布了山东省体育局、山东省统计局联合发布的 2017 年山东省体育产业规模及增加值数据公告，公告指出，经核算，2017 年山东省体育产业总产出(总规模)为 2348.01 亿元，增加值 770.41 亿元，占当年全省 GDP 比重为1.06%。从体育产业 11 个大类看，体育用品及相关产品制造总产出和增加值最大，分别为 1139.67 亿元和 217.31 亿元，占山东省体育产业总产出和增加值的比重分别为 48.5%和 28.2%；体育服务业(除体育用品和相关产品制造业、体育场地设施建设外的其他 9 大类)总产出和增加值分别为 1199.73 亿元和 547.54 亿元，占山东省体育产业总产出和增加值比重分别为51.1%和 71.1%。

山东省体育产业总产出、增加值及增加值占当年全省 GDP 比

重均呈现持续增长趋势。与 2016 年相比，2017 年山东省体育产业总产出同比增长 2.4%，增加值同比增长 9.4%，增加值占当年全省 GDP 比重由 2016 年的 1.04%增长至 2017 年的1.06%。从体育产业三大门类来看，2017 年山东体育制造业受经济发展整体状况影响，总体上有所下降。其中，总产出同比降低了 13.1%，增加值降低了 13.7%。2017 年山东体育服务业表现抢眼，增幅较大。其中总产出首次超过制造业，同比增长 23.09%，增加值增长了 22.24%。2017 年山东体育建筑业总体规模呈现缓慢且稳定的增长，其增加值增长速度达到 27.6%，但总产出依然较小。从体育服务业 9 个类别来看，2017 年体育中介服务业依然对山东体育服务业增加值的贡献最大，总产出达到 457.63 亿元，实现增加值 156.22 亿元，总产出和增加值增幅分别为 24.5%和 24.6%。排名第二的仍然是其他与体育相关的服务业，其总产出和增加值分别为 243 亿元和 101.96 亿元，增幅分别为 17.7%和 16.9%。体育用品及相关产品销售、贸易代理与出租的总产出和增加值，分别为 140.07 亿元和 88.66 亿元，均排在第三位；体育场馆服务、体育传媒与信息服务业呈现出强劲的发展势头，增长速度首次超过了体育中介服务，分别达到 26.4%和 25.7%。尤其引人注意的是，作为体育产业发展的重点业态，我省体育竞赛表演活动和体育健身休闲活动业，在 2016 年井喷发展的基础上，2017 年继续快速、大幅增长。其中，体育竞赛表演活动业总产出和增加值增长速度分别达到 123.7%和 137.4%，总体规模实现翻倍；体育健身休闲活动业总产出和增加值增长速度，分别达到 74.2%和 66.3%。

从我省 17 个市的数据来看，各市总产值出现了较大差别的增长与下降。2017 年，全省有青岛、德州、济南、威海、烟台、济宁、淄博、临沂和潍坊 9 个市体育产业总产出超过百亿元。其中，青岛继续领跑全省，达到 455.89 亿元，威海首次突破 200 亿元，青岛、德州、济南、威海、四个市地总产出占到全省的 50%。体育产业增加值增长速度排名前三位的，分别是济宁、青岛、淄博，增加值占GDP比重超过全省比重(1.06%)的市分别是德州(1.98%)、青岛(1.72%)、威海(1.46%)、淄博(1.19%)、济南(1.11%)。另外，部分市地在总产出和增加值方面，同比分别出现了不同幅度的下降。

1. 健康体育产业供给分析

(1)公共体育设施情况

如图5-22所示，据全国第六次体育场地全国普查公报显示，全国体育场地中，分布在东部地区的占43.29%，东北地区的占8.48%，中部地区占24.59%，西部地区占25.96%，可见东部地区占据了全国一半的比重。全国人均场地面积为1.46平方米，山东省作为东部大省，截至2013年12月31日，全省共有体育场地101165个，占全国总量的5.97%；用地面积4.97亿平方米，建筑面积0.18亿平方米，场地面积1.61亿平方米，分别占全国总量的12.48%、6.95%和8.09%。其中室内体育场地4570个，场地面积260万平方米，数量和面积分别占全国总量的2.70%和4.19%；室外体育场地96595个，场地面积1.58亿平方米，数量和面积分别占全国总量的6.33%和8.19%，与整个东北地区占全国比重相当。

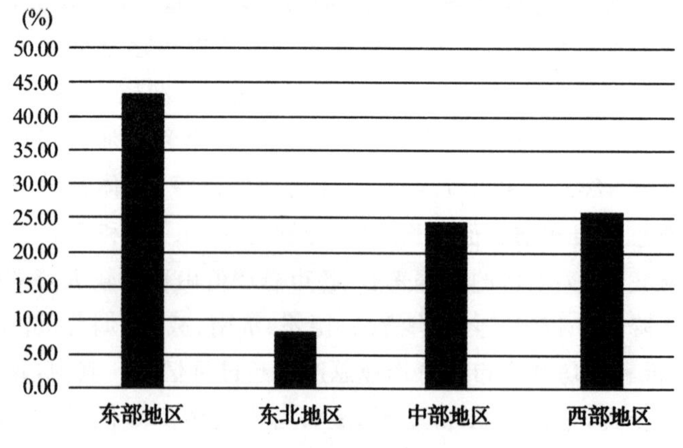

图5-22 全国体育场占比情况

以2013年末山东省常住人口9733万计算，平均每万人拥有体育场地10.43个，高于全国平均水平（2.02个），人均体育场地面积1.66平方米，高于全国平均水平（0.20平方米）。

山东省体育设施配置不均衡。如表5-10、图5-23所示，在山东省内人均场地面积沿海城市普遍高于内陆城市，排在前三位的分别是烟台市、威海市和青岛市，其中烟台市处于首位。如图5-24所示，如果常住人口越多，城市面积越小，人均体育场地少；相反，城市面积越大，人口越少，人均体育场地面积却越大。

表5-10　　山东省各市人均体育场地面积

地市	场地数量（个）	场地面积（平方米）	常住人口（万）	人均体育场地面积（平方米）
全省	101165	161153046.8	9733.4	1.66
济南市	9215	13251781.40	699.88	1.89
青岛市	8100	22365233.70	896.41	2.49
淄博市	7247	7543861.12	459.26	1.64
枣庄市	4947	5647371.29	380.10	1.49
东营市	4123	4558807.33	208.49	2.19
烟台市	9742	19489056.23	698.93	2.79
潍坊市	7806	10760308.29	922.52	1.17
济宁市	9181	20136628.05	820.58	2.45
泰安市	5481	6598132.93	556.83	1.18
威海市	4648	7819224.38	280.56	2.79
日照市	2974	6790315.67	285.05	2.38
莱芜市	2022	2743626.00	133.27	2.06
临沂市	6299	9348336.02	1015.90	0.92
德州市	3552	6844049.21	567.11	1.21

续表

地市	场地数量（个）	场地面积（平方米）	常住人口（万）	人均体育场地面积（平方米）
聊城市	4364	5315875.54	591.13	0.90
滨州市	7231	4963561.12	380.59	1.30
菏泽市	4233	6976878.48	836.79	0.83

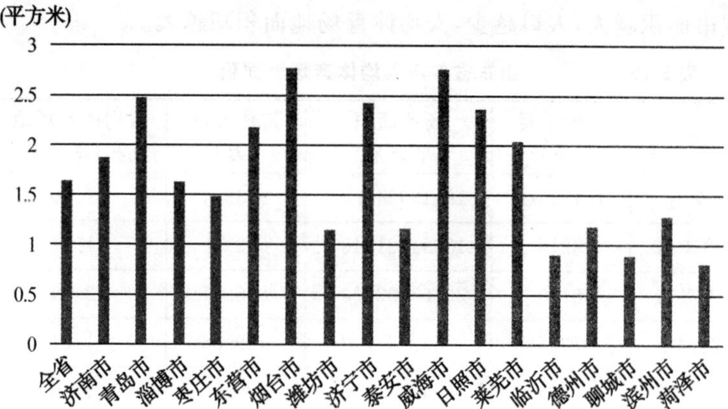

图 5-23　山东省各市人均体育场地面积

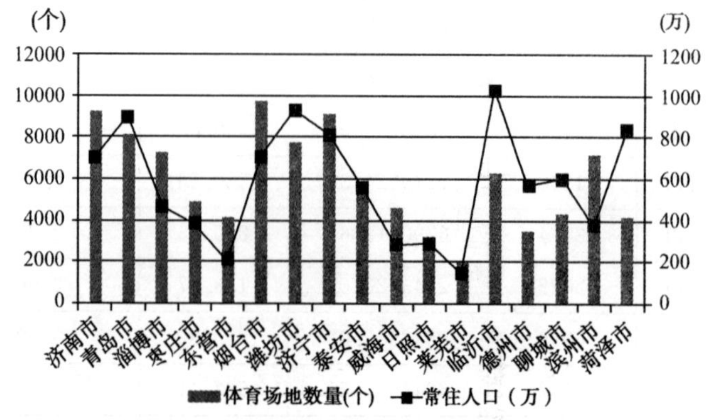

图 5-24　山东省体育场地数量及常住人口

(2)体育服务投资情况

由表5-11、图5-25可知,2012～2016年山东省政府对体育财政投入呈增加趋势,但体育服务人才数量在逐渐减少。从事体育产业的服务人员较前相比有所增加,从事的行业也变得多元化。但是仍存在地区分布不平衡的问题,沿海城市和内陆城市相比,场地建设面积有非常大的差距。财政拨款呈增加趋势,但是在拨款的使用上没有达到预期标准,人员与基建都没有达到预期效果。

表5-11　山东省体育系统机构人员情况　单位:人

	2012年	2013年	2014年	2015年	2016年
体育行政机关	3876	4950	2642	2404	2066
运动项目管理部门	1914	1532	2704	2301	2201
本科院校	558	544	561	681	675
体育运动学校	1576	1677	1635	1526	1526
竞技体校	145	602	188	168	138
少儿体育运动学校(业余)	561	512	404	544	773
单项运动学校	0	279	0	0	0
训练基地	357	605	116	101	84
体育场馆	639	885	954	793	815
科研所	52	52	56	49	64
其他事业单位	924	3321	2398	2848	2670
其他	35	29	0	48	38
体育中学	0	0	292	197	224

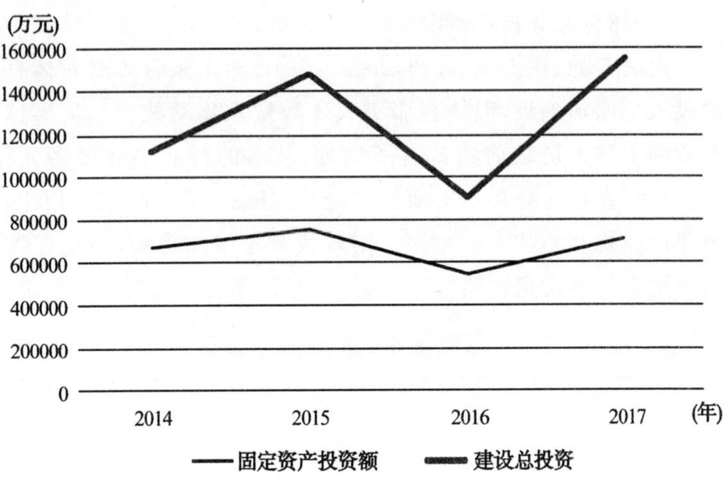

图 5-25　2014～2017 年山东省政府体育经费支出情况

(3)体育学院情况

山东省开设运动治疗专业的高校较多，分别有潍坊医学院、泰山医学院、滨州医学院、山东中医药大学、济宁医学院、齐鲁医药学院、青岛滨海学院、烟台南山学院、山东英才学院、山东现代学院、山东协和学院、齐鲁理工学院，共计 12 所高校。

2.健康体育产业需求分析

(1)体育消费情况

体育消费水平是指在一定时期内人均可用货币表示的体育实物消费、体育健身消费或体育信息消费的消费数额。如表 5-12 所示，山东省城镇居民每年体育消费支出在 501 元以上的占 11.58%、401～500 元的占 16.85%、301～400 元的占 19.37%、201～300 元的占 17.67%、101～200 元的占 13.58%、1～100 元的占 11.73%。总体上看，山东省城镇居民体育消费集中在 201～500 元，消费主力群体在 31～40 岁之间，整体消费水平较低，人们的消费意愿不高，且消费意愿有明显的年龄划分。

表 5-12　　山东省城镇居民年体育消费水平调查表

年龄（岁）	1～100 元		101～200 元		201～300 元		301～400 元		401～500 元		501 元以上	
	人数（人）	百分比（%）	人数（人）	百分比（%）	人数（人）	百分比（%）	人数（人）	百分比（%）	人数（人）	百分比（%）	人数（人）	百分比（%）
≤20	17	8.59	36	18.18	48	24.24	45	22.72	31	15.66	21	10.61
21～30	16	6.8	20	8.48	47	19.91	52	22.03	57	23.01	44	18.64
31～40	15	5.95	26	10.31	42	16.67	58	23.61	55	21.82	50	19.84
41～50	18	7.69	33	14.10	43	18.38	46	19.66	53	22.65	26	11.11
51～60	31	13.66	34	14.98	38	16.74	42	18.5	36	15.86	12	5.29
>60	44	22.00	24	12.00	20	10.00	18	9.00	15	7.50	10	5.00
合计	158	11.73	183	13.58	238	17.67	261	19.37	227	16.85	156	11.58

(2)体育产业总产值和增加值情况

由图 5-26 可知，山东省体育产业的总产值逐年递增，增加值也在递增，说明体育的总投资一直在增加。而体育服务、体育用品及其附属的产值也在增加，反映出人们对体育活动的总需求在增加，只是增加的幅度有所不同。

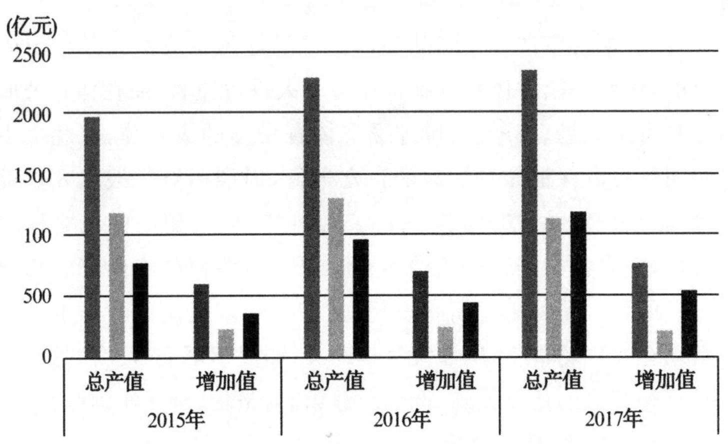

图 5-26　山东省体育产业总产值和增加值

(3)运动治疗专业的毕业人数和就业率情况

如表13所示,山东省高校的运动治疗专业人数逐年递增,并且随着毕业生人数的增加,就业率也随之提升。这说明山东省对运动治疗人才的需求逐年递增,并且居高不下的就业率预示着这种需求还在持续扩大,没有放缓的趋势。

表5-13 山东省运动治疗本科专业就业率和毕业人数

	2015年	2016年	2017年
运动治疗专业就业率	80%～85%	85%～90%	90%～95%
运动治疗专业毕业生人数(人)	250	400	500

(4)体育场馆的使用率情况

以烟台市的体育场馆使用情况为例,根据对烟台市体育场或体育场馆的使用情况的相关调查,结果表明所有的室外场地均免费向民众开放,而室内体育场馆都是半开放式,需要收取部分费用。

首先,烟台市体育公园的外部体育场地是全天候无条件对外开放的,体育公园的体育设施也没有专人进行监管,而在体育公园的外侧有足球场、篮球场、排球场等体育设施的集合体,在晚上也有照明灯可以保证体育活动的正常进行,但照明灯一般在8点就关闭,虽然规定关闭时间为20:30～21:00,但关闭时间没有按规定进行,完全是根据管理人的主观意愿。而体育公园内部的部分体育设施平常是处于关闭状态的,只有一些重大的体育赛事或体育活动会在内场进行,例如大学运动会、明星演唱会等。而另一部分是对外开放的体育设施,例如游泳馆、射击场、卡丁车训练馆等,会收取相应的费用。

其次,我们对烟台市博览中心、奥之星运动中心等室内场馆进行了调查,这些室内场馆普遍都采取按小时收费的方式对入馆收

取相应的场地使用费，并会限制入场人数，且会将所承接的比赛活动优先考虑于民众平时活动，有明显的阶梯利益性目的。场馆由专设的管理人员对场馆的使用、租赁进行监管。

综合上述调查结果可知，烟台市莱山区的体育设施和体育场馆的使用情况有待改善，不公平、不合理现象依然存在，场地的使用率达不到一个较高的水平；一些场地的供给和民众的需求达不到及时的对接，一些场地由于收费较高，使民众被迫放弃室内场馆，转向室外场馆进行体育活动，由此造成室外体育场馆拥挤、室内场馆空馆的情况经常出现。可见，场馆数量保证了一定程度上的运动供给，但是实际可用的体育设施和实际供应的体育设施在数量上相差较大，真正可供民众使用的体育设施只有外部的公共体育设施。民众的体育意愿较为强烈，但是没有配套的体育设施和体育服务，大多数人都是以零散的、自发的形式参加体育活动。而民间组织的体育活动有较大限制，一般针对某个群体，没有一种大众化的模式出现。而体育活动也局限于旧形式，与健康的目的脱离。大部分群体以自发的形式进行体育活动，没有相关专业的运动指导，结果往往与健康背道而驰。

3. 健康体育产业供需对比

(1)增速对比

如图 5-27 所示，体育用品制造产业的产值增长速度与体育服务消费的增长速度有所差异，需求渐渐超过供给。可见，体育行业的总投资每年都在增加，对于体育设施和体育场地的总投资也在逐年递增，与此同时人们的体育消费需求也在同步上涨，但是二者没有能够有效地对接，体育设施和体育场馆的使用率没有到达最优，体育专业人才队伍也在逐渐减少，人们的体育运动需求也没有得到最大满足。

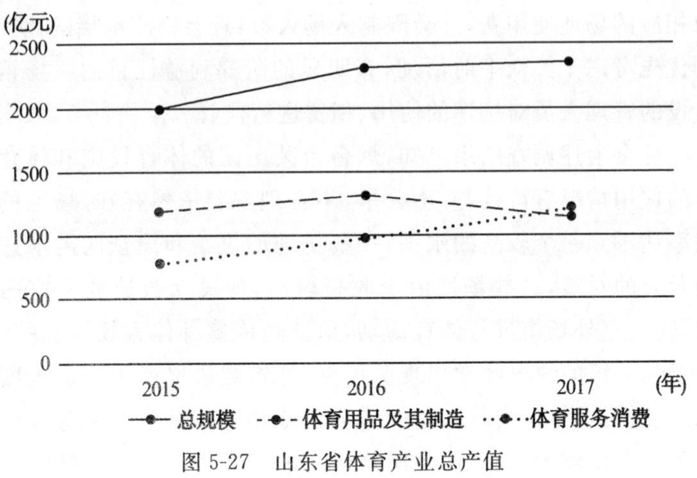

图 5-27　山东省体育产业总产值

(2)体育投入与消费对比

如表 5-12 所示,体育消费的主力为年轻人。体育消费的支出与年龄成反比,50 岁以下居民的消费水平远高于 50 岁以上的居民,年轻人的体育消费意愿更加强烈,老年市场则较为冷淡。消费群体主要集中在 31～40 岁。在山东省逐年提高体育投入的背景下,体育产业的增长速度远远高于人们的消费能力,政府通过建设体育设施和体育场馆的方法来督促人们参加体育活动,容易产生体育产业过剩的情况。

(3)体育专业毕业生与就业率对比

如表 5-13 所示,山东省运动治疗专业毕业生逐年增多,同时就业率也逐年升高,体现出社会需求大于人才供给。接近 100%的就业率说明山东省对于这方面的需求非常的旺盛,而相应的毕业生数量却在缓慢地增加,社会的需求大于人才的供给,并且运动治疗专业在山东省开设的高校仅有 12 所,人才的输送存在较大的问题。

(五)健康旅游业现状分析

近年来,山东省旅游发展委高度重视健康旅游,将健康旅游作

为“旅游＋”的重要内容，从人员培训、标准制定、项目建设、市场宣传推广等方面深入推进健康旅游发展。近期，省旅游发展委正开展省级中医药健康旅游示范区、基地标准的制定，将着力开发康养温泉、食疗养生、森林康养等特色旅游产品，为全民提供丰富的康养产品。充分利用好客山东“捆绑营销，联合推介”平台，加大对康养旅游的宣传与推广。组织大型旅行社、旅游协会、自驾车队等到康养旅游基地踩线，精心编排康养旅游线路，开发包装特色产品，全面提升康养旅游的影响力和公众对康养旅游的认可。

据《2017 年山东省旅游业统计公报》显示，2017 年，全省旅游高效发展、国内旅游效益提升、入境旅游增势稳健，推动旅游产业实现高质量发展。山东省接待境内外游客 7.8 亿人次，比上年增长 10.2%；实现旅游消费 9200.3 亿元，比上年增长 14.5%。其中，国内游客消费增长 14.8%，入境游客消费增长3.6%；完成旅游投资 2231.8 亿元，比上年增长 11.2%；旅游直接就业 253.6 万人，旅游直接和间接就业 700.5 万人，占山东省就业总人口的 10.5%。其中接待国内游客 7.8 亿人次，增长 10.3%，国内游客人均花费 1089.1 元。在春节、“十一”两个长假中，山东省共接待国内游客 8922.0 万人次，实现旅游消费 719.7 亿元。此外，山东省居民出游大幅增长，年人均出游次数达到 3.8 次，比上年增长11.4%。山东省城镇居民人均出游 4.8 次，增长 10.3%；山东省农村居民年人均出游 2.7 次，增长 13.8%。山东省旅行社组织居民出境游292.6万人次，下降 11.3%。其中，出国游 215.2 万人次，下降10.4%；香港游 30.8 万人次，下降 11.3%；澳门游 25.6 万人次，下降 14.1%；台湾游 21.0 万人次，下降 16.7%。

1. 健康旅游业供给分析

随着旅游产业进入国家战略体系，树立旅游品牌成为山东省各地旅游发展的重中之重，电视渠道的品牌传播为各地旅游收入做了不小的贡献。近年来，山东省在旅游广告整体投入中电视广告所占份额基本维持在70%左右。在旅游品牌的塑造和传播方面，集中投放CCTV黄金时段。山东省旅游产业“黄金时代”“好客山东”的品牌形象深入人心，旅游产业相关收入大踏步跨越。“好客山东人，好品山东造”，这是“好品山东”央视品牌宣传迈出的第一步，也是在省政府领导下，省经信委、省旅游局共同推动下实现的省内资源的有效整合。在《“健康中国2030”规划纲要》指导下，天津健康产业园、河北秦皇岛市北戴河区、山东青岛崂山湾国际生态健康城、广西桂林市、海南三亚市5部门联合印发了《关于开展健康旅游示范基地建设的通知》，可见在旅游发展的新阶段政府对于旅游业向健康旅游发展的重视。

(1)旅行社、旅行社职工及旅行饭店情况

由表5-14可知，山东省旅行社总数呈缓慢增长的趋势但在2015年有所下降，在2012～2015年的四年中，平均每年仅增加17个；旅行社职工人数、旅行饭店数都呈现了下降的趋势。在各种物质条件共同发展的大前提下，旅游已发展为以行、吃、住、购、游六大要素为依托的旅游模式，山东省旅游业依旧呈现传统旅游业的形式：产品老化、单一，产品内容走马观花。旅游产品与服务不能满足人们对健康旅游、医疗旅游的需求是山东省旅游业发展缓慢的重要原因。

表5-14　　　　山东省旅游业情况

年份	旅行社数(个)	旅行社职工人数(人)	旅游饭店数(个)
2012	1951		913
2013	2001	21834	904
2014	2024	20346	848
2015	2019	20740	758

(2)交通运输情况

良好的交通运输环境是提高旅游服务的重要基石，山东省近年来开通和增加了旅游航线航班以及铁路、高铁，增修了高速公路和

国道，在市场开拓、接待人数、设施建设等方面取得了令人瞩目的成就。由图 5-28 可知，山东省铁路通车里程在不断增长，铁路通路长度增加，覆盖的地区不断完善。据统计，2018 年山东省高速公路通车里程已突破 6000 公里。由图 5-29（左侧纵坐标轴为客运量，右侧纵坐标轴为周转量）可知，从 2000 年到 2012 年以来旅客客运量及周转量都呈快速上升的趋势，在 2013 年及 2015 年由于高铁的迅速发展以及自驾游等新型旅游方式的发展，客车客运量呈现下滑趋势。

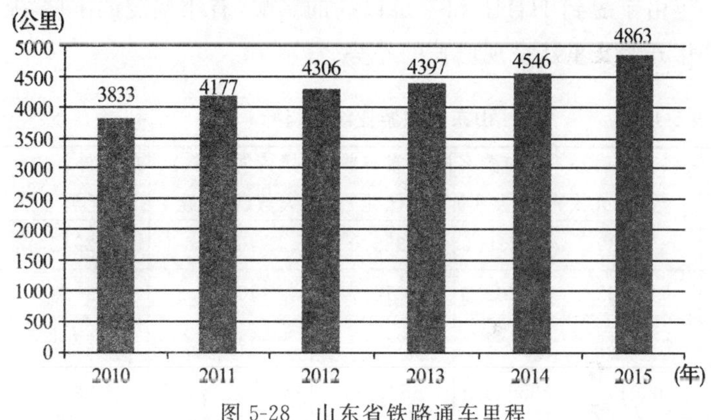

图 5-28　山东省铁路通车里程

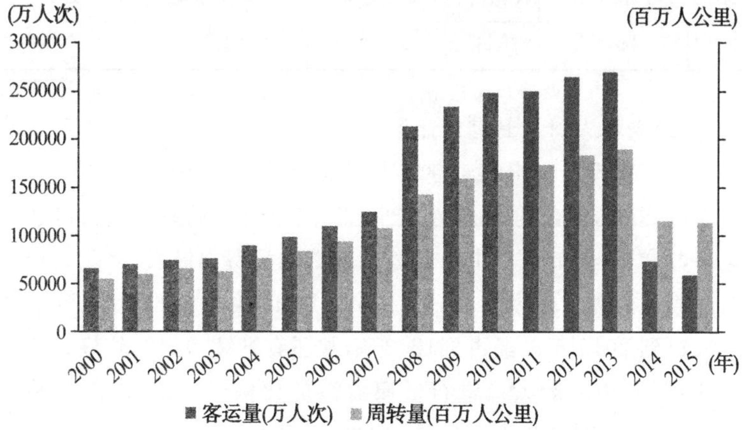

图 5-29　山东省主要年份旅客运量及周转量

2. 健康旅游业需求分析

(1)接待游客及旅游收入情况

居民消费结构升级,医疗保健支出增长;健康观念加强,健康旅游成为市场新宠。随着人民生活水平的提高,对于旅游等娱乐需求日益增长。由表5-15可知,山东省接待游客数量高速增长,取得的旅游收入也同比上涨,旅游业为山东省的经济收入有较大贡献。旅游接待海外游客数量以及旅游的外汇收入在2013~2014年由于受到H1N1和手足口病的影响,有小幅度的下降,从2015年开始又重新呈现增长的趋势。

表5-15　　山东省旅游业统计指标

年份	接待游客总人数(万人次)	国内游客(万人次)	国内旅游收入(亿元)	接待海外游客人数(万人次)	旅游外汇收入(亿美元)
2012	48739	48739.0	4335.0	469.9	29.2
2013	54262	54262.0	5014.7	452.7	27.3
2014	59577	59577.4	5711.2	445.7	27.1
2015	65045.0	65045.4	6505.11	460.8	29.0
2016	71201.8	70716.5	7399.60	485.5	30.6
2017	78461.6	77966.2	8491.50	494.5	31.7

(2)老年人口及其健康旅游情况

根据世界卫生组织对健康人群的定义,我国健康人占5%,疾病人占20%,剩余的75%处在“亚健康”状态。同时中国人口老龄化日益增长,老龄人口中对于健康旅游的消费力极强,因此老龄人对健康旅游需求高度增长。由图5-30可知,山东省65岁及以上老年人口到2015年已经占到12.2%,并还有继续增加的趋势。由图5-31可知,中老龄人口进行健康旅游的比例极高,几乎占旅游人数的一半,说明老年人口对旅游的需求很大。

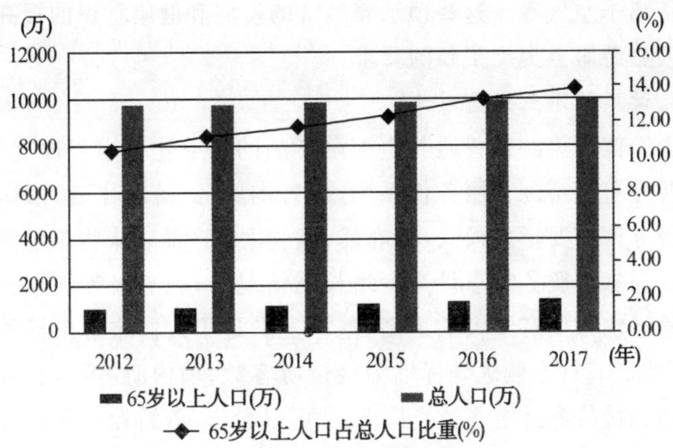

图 5-30　2012～2017 年山东省 65 岁以上老年人口占总人口的比重

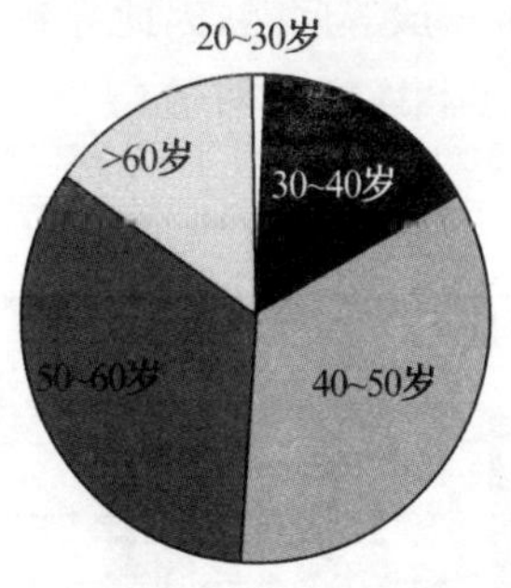

图 5-31　各年龄段进行健康旅游的人群结构

据山东省统计年鉴显示，截至 2017 年年底，山东省 60 岁及以上老年人口已达 2137.3 万，占总人口的 21.4%，高出全国平均水平 4.0 个百分点；65 岁及以上老年人口达 1399.8 万，占总人口的 14.0%，高出全国平均水平 2.6 个百分点。与此同时，老年人口的增加和新一代的老年人口具有较高的消费能力以及现代消费趋势向健康旅游的方式趋近，如温泉养生、海滨度假旅游、大自然呼吸高氧负离子空气等。这些预示着经济的发展和健康意识的提高对老年人旅游服务提出了新的要求。

3.健康旅游业供需对比

由于健康旅游比普通养生旅游产品的专业化要求程度更高，更需要完善城市配套服务体系，查询咨询服务、游客体验、回访回馈等服务都需要形成模式，不规范、零散化的产品未来将难以满足需求。在旅游服务需求量高度增长的情况下，旅游服务供给方面和交通运输方面有了大的提高，基本上满足了人们旅游出行的需求。由图 5-32(左侧纵坐标轴为接待游客数，国内游客数，右侧纵坐标轴为接待海外游客数)、图 5-33 可以看出，旅游业中旅行社的数量在缓慢增加、旅行酒店数却是呈下降的趋势，但旅游需求服务在以亿元为单位的基础上呈上涨趋势。这表明山东省在旅游供给方面是存在问题的，可能存在旅行社服务质量不高、旅行产品满意度低、旅行酒店的服务一般等问题，因此导致了旅游服务需求的增长量与旅游业供给量不相匹配的问题。

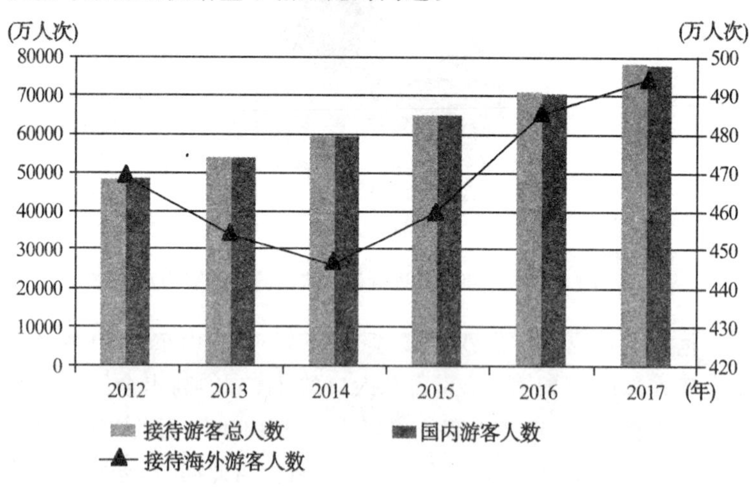

图 5-32　山东省接待游客数

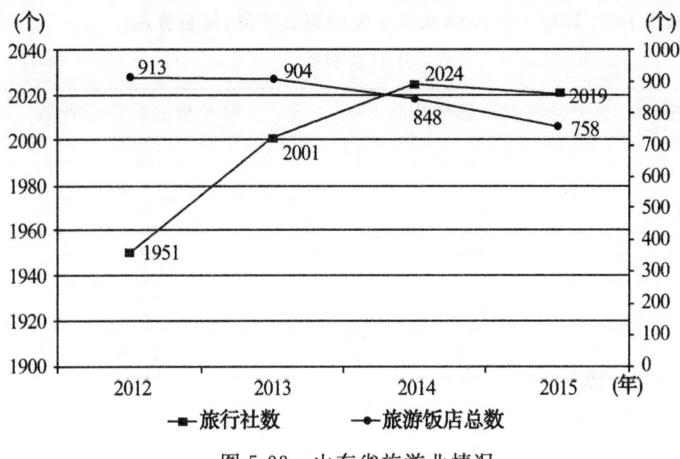

图 5-33　山东省旅游业情况

(六)健康食品产业现状分析

1.健康食品业供给分析

近几年,国家对健康食品给予了较多的关注,政府更加注重居民饮食的健康和营养问题。为了响应党和国家的号召,山东省通过增加无公害农产品和绿色食品的生产企业,增加食品质量检测机构来对健康食品的供给进行严格的把控。

(1)无公害农产品、绿色食品生产企业情况

如表 5-16、图 5-34 所示,山东省 2012～2016 年无公害农产品生产企业的个数从 2012 年的 1344 个增加为 2016 年的 1704 个,绿色食品的生产企业从 2012 年起初的 941 个逐渐增加为 2016 年的 1498 个。由此可以看出,山东省 2012～2016 年无公害农产品生产企业的个数和绿色食品生产企业的个数总体上呈现上升的趋势,可以说明山东省健康食品的供给正在增加。这样做既是为了响应国家的号召,也是为了满足人们对健康食品日益增加的需求。

表 5-16　2012～2016 年山东省无公害农产品、绿色食品生产企业数

单位：个

年份	无公害农产品生产企业数	绿色食品生产企业数
2012	1344	941
2013	1254	994
2014	1236	1276
2015	1226	1354
2016	1704	1498

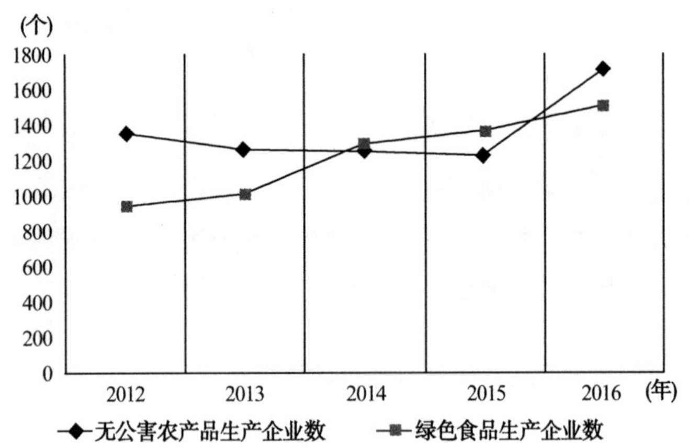

图 5-34　2012～2016 年山东省无公害农产品、绿色食品生产企业数

(2)食品检测机构情况

由表 5-17、图 5-35 可知，2012～2016 年，山东省已经认证的食品检测机构的数量连续攀升。由此可以看出，山东省近几年更加重视食品的生产监控和质量监管，通过对食品进入市场的关卡进行严格的控制，从而使市场上健康食品的供给增加。

表 5-17　2012～2016 年山东省已经认证的食品检测机构　　　单位：个

年份	已认证的食品检测机构
2012	49
2013	50
2014	52
2015	62
2016	87

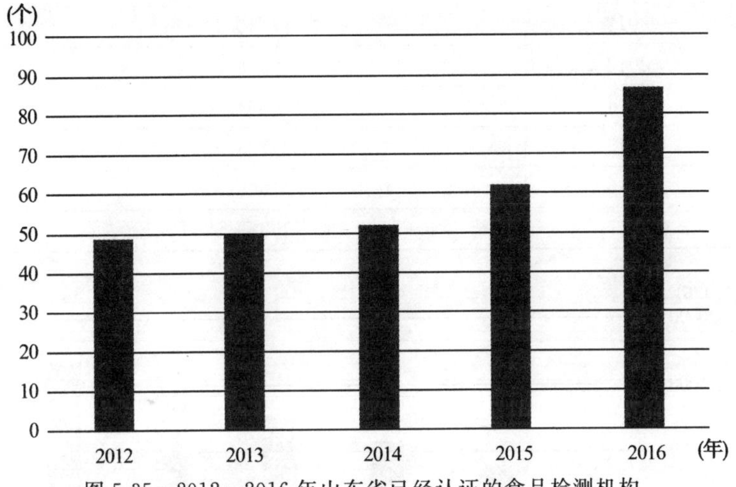

图 5-35　2012～2016 年山东省已经认证的食品检测机构

2. 健康食品业需求分析

(1)居民可支配收入情况

居民可支配收入是推动健康食品发展的重要因素。收入是消费的前提，收入水平的高低决定着消费能力的高低，并直接影响居民的消费信心、消费欲望和消费潜能。如表 5-18、图 5-36 所示，近年来山东省全体居民的可支配收入在逐年增长，从 2012 年的 17140.1 元上升至 2017 年的 26929.9 元，表明了我国经济在不断地发展，居民的收入水平也在不断地提升，生活水平得到了极大的改善。山东省的居民可支配收入在逐年地增加，这表明，一方面居民有更大的消费能力去选择自己所信任的健康食品，对食品质量有更高的追求；另一方面，在有一定收入的基础上，也更容易实现人们对健康消费观念的追求。居民可支配收入的增加也将促进我国居民对健康食品需求的增加，也意味着居民的可支配收入将成为健康食品消费的重要推动因素。

表 5-18　　2012～2017 年山东省全体居民可支配收入　　单位：元

年份	居民可支配收入
2012	17140.1
2013	19008.3
2014	20864.6
2015	22703.2
2016	24685.3
2017	26929.9

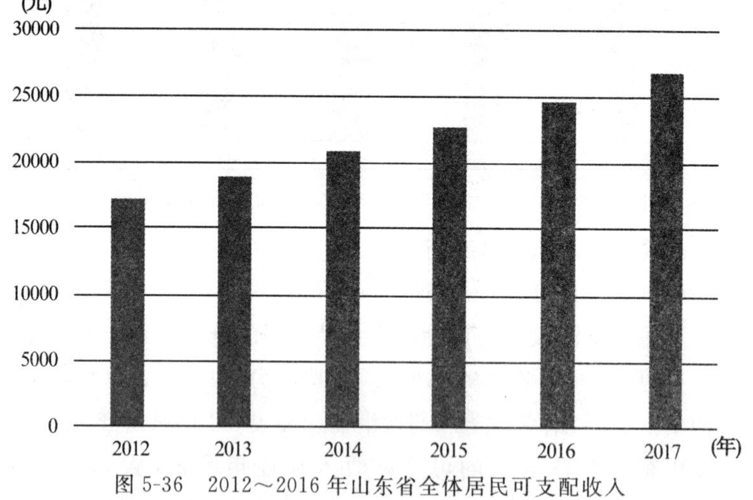

图 5-36　2012～2016 年山东省全体居民可支配收入

(2)健康食品消费情况

根据世界卫生组织最新公布的健康食品排行榜可知，肉食榜

冠军、亚军和季军分别是鹅肉、鸭肉、鸡肉，都属于禽类；蔬菜榜上榜的食品中有红薯和马铃薯，都属于薯类；零食榜的前六名分别是核桃、花生、开心果、腰果、松子、杏仁，它们全部从属于坚果类。如表 5-19、图 5-37 所示，居民对禽类食品的需求从 2013 年的 3.83 公斤/人上升到 2016 年的 6.3 公斤/人；对薯类食品的需求从 2013 年的 1.54 公斤/人上升到 2016 年的 1.9 公斤/人；对坚果类食品的需求从 2013 年的 3.14 公斤/人上升到 2016 年的 4.3 公斤/人。居民对三类健康食品的消费数量逐年上升，由此说明居民对健康食品的需求在逐年增加。

表 5-19　2013～2016 年山东省居民禽类、薯类、坚果类食品的消费数量

年份	禽类消费数量（公斤/人）	薯类消费数量（公斤/人）	坚果类消费数量（公斤/人）
2013	3.83	1.54	3.14
2014	5.6	1.60	3.40
2015	5.9	1.70	3.70
2016	6.3	1.90	4.30

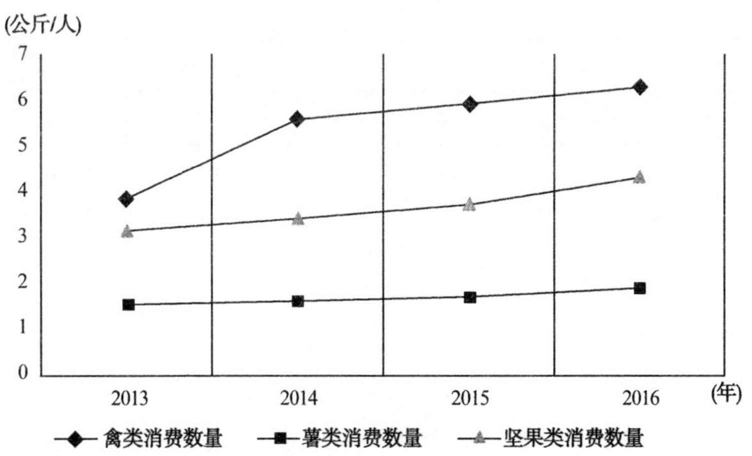

图 5-37　2013～2016 年山东省居民禽类、薯类、坚果类食品的消费数量

3.健康食品业供需对比

通过对反映山东省健康食品需求和供给的因素分析，由表5-20、图5-38可知，山东省能够体现健康食品供给和需求的因素在2013～2016年之间，从总体上看反映需求的因素的增长率低于反映供给因素的增长率，从而说明山东省政府和企业对山东省健康食品的供给多于居民对健康食品的需求。一方面的原因是由于政府和企业近几年在国家政策的引导下，更加注重健康食品企业的发展，对健康食品行业提供了较多的发展空间，使得能够体现健康食品供给的因素增长率较高；另一方面是由于居民对健康食品的益处了解不足，消费观念没有从根本上得到改变。

表5-20　山东省反映健康食品需求和供给因素增长率　单位：%

年份	居民可支配收入增长率	需求		供给	
		禽类消费数量增长率	坚果类消费数量增长率	绿色食品生产企业个数增长率	已经认证的食品检测机构增长率
2013	10.9	3.7	18.5	0.3	2.1
2014	9.8	4.6	16.2	28.4	24
2015	8.8	5.4	8.8	6.1	3.8
2016	8.7	6.8	8.3	10.6	40.3

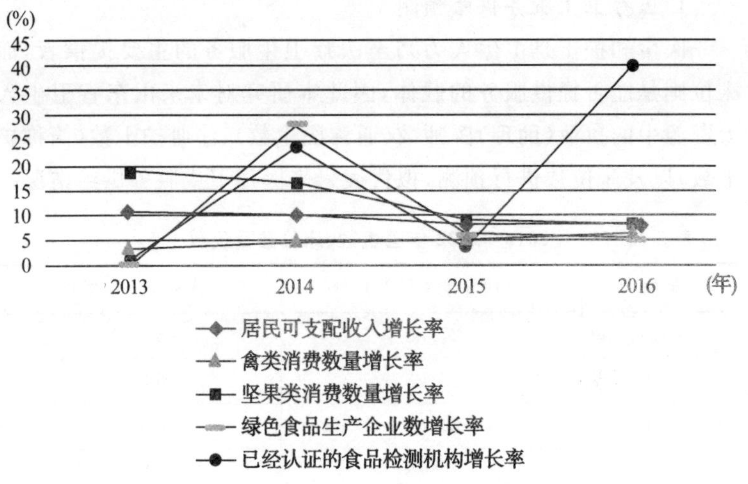

图 5-38　山东省反映健康食品需求和供给因素增长率

四、山东省健康产业前景预测及发展趋势分析

(一)医疗卫生服务业前景预测及发展趋势分析

随着人口的自然增长、人口老龄趋势不断加大以及人民生活水平的不断提高,医疗卫生服务的现实需求也在不断增加,特别是医疗卫生服务的供给能力涉及人力、物力、财力等资源的投入,往往周期较长。因此,如何对未来的医疗卫生服务需求进行预测以便科学地指导卫生资源的有效配置,从而更好地满足人民群众日益增长的医疗卫生服务卫生需求有十分深远的意义。在现有数据基础上采用灰色预测模型预测未来的医疗卫生服务需求量及供给量,为山东省医疗卫生服务业的发展、有效配置医疗卫生资源提供参考依据。

1. 医疗卫生服务供给预测

医生和护士是卫生人力乃至医疗卫生服务的主要提供者，而床位则是能否提供服务的载体，因此本研究对未来山东省卫生人力资源中的执业（助理）医师数（通称医生数）、注册护士数（简称护士数）以及床位数进行预测，拟代表未来医疗卫生服务供给情况。

表 5-21　　2018～2022 年医生数、床位数及预测

年份	医生数（万人）	床位数（万张）
2018	27.83	60.70
2019	29.28	63.67
2020	30.81	66.78
2021	32.43	70.05
2022	34.12	73.48

根据《全国医疗卫生服务体系规划纲要（2015～2020 年）》中的规定，2020 年医护比要达到 1∶1.25，而山东省 2017 年医护比为 1∶1.14，要达到 2020 年的标准，差距还很大。作为预测，假设能够达到国家的最低标准要求，且 2020 年起能保持 1∶1.25 的标准，则从 2018 年起，医护比要保持 3.12%的年均增长率，则各年的护士数预测值应如表 5-22 所示。

表 5-22　　2018～2022 年山东省护士数及预测

年份	医生数（万人）	医护比	护士数（万人）
2018	27.83	1∶1.18	32.83
2019	29.28	1∶1.21	35.43
2020	30.81	1∶1.25	38.51
2021	32.43	1∶1.29	41.83
2022	34.12	1∶1.33	45.38

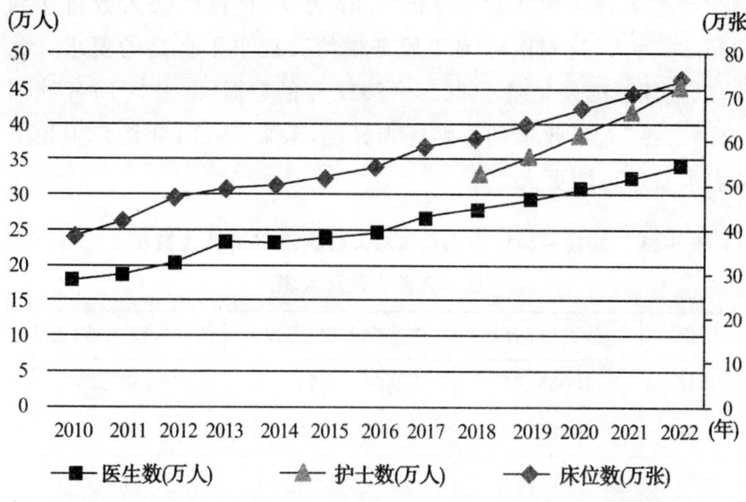

图 5-39　2010～2022 年山东省医生数数、护士数及床位数发展趋势

总体来看,人口趋势的增加必然带来了卫生资源相应需求量加大,特别是作为核心卫生资源的医生数、护士数和医疗机构床位数的需求量大大增加。2017 年山东省医生数为 26.5 万人,与 2022 年预测值相比还有 7.62 万人的差距,年均需要保持稳定的增长率。

由表 5-21、表 5-22 可知,预测医生数将在 2020 年突破 30 万人大关,护士数将在 2021 年突破 40 万人大关,可见山东省应将医生、护士的培养摆到更加重要的位置上来。从床位数预测情况来看,一直处于增长状态,但由前面分析我们知道,基层机构床位存在过剩状态,这与当前政府控制大型医疗机构盲目扩张相互印证。

2. 医疗卫生服务需求预测

通过总人口数、总诊疗人次及医院入院人数反映医疗卫生服务需求,具体情况如表 5-23、图 5-40(左侧纵坐标为总人口数及总入院人数,右侧纵坐标为总诊疗人次)所示,总人口数将继续保持平稳增长状态,总诊疗人次及医院入院人数也将持续上涨,预计到

2022年总诊疗人次将达到74586.57万次，医院入院人数将达到2365.93万人，这对医疗卫生服务供给又提出了更高的要求。此外，以上预测结果是基于2010～2017年的数据，由于2016年我国"全面二孩"人口政策的影响还未显现，未来5～10年医疗卫生服务需求量还可能更大。

表5-23　2018～2022年山东省总人口数、总诊疗人次数和医院入院人数及预测

年份	总人口(万)	总诊疗人次(万次)	医院入院人数(万人)
2018	10058.21	67156.79	1888.25
2019	10122.40	68941.80	1997.77
2020	10187.01	70774.25	2113.64
2021	10252.03	72655.41	2236.23
2022	10317.47	74586.57	2365.93

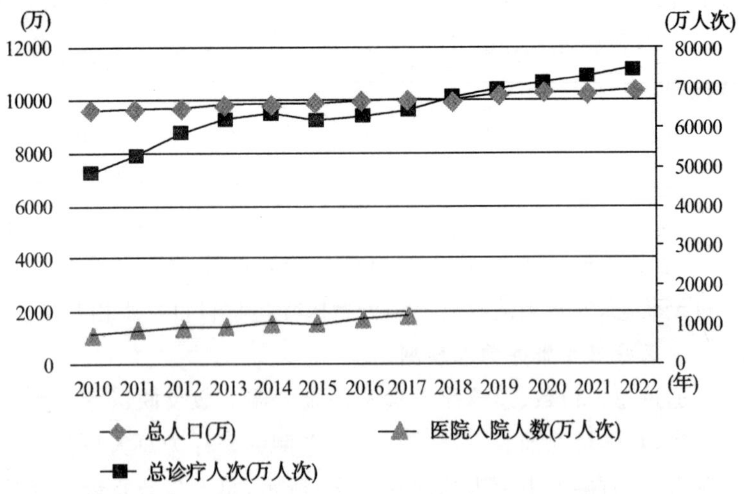

图5-40　2010～2022年山东省总人口数、总诊疗人次数及医院入院人数发展趋势

(二)医药产业前景预测及发展趋势分析

在现有数据基础上采用灰色预测方法预测山东省未来五年(2018～2022年)的医药行业发展情况,为山东省医药产业的发展提供参考依据。

1.医药产业供给预测

(1)药师数预测

由表5-24、图5-41可知,预计山东省药师数在未来几年会大幅度增加,到2022年山东省药师数将达到4.04万人。

表5-24　　2018～2022年山东省药师数及预测　　单位:万人

年份	2018	2019	2020	2021	2022
药师数	3.572	3.683	3.797	3.915	4.037

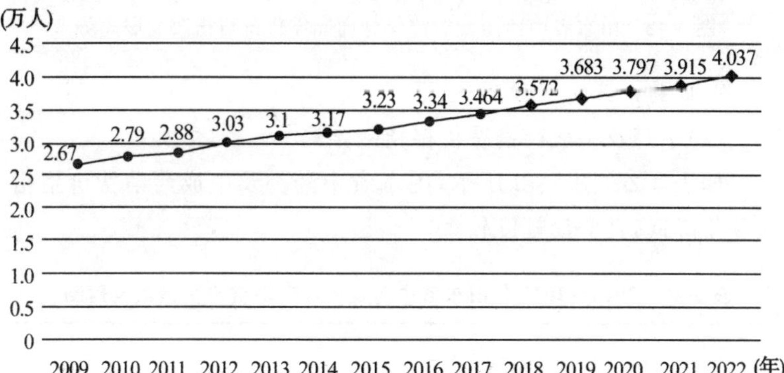

图5-41　山东省药师人数发展趋势

(2)中西医商品零售价格指数预测

由表5-25、图5-42可知,未来山东省中西药及医疗保健商品零售价格指数依旧保持上涨趋势,但增长幅度较小。

表 5-25　2018～2022 年山东省中西药及医疗保健商品零售价格指数及预测

年份	2018	2019	2020	2021	2022
价格指数	102.253	102.313	102.373	102.433	102.493

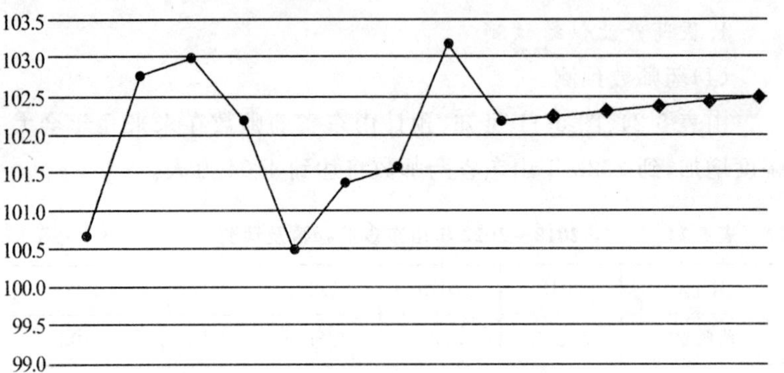

图 5-42　山东省中西药及医疗保健商品零售价格指数发展趋势

2. 医药产业需求预测

(1)中药及中成药消费价格指数预测

如表 5-26、图 5-43 所示，山东省中药类及中成药消费价格指数逐年降低，且变动幅度较大。

表 5-26　2018～2022 年山东省中药及中成药消费价格指数及预测

年份	2018	2019	2020	2021	2022
价格指数	100.198	99.577	98.960	98.347	97.737

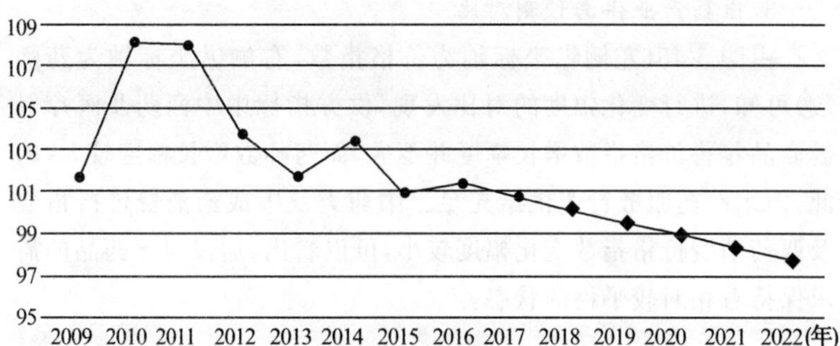

图 5-43　山东省中药类及中成药消费价格指数发展趋势

(2)西药类消费价格指数预测

由表 5-27、图 5-44 可知，山东省西药消费价格指数在未来几年中呈增长态势，但增长较为缓慢。

表 5-27　2018～2022 年山东省中药及中成药消费价格指数及预测

年份	2018	2019	2020	2021	2022
价格指数	100.619	99.712	100.806	100.900	100.995

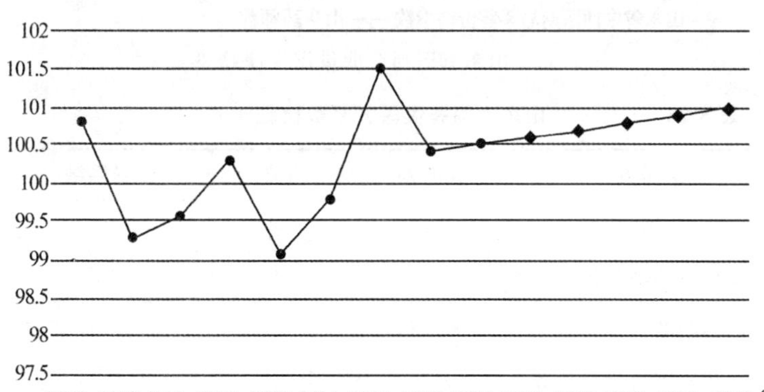

图 5-44　山东省西药类消费价格指数发展趋势

3. 医药产业供需预测对比

由图 5-45(左侧纵坐标轴为价格指数,右侧纵坐标轴为药师数)可知,进行变化幅度的对比发现,供方指标中中西药及医疗保健商品零售价格指数增长幅度并不大,而药师数增长幅度较大,因此,山东医药服务行业供给充足。中药类及中成药消费价格指数及西药消费价格指数变化幅度较小,可以看出,居民对于药品的需求保持着相对较平稳的状态。

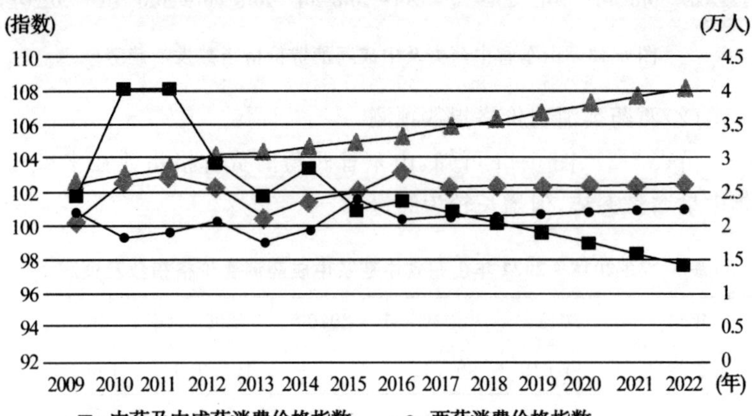

图 5-45 山东省医药产业供需发展趋势

表 5-28 山东省医药供需方系数比较

供需方	标准差	均值	变异系数
药师数	0.16	3.8	0.042
中药及中成药消费价格指数	0.87	98.96	0.0087
西药消费价格指数	0.13	100.8	0.0013
中西药品零售价格指数	0.08	102.3	0.0007

由预测分析可知,山东省未来几年药师数不断增长且增幅较

大，医药服务供给充足；但就需求来说，中药类及中成药消费价格指数及西药消费价格指数平稳发展，需求活力相对缺乏。这种状态，势必导致药师供给过剩，供需矛盾突出。

（三）健康养老产业前景预测及发展趋势分析

随着我省人口的自然增长、人口老龄趋势不断加大，同时人民生活水平的不断提高，在未来很长一段时间内老年人对于养老医疗服务的需求也不断增加，为此我省各部门在供给方也作出了相应调整，主要体现在社区养老服务机构的扩建，社区养老服务机构所选择与医疗机构的结合方式等多个方面。因此，对未来的医疗养老服务需求进行预测，以便科学地指导卫生资源的有效配置，从而更好地满足老年人口日益增长的医疗养老服务卫生需求，有十分深远的意义。本研究在现有数据基础上采用灰色预测模型对未来五年的总人口增长量、65 岁以上人口总数作出预测，为山东省健康养老服务产业的发展、有效配置医疗养老资源提供参考依据。

1. 健康养老产业供给预测

（1）社区养老服务机构数预测

如表 5-29、图 5-46 所示，未来五年山东省社区养老服务机构数的将成大幅度上趋势，在 2015～2017 年间社会养老服务机构的规模不断扩大，小机构间相互合并调整后，随着山东省人口数和老龄人口占比的迅速增长，养老服务需求的逐渐增多，2018～2022 年山东省社区养老服务机构数不论在规模还是数量上都将大幅度提升。

表 5-29　2018～2022 年山东省新办社区养老服务机构数及预测

单位：万个

年份	2018	2019	2020	2021	2022
数值	77.715	89.599	103.301	119.098	137.311

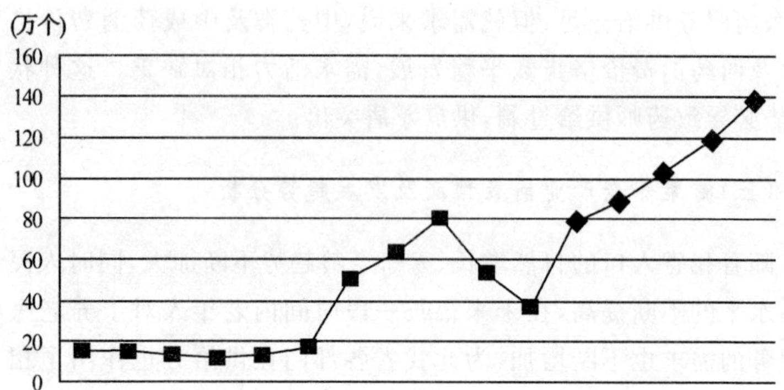

图 5-46　2007～2022 年山东省新办社区养老服务机构数的发展与预测对比

(2)新办社区养老服务机构与医疗机构的结合方式预测

如表 5-30 所示,未来五年内我省社区养老服务机构在与医疗机构的结合方式上更倾向于内设护理站,选择内设医务室和内设医疗机构的社区养老服务机构数逐年下降,特别是选择与医疗机构合作的社区养老服务机构少之又少。这一趋势与山东省正在推行的长期护理保险制度密不可分。长期护理保险政策是为因疾病、伤残等事故而丧失自理能力的失能失智老年人群提供基本的生活照料和基本医疗护理工作。正是由于这一政策的实施未来越来越多的养老机构需要更多的专业护理人员,也必将对社区养老服务机构的内部建设和资金投入带来更高的要求。

表 5-30　2018～2022 年山东省养老服务从业人员总数及预测　单位:万人

年份	2018	2019	2020	2021	2022
内设护理站	5.104	6.017	7.095	8.365	9.863
内设医疗机构	8.150	7.452	6.815	6.232	5.699
内设医务室	3.276	3.023	2.790	2.574	2.375
与医疗机构合作	8.150	6.054	4.498	3.341	2.482

(3)养老服务从业人员数预测

如表 5-31、图 5-47 所示，未来五年山东省养老服务从业人员数将持续增加，增长幅度较大，预计到 2021 年将突破 100 万人。

表 5-31　2018～2022 年山东省养老服务从业人员总数及预测　　单位:万人

年份	2018	2019	2020	2021	2022
数值	84.361	89.749	95.481	101.580	108.067

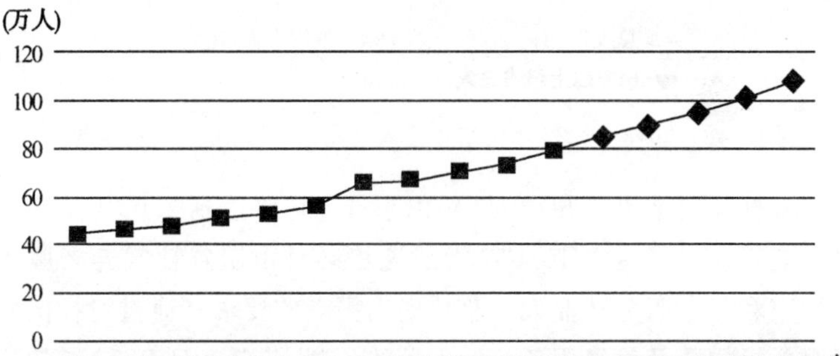

图 5-47　2007～2022 年山东省养老服务从业人员总数的发展与预测对比

2. 健康养老产业需求预测

由表 5-32、图 5-48 可知，山东省总人口数在未来五年内仍然呈小幅度增长趋势，65 岁以上的老龄人口占比会越来越大。短时间内，老年人群对于养老医疗方面的需求则会逐渐增多。

表 5-32　2018～2022 年山东省总人口及 65 岁以上人口及预测

年份	总人口(万)	65 岁以上人口(万)	65 岁以上人口占比(%)
2018	10077.420	1432.533	0.142153
2019	10149.632	1518.988	0.149659
2020	10222.360	1610.661	0.157563
2021	10295.610	1707.866	0.165883
2022	10369.385	1810.937	0.174643

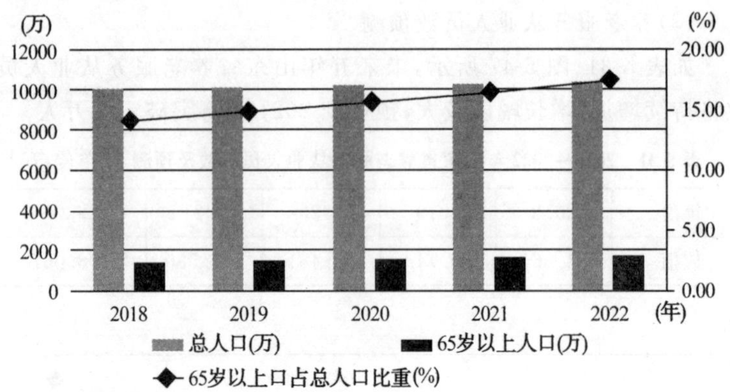

图 5-48 2018～2022 年山东省总人口及 65 岁以上人口及预测

根据预测结果可知，2022 年山东省人口将达到 1.03 亿，65 岁以上老年人口将达 1810.937 万。这势必对山东省社区养老服务机构数和养老服务从业人员总数提出更高的要求。通过对社区养老服务机构数及养老服务从业人员的预测，若要达到 2022 年的预测值，以 2017 年为基数，需要保持 1.15％及 1.06％的年均增长率，说明当前可能存在一定程度养老服务从业人员缺乏或资源不匹配的情况。总体来看，人口的增加必然带来养老服务业需求量的加大，特别是社区养老服务机构数和养老服务从业人员总数需求量大大增加。2016 年，山东省养老服务从业人员总数为 72.6 万人，预计与 2022 年相比有 35.467 万人的差距，年均需要保持稳定的增长率，要将养老服务从业人员的培养摆到更加重要的位置上来。而从社区养老服务机构数预测情况来看，当前存在内部从业人员匮乏的问题，这与当前政府盲目要求扩大社区养老服务机构的范围相印证。此外，以上结果是在 2007～2017 年数据基础上进行的，由于 2016 年我国“医养结合”“长期护理保险”政策的影响还未显现，未来 5～10 年养老服务需求还可能加快。

（四）健康体育产业前景预测及发展趋势分析

1. 健康体育产业供给预测

在原有数据基础上采用灰色预测法，预测山东省未来五年（2018～2022 年）体育机构人员数，如表 5-33、图 5-49 所示，未来体育系统的从事人员会越来越少，数量急剧下降，不知是否伴随着质量问题，但就目前来看，体育人员的需求会越来越大。可见，政府部门应加强对体育从事人员的培养，使人员的增长跟得上国民体育健身需求的增长，同时，应更加注重体育专业人员的培养质量，使其专业技能可以帮助更多的人实现对体育锻炼的理想目标，进而营造一种健康的有感染力的体育氛围。此外，体育从事人员的数量在一定程度上也反映了相关体育服务的不完善，政府应加强体育健康产业的服务供给，完善体育服务体系。

表 5-33　　山东省体育系统机构现有人员及预测　　单位：人

年份	2012	2013	2014	2015	2016	2017	2018	2019	2020	2021
未来五年体育系统机构人员	10637	14988	11950	11660	11274	9752	8863	8056	7321	6654

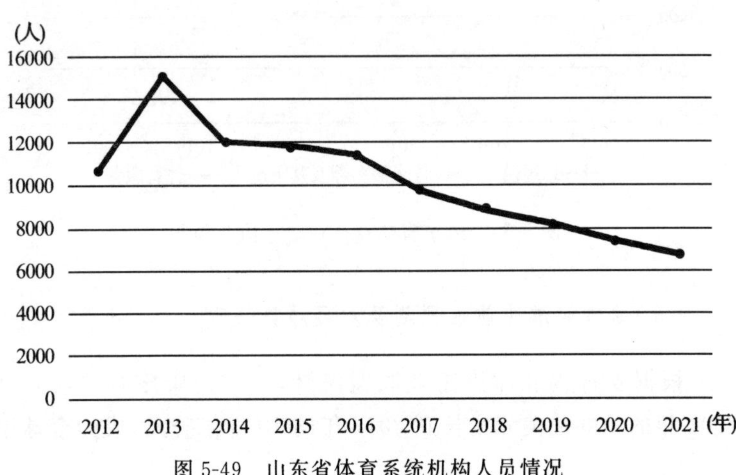

图 5-49　山东省体育系统机构人员情况

2. 健康体育产业需求预测

由表 5-34、图 5-50 可知，山东省未来的体育总产值在逐年递增，且人们的体育服务消费能力也在直线上涨，但是体育用品及其制造产业却呈下滑的趋势，这说明体育产业方面的供给和需求没有达到良好的配比，供给跟不上需求的增长幅度。

表 5-34　　山东省体育产业总产值及预测　　单位：亿元

	2015 年	2016 年	2017 年	2018 年	2019 年	2020 年
总规模	1980.79	2292.18	2348.01	2405.08	2463.65	2523.66
体育用品	1196.71	1310.78	1139.67	989.84	860.83	748.62
体育服务	778.85	974.66	1199.7	1468.71	1806.5	2221.99

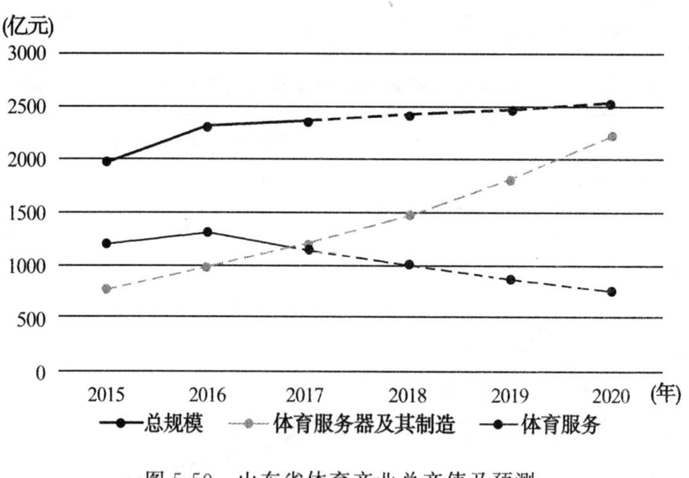

图 5-50　山东省体育产业总产值及预测

(五)健康旅游业前景预测及发展趋势分析

根据麦肯锡和印度工业联盟统计，全球健康旅游总收入从 2004 年的 400 亿美元增长到 2012 年的 1000 亿美元，成为全球增

长最快的产业之一。2011 年博鳌亚洲论坛年会上发布的有关报告称，2007 年亚洲医疗旅游服务收入达到了 340 亿美元，2010 年全球医疗旅游已有 750 亿美元的市场规模，根据斯坦福研究所发布的研究报告，全球医疗健康旅游人数从 2006 年的 2000 万人次增长至 2012 年的 4000 万人次，目前来看这种趋势有增无减。据世界卫生组织预测，到 2020 年，医疗健康相关服务业将成为全球最大产业，观光休闲旅游相关服务居第二位，两者结合将占全球 GDP 的 22%，据世界养生旅游白皮书数据，养生旅游消费占全部旅游消费的 14.6%，平均每个养生游客为普通游客花费的 2.3 倍。

随着人口增长、老龄人口占比不断增长以及人们的消费水平及消费观念的改变，居民对健康旅游服务的需求也在不断上升。山东省作为人口大省、经济大省，在发展健康旅游方面具有一定的优势，因此对未来的健康旅游行业发展需求进行预测，以便更好地满足人们的需求以及资源合理配置具有重要意义。

1. 健康旅游业供给预测

如表 5-35、图 5-51 所示，预测山东省旅行饭店的数量是在逐年下降的，这与旅游人数的需求上涨是不相称的；同时旅行社数量的逐年上涨量与旅行人次数的需求量也不是同比上涨的，可以看出山东省旅游业的发展存在一定问题。总体来看，山东省旅游需求增长幅度与旅行社数量的缓慢增长、旅游饭店数量的下降、旅行社人员数的下降是不相匹配的。据了解，旅行社供给减少可能存在如下原因：(1)不能满足人们旅游的需求，如健康旅游、医疗旅游产品不足；(2)各种旅行网站和旅行 APP 有各种游记攻略推荐、旅游地图方便查找旅途路线，对旅行社的依赖性减少；(3)私家车的普及，可以选择自驾游；(4)旅行社合作推荐的旅游饭店存在物廉价高的问题；(5)近年来报道的旅行社强制购物事件层出不穷，人们对旅行社失去信任。

表 5-35　2016～2022 年山东省旅游饭店与旅行社数量及预测　单位：个

年份	旅行饭店	旅行社
2016	701.5	2155.5
2017	643.3	2213.5
2018	590.0	2273.0
2019	541.0	2334.2
2020	496.1	2396.9
2021	454.9	2461.4
2022	417.2	2527.6

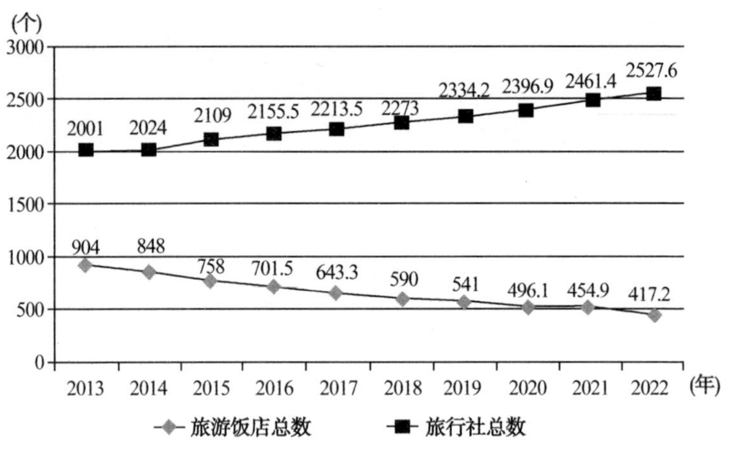

图 5-51　2013～2022 年山东省旅游饭店与旅行社数量及预测

2. 健康旅游业需求预测

(1)接待旅游人次数预测

如表 5-36、图 5-52(左侧纵坐标轴为接待游客总数、接待国内游客数，右侧纵坐标轴为接待海外游客数)所示，到 2022 年我省接待国内及国外总旅游游客预计将达到 122191.4 万人次，接待国内游客预计将达到 119914.2 万人次，接待国外游客预计将达到 555.8 万

人次，总数量超过了10亿人次。可知在山东省社保兜底和工作积累情况下，消费水平不断提高，消费观念也发生转变，旅游消费占比不断提高，对医疗旅游、养老旅游、休闲旅游等新兴旅游需求日趋见长，这势必对山东省健康旅游资源的配置有着更多及更高的要求。

表5-36 2017～2022年山东省接待游客数及预测 单位：万人次

年份	接待总游客数	接待国内游客数	接待国外游客数
2017	77863.3	77292.8	490.6
2018	85206.9	84388.9	503.0
2019	93243.0	92136.5	515.7
2020	102037.0	100595.4	528.8
2021	111660.4	109830.9	542.1
2022	122191.4	119914.2	555.8

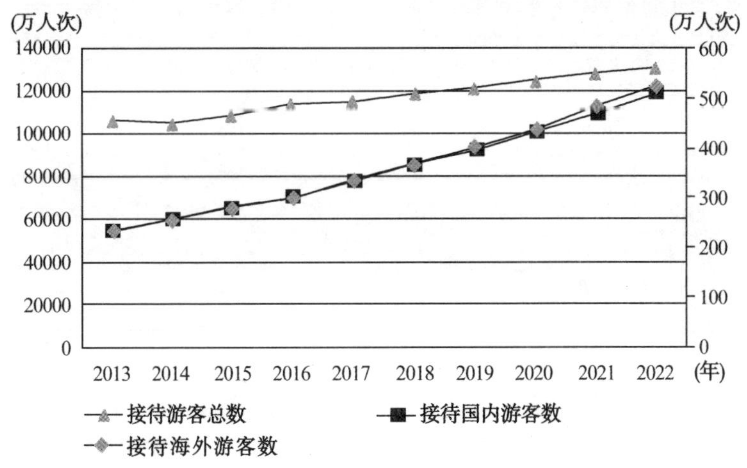

图5-52 2013～2022年山东省旅游接待游客数量及预测

(2)旅游收入预测

如表5-37、图5-53(左侧纵坐标轴为接待国内游客收入，右侧纵坐标轴为接待国外游客收入)所示，到2020年山东省国内旅游收入将达到16064.152亿元，旅游外汇收入将达到38.977亿美元。当前，社保制度不断完善使得退休后的老年人经济状况、疗养保障水平大为提高，消费观念也发生了变化，巨大的游客量也势必为山东省带来较高的收入，为山东省经济发展带来影响。因此，对旅游业来说合理的配置是极为重要的，新阶段旅游行业的未来发展模式的层面需要加宽，健康旅游供给需要高层次产品来满足高消费水平。

表5-37　2017～2022年山东省接待国内外游客旅游收入及预测

年份	接待国内游客旅游收入（亿元）	接待国外游客旅游收入（亿美元）
2017	8407.9	31.608
2018	9570.2	32.961
2019	10893.2	34.372
2020	12399.1	35.843
2021	14113.1	37.377
2022	16064.2	38.977

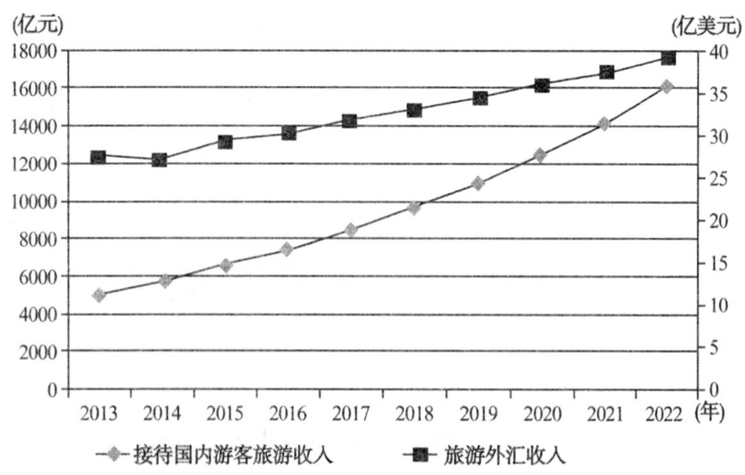

图5-53　2013～2022年山东省接待游客旅游收入及预测

(六)健康食品业前景预测及发展趋势分析

随着我国经济的发展,居民生活水平的不断提高,对于健康食品的要求也更加严格。这主要体现在我国居民的可支配收入、无公害农产品和绿色食品生产的企业个数以及对于食品的检测机构这些方面,以下是从这些方面对健康食品行业的前景预测与发展趋势的分析。本研究在现有数据的基础上采用灰色预测模型对未来三年(2019～2021年)山东省健康食品产业的发展提供参考数据。

1.健康食品业供给预测

(1)无公害农产品生产企业预测

由表5-38、图5-54可知,未来五年内我省无公害农产品生产企业个数将呈上升趋势,在2021年无公害农产品生产企业将突破2500个。这一方面表明了山东省在极力打造健康食品产业,严格遵守国家在食品安全方面的要求;另一方面适应了现在人们的生活观念,对健康、对质量的消费追求。

表5-38　2017～2021年山东省无公害农产品生产企业数量及预测

单位:个

年份	2017	2018	2019	2020	2021
数值	1751.175	1947.698	2166.276	2409.384	2679.774

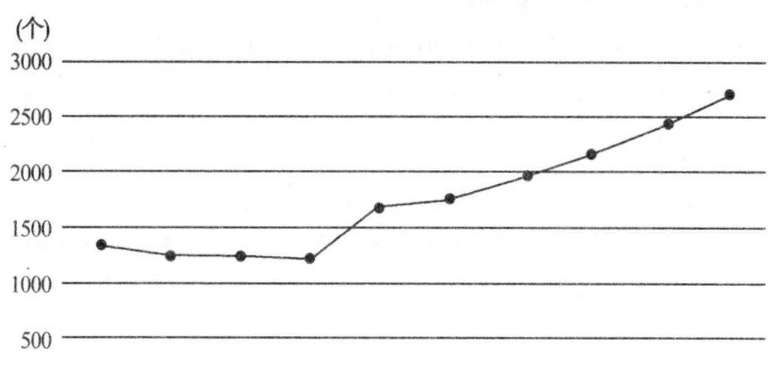

图5-54　2012～2021年山东省无公害农产品生产企业数量及预测

(2)绿色食品生产企业预测

由表5-39、图5-55可知,山东省绿色食品生产企业的数量将呈大幅度的上升趋势,且上升的速度将快于前几年。这预示山东省对绿色食品生产的重视程度在逐年上升,政府所供给的健康食品数量也在不断增加,满足了人们对健康食品的追求。

表5-39 2017～2021年山东省绿色食品生产企业数量及预测 单位:个

年份	2017	2018	2019	2020	2021
数值	1716.431	1937.646	2187.372	2469.282	2787.525

图5-55 2012～2021年山东省绿色食品生产企业数量及预测

(3)食品检测机构数预测

由表5-40、图5-56可知,山东省认证的食品检测机构数量在大幅度地上升,反映了山东省对健康食品的重视程度,使健康食品更加地具有权威性与可信度。这表明山东省对健康食品检测机构的监管程度,给居民提供了更安全的食品环境。

表5-40 2017～2021年山东省认证的食品检测机构数量及预测 单位:个

年份	2017	2018	2019	2020	2021
数值	101.314	124.509	153.013	188.044	231.094

图 5-56　2012～2021 年山东省认证的食品检测机构数量及预测

2. 健康食品业需求预测

(1)居民可支配收入预测

由表 5-41、图 5-57 可知，山东省居民的可支配收入处于增长趋势，且增长的速度高于前几年，意味着山东省居民有更大的消费能力去购买健康食品。

表 5-41　2017～2021 年山东省居民可支配收入及预测　　单位：元

年份	2017	2018	2019	2020	2021
数值	26934.265	29366.882	32019.205	34911.077	38064.134

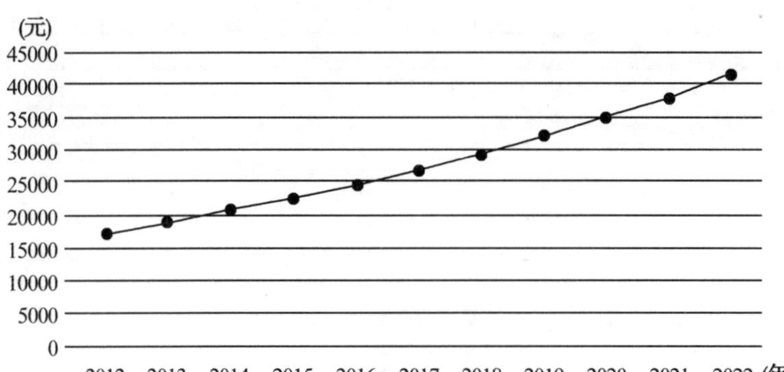

图 5-57　2012～2021 年山东省居民可支配收入及预测

(2)禽类、薯类、坚果类食品消费数量预测

由表 5-42、图 5-58 可知,山东省居民在禽类、薯类、坚果类食品的消费数量在逐年上升。其中,坚果类的消费数量上升速度最快,薯类的消费数量上升速度比较缓慢一些。这表明山东省健康食品消费的数量总体在上升,人们也在迈入更高水平的发展道路上。

表 5-42　2017～2021 年山东省居民禽类、薯类、坚果类食品的消费数量及预测

年份	禽类消费数量(公斤/人)	薯类消费数量(公斤/人)	坚果类消费数量(公斤/人)
2017	6.668	2.057	4.799
2018	7.075	2.245	5.410
2019	7.506	2.450	6.009
2020	7.963	2.673	6.875
2021	8.448	2.917	7.751

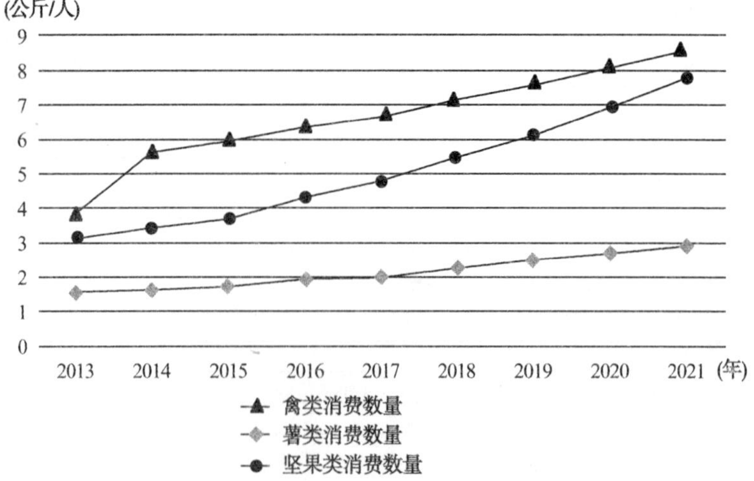

图 5-58　2012～2021 年山东省居民禽类、薯类、坚果类食品的消费数量及预测

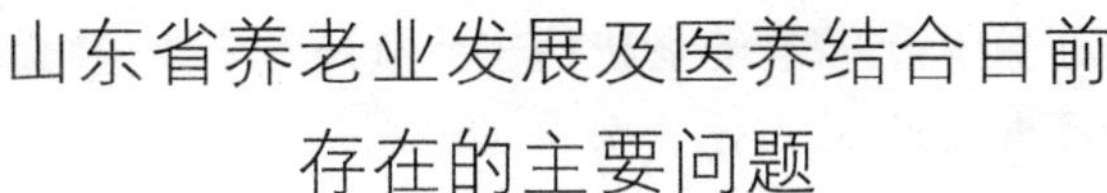

第六部分

山东省养老业发展及医养结合目前存在的主要问题

我们根据相关资料进行初步预测，至2020年全省老年人口约为2500万，占比为25%；失能老人约125万人，半失能老人约375万人，80岁以上高龄老人约500万人。至2020年，按失能老人约1/2、半失能老人约1/4、80岁以上高龄老人约1/8入住养老机构测算，加之失智、残疾人等，“机构养老”床位的潜在需求大致为200万张。根据山东省民政厅2018年的相关资料，山东省目前正在运营的养老服务机构拥有养老床位70万张。由此来看，山东省现有养老床位仅能满足需求的1/3，尚存在2/3的缺口。

一、山东省养老业发展的基本状况

目前，山东省共有养老机构2600多家。在改革开放前山东省只有20多家养老机构；改革开放至20世纪末，全省平均每年新增13家养老机构。进入21世纪，养老机构加快发展。21世纪前10年，平均每年新增养老机构55家；而后尤其是2013年以后，养老机构发展加速，平均每年新增养老机构150家，全省近四成的养老机构为2013年的新建机构。

山东省现有养老机构平均投资额为854.86万元,近几年新建机构投资规模不断扩大,最大的机构投资为4.3亿元。

从养老机构的类型看,山东省现有养老机构尤其是近几年的新建机构以老年公寓居多,占56.34%%;敬老院次之,占32.48%;再次为社会福利中心,占3.96%;光荣院等其他养老机构占7.22%。

从兴办主体看,现有养老机构主要有民营企业、社会组织、乡镇和街道办事处兴办,占比分别为34.28%、26.33%、22.78%;县级民政局占8.3%,医院占5.1%;市民政局占0.71%,政府和民间资本合办占2.26%;境外独资占0.24%。在20世纪80年代前,山东省养老机构的兴办主体只有乡镇、街道办和县级民政局;在80年代以后,兴办主体又出现了市级民政局、医院、境外独资、民营企业、社会组织以及政府和民间资本合办;进入21世纪后,兴办主体主要为民营企业和社会组织。从2013年以来新建养老机构的兴办主体情况看,民营企业最多,占40%,社会组织占34%,医院占6%,政府作为兴办主体的占16%,政府和社会资本合作兴办的占2%。

从运营方式上来看,山东省养老机构的运营方式分为三种:公办公营、公办民营和民办民营,三种运营方式占比分别为28.44%、9.17%、62.39%。非营利性机构占比为89.83%,营利性机构占比10.17%。养老机构的房屋自有产权的占59.91%,租赁的占比为31.58%。

从养老机构法人性质看,社会团体法人占70.65%,事业单位法人占16.33%,工商企业法人占比为5.80%,未经法人登记的占比为7.22%,以前养老机构取得许可的约占40%。

从我们调研的情况看,现有一半多的养老机构为近四年的新建机构。新建养老机构规模普遍较大,由此带动并提高养老机构

平均规模。山东省目前平均每个养老机构拥有床位约350张，总体而言，“机构养老”基础设施建设较好。

从我们调研的情况看，山东省近四年新建养老机构较多。新建养老机构规模普遍较大，由此带动并提高养老机构平均规模。山东省目前平均每个养老机构拥有床位约350张，总体而言，“机构养老”基础设施建设较好。

尽管山东省养老服务业得到较快发展，医养结合成效突出，但由于起步晚、基础差，至目前有效服务供给不足，尤其是护理型床位缺口大，不能满足老年人健康养老服务需求，同时医养结合覆盖不够全面，尤其是“社区养老”和“居家养老”的医养结合比较欠缺，无论从宏观层面、还是微观层面仍存在许多问题。

二、养老业及医养结合宏观层面存在的问题及成因

从宏观层面看，全省养老业发展较快，但仍存在许多问题。从需求侧看，潜在需求很大，但有效需求激发不够。从供给侧看，一方面供给总量不足，而另一方面利用率不高，约45%床位空置，存在供给结构性矛盾，主要是高端供给过多，不适应大众化需求；从供给方式看，政府主导多，市场化多元供给少，市场主体培育不够。

总体来看，养老服务需求呈现“橄榄形”特征，即高端和低端需求少，对基本生活照料和康复护理的中档需求多；而养老服务供给却呈现“哑铃形”特征，追求经济效益的高端服务和政府兜底的低端服务多，普通老年人消费得起、质量有保证的中档服务不足。目前养老政策主要是刺激供给，而激发需求用力不足。

山东省推动医养结合雷声大、雨点小（实质性的政策主要有：明确了医疗机构开展医养结合服务的收费依据，突破了医疗机构申办养老机构的政策障碍，推行老年人长期护理保险）；政府参与多，社会参与少；行政色彩浓、政府主导多，市场化运作少；签协议、

搞形式、“花架子”多，全面可推广应用的模式少；养老机构积极性高，医疗机构缺乏积极性。

1.政府直接投资建设养老机构势头强劲，对民间投资养建设老机构形成“挤占效应”

目前由于对民间投资养老机构建设缺乏有效的支持政策（仅仅是“补砖头”的支持），加之政府直接投资建设养老机构的势头强劲，使民间资本投资养老机构建设看不到希望，民间资本投资养老机构持特别谨慎态度。调研发现，目前企业投资养老业的多为房地产企业和保险机构，有的企业投资养老业本质上不是完全为养老业，而是为了拿地搞房地产，甚至养老机构仅仅是其社区配套项目，发展养老业的主要目的是房地产营销。我们认为，政府在养老机构建设中存在“越位”现象。政府提供的事业性养老服务对象与市场化养老服务对象划分不清，政府直接参与事业性养老服务的提供，导致不平等竞争，养老事业发展对产业发展产生了挤出效应，使得市场在养老服务资源配置中的决定性作用未能有效发挥，在加重财政负担的同时，也降低了养老服务体系资源配置效率。目前看，养老机构的供给方式过度依赖政府，政府新建养老机构越来越多、且建设标准越来越高（有的县区总人口30万，但拟规划建设5000～6000个床位的大型养老机构）。政府过度提供高档养老机构，影响了市场力量的发育，影响了行业发展环境，养老作为产业缺乏充分的市场竞争主体，同时由于不适应大众化需求，有可能造成养老床位供给过剩。据我们调研，目前政府建设的高档养老机构床位“空置率”平均达60%，个别高达89%。由于政府过多地直接参与养老服务市场的供给，出现了“自己搭台自己唱戏”的尴尬局面。

2.现有养老机构以民非性质的居多，规模普遍较小

调研发现，目前多数养老机构接纳社会养老入住的老人不足100人，很少有超过200人的（调研中仅发现成武县一家机构达

300 人）。根据山东养老机构一般规模进行初步测算，养老机构的盈亏平衡点一般是入住 70～80 人。与部分养老机构负责人交流，他们认为养老机构适宜规模 300～500 人。规模偏小难以形成规模经济，这是现有养老机构多数不盈利或微利的重要原因，也影响社会资本投资养老业的热情。我们认为，目前养老机构规模小的原因与民政部门过于提倡养老机构为民非性质有关。按目前政策规定，非营利性机构投资养老业属于捐献性质，既不能从盈余中分红，也不能撤资，最后机构不存在时需要把资产转移给其他社会组织，这些政策规定难以调动民非机构不断追加养老投入的积极性，导致部分非营利性养老机构不敢大规模增加对机构的投入。另外，民非性质的养老机构也难以实现投资主体多元化。调研发现，许多承接托管任务的机构虽如民非性质，但多数又成立了相应的企业性公司，以补贴养老服务，根本原因在于大多数养老机构负责人对“民非”存在很大担心和忧虑。

3. 政府政策取向不尽合理，导致养老方式结构不合理

目前政府虽提出“居家养老为基础，社区养老为依托，机构养老为支撑”的养老服务体系，但目前主要政策取向是轰轰烈烈建设养老机构、老年人日间照料中心和农村幸福院，而对居家养老没有实质性支持政策。从实践看，政府直接投其建设的养老服务设施虽好，但利用不充分且存在大量的闲置浪费现象。从全省情况看，“机构养老”可谓发展得热火朝天，“社区养老”基本属于“空架子”“搞形式”，最重要的“居家养老”没有大的进展。旅居养老虽然很时尚，但目前没有纳入养老服务体系和养老业发展规划；“互助养老”是资源配置和复合价值最高的养老方式，但没有引起重视，基本没有得到提倡发展。另外，政府大力提供养老机构“公建民营”，而没能提倡“政府建设，医疗机构运营”，对医疗机构运营养老机构除了“明确开展医养结合服务的公立医疗机构、国有企事业单位所属医疗机构，可参照养老机构有关规定收费”的政策外，没有实质

性支持政策，这也是导致医疗机构开展养老服务尤其是兴办养老机构不积极的重要原因。

4.养老供给既存在总量不足问题，同时也存在严重资源浪费

目前虽有部分政府补贴很多的高档养老机构存在“一床难求”情况外，但相当部分的养老机构床位空闲一半以上，导致机构效益不好、多数处于微利甚至亏损的状态。“社区养老”资源浪费最为严重。我们曾在济南市某个区实地调查评估了20多家老年人日间照料中心，每家老年人日间照料中心的休息室、活动室、医疗保健室、康复训练室等都比较齐全，设施条件可谓“上乘”，但仅发现只有1位老年人在休息室休息，豪华的厨房、餐厅、活动室等基本上都是“摆设”，造成用房资源及设施的极大浪费，资产大量闲置。当然，我们所调查评估的这些日间照料中心均为新建，有一些特殊性，但从大多数社区情况看，目前老年人日间照料中心的设施利用率不到30%，且有许多“空无一人”。有些“老年人日间照料中心”虽有很多老年人光顾，但多数是健康老年人在聚集玩乐，“老年人日间照料中心”实际上成为“老年人娱乐中心”。目前，许多社区的日间照料中心在二楼，半失能老人不容易上去。半失能老年人不愿光顾“老年人日间照料中心”，原因是其缺乏固定的、专业服务人员，服务工作多数由当地社区居委会工作人员“代劳”。而社区居委会由于人手少、不专业、服务跟不上，尤其是缺乏“医养结合”，导致“社区养老”虽投入巨资进行建设，但没有发挥出应有的功能。由于多数日间照料中心只有10张床位，专业机构托管很难有规模效益，许多人认为，这是民政部门办得比较尴尬的“华而不实”的形象工程。从发展趋向看，目前的日间照料中心规模太小，难以有效发挥日间照料作用，只能作为在社区开展“居家养老”的工作站点。

5.医疗机构兴办的养老机构少，积极性不高

目前大的医疗机构主要精力和关注点都在常规性医疗服务上，加上医院本身医疗资源紧缺，大多数医院权衡利弊之后，对于增设

老年病科康复科勉强接受，但对新办护理院主动性和积极性不高。我们认为，大型医疗机构兴办养老机构实质上是医疗资源的浪费，基层医疗机构最适合兴办养老机构。但目前基层医疗机构多为公立机构，为公益一类，政府全额拨款，缺乏应有的绩效奖励机制。而老年群体容易发生医疗纠纷和养老业低利润等多方面的原因，也不愿再新办养老业务。从目前看，真正实质性开展医养结合的医疗机构占比很小，有的仅仅是与养老机构签订合作协议且主要是要求医疗机构为养老机构人员就医提供"绿色通道"或开展了家庭医生签约，还有地方把加入医疗机构建立的医联体说成是医养结合的医联体。目前"医养结合"的统计数字存在较大"水分"。

6.政府养老补贴名目繁多、过散、过乱，且许多项目受助主体"错位"

目前，政府养老补贴名目主要有养老机构补贴、从业人员补贴和老年人员补贴三种形式。对养老机构的补贴主要针对城市养老院、日间照料中心和农村幸福院，包括资金补贴和政策扶持。其中，资金补贴包括建设补贴、开办补贴、转型发展奖补、运营补贴。政策扶持主要是面向各类营利性和非营利性社区居家养老服务组织、小型养老机构，享受小微企业税费减免、创业补贴、投融资支持等优惠扶持政策。对养老从业人员的补贴主要针对院校和养老从业者两类主体，其中院校补贴主要针对开设老年(养老)服务与管理专业的高校和中等职业学校。从业人员补贴主要包括三种类型，分别是大中专毕业生入职养老服务一次性补贴、养老护理员职业资格补贴及养老服务与管理人员培训补贴。对老年人员的补贴主要包括高龄补贴、养老服务补贴和护理补贴。其中，养老服务补贴根据居家、社区、机构等养老方式对养老服务提供相应的补贴，主要是护理服务。有些养老项目既有建设补贴，也有开办补贴，还有运营补贴、转型发展奖补等，一个养老项目可以多次拿到补贴，既补砖头，又补床头，还补人头，碎片化补贴、重复补贴严重。由于许多项目的受助主体"错位"，导致政府养老补贴"自拉自唱"并陷入在公益性和非营利机构内部"自我循环"的局面。

7.政府虽强力推动养老业发展，但没有很好地发挥出市场在配置资源中的应有作用

目前，养老业市场主体以非营利性机构居多，营利性养老机构少，大多数"社区养老"机构不是实体性机构。但非营利性的养老机构很难做大、做强，"社区养老"机构不是实体性机构，不是真正意义上的市场主体，也很难运用市场机制进行运作，养老服务市场化运营程度低。

8.医养结合存在多头管理，整体合力尚未形成

在管理体制上，养老机构归民政部门管理，医疗卫生机构归卫生部门认定和管理，医保报销由社保部门管理。由于行业差异、行政划分和财务分割等因素，老龄办、民政、卫生、社保等部门都要介入"医养融合"型养老体系建设中。此外，消防、公安、防疫、残联、工会和街道等多个部门和单位也有业务涉及养老服务方面，各职能部门权责界定模糊，职能交叉，条块分割严重，政府对"医养结合"管理存在"多龙治水""政出多门"的现象，这种"多头管理"或"多头不管"的局面使得推动医养融合缺少整体合力。这些管理部门和单位的工作各自具有独立性，部门之间也缺少足够的协作与沟通，管理过程中很难形成合力，很容易出现职责不清或互相推诿的现象。各部门对各项扶持政策的认识、调整和落实难以做到协调一致和横向整合，政府部门多头管理，职责不清，统筹协调乏力。

9.养老服务从业人员数量少，综合素质低

面对老年人口数量迅猛增长的形势，养老服务行业急需一大批养老医疗和护理专业人才。而目前医疗养老机构高端企业管理人才和专业护理人才的严重缺乏，严重制约着养老服务业的发展，特别是养老服务业的人才制度创新不够，全省乃至全国医疗养老服务人才市场还没有形成，相关专业人才政策、引进、培训、成长等

体制机制相对缺乏，也极其不完善，人才队伍结构不合理。郊区农村和大龄妇女仍然占养老从业人员的大多数，她们没有受过专业培训，缺乏综合性专业知识，医疗护理水平整体处于偏低状态。由于养老服务工作劳动强度大、薪水低、职称或行政职务上升空间少等原因，对高素质人才缺乏吸引力，许多年轻人不愿意从事养老行业。即使政府已有相关特殊扶持政策支持和入职养老服务财政补贴，养老专业招生仍然很困难，绝大多数养老机构面临招工冷遇局面，加快建立相对完善的人才培养体系尤为迫切。

10. 缺乏行业规范标准，无章可循

医养结合模式对于老年人来说，非常受欢迎，因为绝大多数老年人都伴有不同程度的慢性病，是否能够解决“就医”问题，是绝大多数老年人选择养老院的一个重要因素。但目前我国医养结合工作才刚刚起步，缺乏规范的体系和标准，医养工作也不是在养老院里建一个医院或是医院里建一个养老院就可以了。更重要的应该是在实际工作中，“养”和“医”资源的融合，把老年人的慢性病有效管理起来，让老年人少得病，少住院。这样既可节省医保资金，又可提高全民健康素质。在机构运行过程中，针对医养结合没有专门的行业标准和规范，在行业监管上卫健和民政用各自的标准去衡量和管理医养结合机构，各自为政，医不管养，养不管医，机构虽然医养结合，但管理部门并没有结合，所以亟待出台相关行业标准和工作规范。

11. 对养老机构建设缺乏总体规划，服务质量缺少有效监管和绩效评估机制

从调研情况看，几乎各个地方政府都在相关规划中提出要建设大型养老机构，个别的县、区拟建设5000个以上床位的大型机构。这些规划要全面实施的话，有可能会出现养老床位过剩现象。目前许多县、区虽建立了“健康养老需求评估中心”，但没有实质性开展工作，对各个县、区到底有多少有可能入住养老机构的失能、

失智及高龄人口不太清楚，这些问题都会直接影响政府的宏观决策。另外，现有不同养老机构服务质量差异较大，政府对其服务质量缺少有效监管和绩效评估机制。

12. 医养结合工作中的形式主义比较严重，并引起新的资源浪费

为了落实上级指令推进医养结合，在政府部门的“撮合”下养老机构与医疗机构不得不签订相关医养结合的协议，如养老机构与周边的社区卫生服务机构签订协议，与周边医院签订“双向转诊”或提供“绿色通道”的协议。但调研发现，虽签订了协议但并未开展实质性的合作，主要是做“表面文章”。事实上，养老机构与社区卫生服务机构的合作力度不大，因为社区卫生服务机构执业医护人员数量少，服务对象多，且多为公益机构，缺乏绩效奖励机制，没有到养老机构出诊的积极性，制约了属地社区卫生服务机构和养老机构的实质性协议合作。为应付上级部门检查或有关单位来参观时有宣传效应，有的养老机构专门为医疗机构腾出许多医疗用床位，但医疗机构又不去履行服务，导致资源浪费。我们曾在滨城区调研，有家养老机构留出半层楼给一个二级医疗机构作为开展服务医疗服务，但该医疗机构并没有入驻，造成养老资源的浪费。许多部门在宣传当地医养结合成绩时，把家庭医生签约、医疗机构给养老机构就医提供“绿色通道”类的协议都说成医养结合。

13. 注重机构层面的医养结合，忽视居家和社区层面的医养结合

现有医养结合模式的研究，无论是养老机构内设医疗机构，医疗机构内设养老床位，还是养老机构与医疗机构之间开展各种形式的合作，都属于单一的“机构结合”模式，满足的是小众老年人的医养结合需求。由于“机构结合”模式操作简便，短期内成效显而易见，因此也成为各地试点工作的主导模式。但是我国老年人的

生活空间布局是典型的“金字塔”结构，塔底（居家养老）极宽，塔身（社区养老）较窄，塔尖（机构养老）极小。绝大部分老年人都是生活在家庭和社区，无论是从服务的可及性和便利性还是从服务的受益面来看，都应该将医养结合的重点置于居家和社区层面。但从目前实践看，无论是学术研究还是实践操作，都不太重视居家和社区层面的医养结合。

14. 对养老机构相关支持政策落实不到位甚至不接“地气”

如有些医养结合的养老机构，老年人住院还要另换地方或搬到医院设置的床位，既折腾老人来回搬还浪费医疗床位资源（理论上说，既然医养结合就应该做到“利用同一张床位，能享受医疗和养老两项服务”）。调研中还发现，有的养老机构新办了护理院等医疗机构，但仍不能涮医保卡，给养老机构带来极大不便，也影响其应有经济效益。如滨城有一家民营养老机构，政府虽批准成立护理站，该养老机构也设置了自己的药房，但因不能涮医保卡，许多老人家属往往在外边药店（在药店能涮医保卡）买药送来，不但加大用药风险，而且还影响了养老机构药房的效益。既然是医养结合的养老机构，如果具备了相应条件理论上应该能成为医保定点医疗机构，但目前养老机构要成立医保定点单位很难，并有一批拥有医院的养老机构仍用不上医保（我省养老机构有内设医院的200多家，有内设诊所、卫生室的1000多家，但纳入医保定点全省只有110多家）。另外，政府提供的“托底”保障，各地的保障水平存在较大差异，如对入住养老机构农村“五保”老人的补贴，有的县、区每年15000元，而有的县、区只有4800元。

15. 不能“异地行医”政策阻碍了医养结合的有序推进

调研发现，有的养老机构与希望合作的医疗机构不在一个行政区域（如不同乡镇），他们之间就很难合作，而该行政区域的医疗机构又不愿开展养老服务或不愿与养老机构合作，医养结合难以“落地”。为此，需要打破不能“异地行医”的政策限制。

16. 医疗机构在养老机构成立分支机构行医审批还存在较大困难

调研发现，许多有住院功能的医疗机构派医务人员到养老机构行医需要办理相应的审批手续，如在养老机构设立分院或康复科、老年病科等都需要严格审批，有些门槛较高，审批存在较大困难，阻碍医养结合。

17. 健康养老需求综合评估中心设计“不对路”，没有发挥应有作用

根据《山东省创建全国医养结合示范省工作方案》的相关要求，每个县至少在1家医疗机构或养老机构内设置健康养老需求综合评估中心，以便开展全省范围内的老年人健康专项基线调查。调研发现，目前许多县、区设置了健康养老需求综合评估中心并已挂牌，但至目前多数并未开展相关评估工作。我们认为，开展健康养老需求综合评估是健康养老产业发展的基础性工作，主要是为宏观决策提供依据，此项工作应是政府的“分内”工作，但目前把健康养老需求综合评估中心设置在医疗机构或养老机构内部，一方面不利于从宏观上开展评估工作，另一方面也给养老机构或医疗机构带来不必要的负担，有政府“不作为”之嫌。目前，卫健部门开展健康养老需求综合评估，民政部门开展老年人能力评估，工作上有些重复，严格意义上健康养老需求综合评估包括老年人能力评估。另外，健康养老需求综合评估与基本公共卫生服务中的老年人能力评估也存在重复劳动的问题。

就全省总体而言，无论是养老保险覆盖率还是医疗保险覆盖率均没有实现全覆盖，个人未交费者政府没有相应补贴，区域之间、城乡之间、职工和职工之间补贴额度存在一定差异，还存在一定程度上的不公平现象。

三、养老业及医养结合微观层面存在的问题及成因

1."机构养老"收费偏高,受益者多为高收入老年群体,有"欺贫爱富"倾向

目前,全省"机构养老"收费平均每人每月在3000元左右,约占家庭月工资收入的1/4。农村老年人除"五保户"和子女有钱的家庭外,入住养老机构者寥寥无几;老年人长期护理保险受益者为城镇职工,普通城镇居民家庭和农村居民家庭入住养老机构可谓是"可望而不可即"。目前看,家中有失能老人者往往不富裕,虽有送老人到养老机构的愿望,但往往由于财力不足而却步,存在较高养老意愿与较低支付能力的矛盾,受益者往往是高收入保障的老年群体。

2.养老机构对入住老年人的意外伤害存在很大担心,缺少有效规避措施

目前许多养老机构都与入住老年人子女签署了"免责协议",但一旦出现意外伤害并产生法律纠纷,养老机构还要承担70%的责任,给养老机构造成很大负担,迫切需要政府对入住养老机构老年人的意外伤害提供保险政策支持。由于这方面的原因,导致大多数养老机构都偏好接收能完全自理的、健康状况良好的、照护需求较少的老年人,而对真正最迫切需要其提供服务的半失能、失能老年人则不愿积极接收。

3.民办养老机构与"公办民营"养老机构存在不公平竞争现象

目前"公办民营"的养老机构,政府对其"让利"很多,基本上是无偿使用政府提供的基础设施,且基础建设条件较好,而民办养老机构要自身承担场所建设或租赁费用,导致其实际运营中的成本差异很大。从调研情况看,基础设施好、功能齐全的"公办民营"养老机构由于其运作成本低,在竞争中明显处于优势,由此加剧民办养老机构运营困难的局面。由于民办养老机构在市场竞争中必然处于劣势地位,使得已有的民办养老机构发展动力不足和想要进入养老领域的社会资本不敢轻易介入。另外,各地对“公办民营”养老机构支持政策差异较大,存在明显的“不公平”。如委托经营年限、收取的管理费等差异都很大,有些企业开展养老服务业务在很大程度上是为了享受政府的政策支持。因此,规范“公办民营”养老机构政策显得非常重要,有利于创造良好的养老业竞争环境。

4.“机构养老”对失能老人所起的作用不太理想

“机构养老”尤其是政府举办的养老机构主要应集中供养失能老人、“五保户”和失智人群,其次才是半失能老人和高龄人群。但从目前情况看,“机构养老”的服务对象大部分不是失能老人。养老机构出于规避风险的考虑,偏向于收住健康状况良好、能够自理的老年人。据我们调研,除“五保户”外,失能老人占比总体不到1/3,越是高端的养老机构越是喜欢接收健康老年人和低龄老年人,对于“高档养老机构”,家庭经济条件差的失能老年人根本“进不起”(目前我省对失能老人每年只有2400元的补贴,仅占全年养老费用的7%左右,可谓“杯水车薪”),这使“机构养老”没有充分发挥出应有的作用。

5.“社区养老”缺乏实体型运营机构,发挥作用也不理想

近年来,一种专门为社区内生活不能完全自理、需要一定照料的半失能老年人提供膳食供应、个人照顾、保健康复、休闲娱乐等日间托养服务的设施——老年人日间照料中心在城区“遍地开花”,几乎每个社区都有。我们曾在济南市某个区实地调查评估了20多家老年人日间照料中心,每家老年人日间照料中心的休息室、活动室、医疗保健室、康复训练室等都比较齐全,设施条件可谓“上乘”,但仅发现只有1位老年人在休息室休息,豪华的厨房、餐厅、活动室等基本上都是“摆设”,造成用房资源及设施的极大浪费,资产大量闲置。除此之外,部分社区还建设有“社区养老综合

服务中心”等养老服务设施，场所面积及床位数量比日间照料中心多一些，按照原有设计此类设施可以接纳部分老人短期住宿及全天候托养服务，但实际上也基本“无人问津”。当然，我们所调查评估的这些日间照料中心均为新建，有一些特殊性，但从对大多数社区的调研情况看，目前社区养老服务设施利用率不到50%，有许多“空无一人”成为“摆设”。当然有的服务设施虽利用了起来，但主要是健康老人聚集聊天娱乐，实际上成为社区老年人娱乐活动的场所，失去了“社区养老”的基本功能。老年人日间照料中心是政府倡导、多部门共建的社区养老服务设施，属于社会公益性质，各级财政、民政及当地街道办事处、社区居委会均投入了一定资金，场所比较宽敞，设施比较齐全，也比较豪华。老年人日间照料中心建设，点多面广，耗资巨大，本是一件为老年人精心打造的民生工程，但由于配套服务跟不上等原因，目前这种新型的社区养老服务模式并不为居民所认可，实际应用效果并不理想，设施利用率不高、资产闲置问题十分突出，基本属于“面子工程”“形象工程”。分析其原因，主要有三个方面：一是公益化设计，缺少市场化因素。目前大部分社区养老服务设施在做设计功能和运营模式时，都在不自觉中把自己划进了公益组织的行列，大部分的功能设计都是免费的公益性服务，部分付费服务也是立足于政府买单，而非用户自己买单，从而导致在很多老人及其家庭的认知里，社区养老服务设施属于政府的公益服务设施，不应该开展商业化运营。事实上，社区养老服务设施是政府在养老方面“公建民营”模式的一种有效探索，政府建好后要委托相关机构运营，运营机构除兼顾到对政府承诺的社会效益之外，在运营方面本质上应该属于市场行为。为了鼓励社会资本进入，并解决社区养老服务设计在运营启动期的现金流问题，政府一般只会在前几年以政府购买服务的形式，给予一定的运营扶持，但绝对不会有长期的持续性的运营补贴。因此，社区养老服务设施如不坚定地开展市场化运营，就不可能具有可持续的自我发展能力。二是面向政府做运营,脱离用户真实需求。现阶段,社区养老服务设施基本上都是在政府的主导下建立的,享受政府在房租、装修及购买服务等方面的补贴及支持。这本来是政府的一个鼓励和引导政策,却也导致了大部分社区的"等、靠、要"思想,不再在满足用户需求上下功夫,而是一门心思地研究领导想法,做面子工程,以便多争取政府的补贴,从而导致不了解老人及家庭的真实需求及想法,缺乏长期的市场化运营规划,无法真正地"为老人解忧,为政府分忧",最终的结果肯定是老人和政府都不满意。因此,面向政府做运营,可以舒服一时,但由于脱离了真实的用户需求,也就扼杀了自我发展的可能性。随着政府补贴的逐步减少甚至取消,社区养老设施必然无法持续运营。三是缺乏实体性运营机构,服务人员不专业。调研发现,目前多数老年人日间照料中心由所在的社区居委会负责管理和运营,而社区居委会既不是法人实体,也不是养老业的市场竞争主体,无法在管理与运营过程中做到"能负责、能问责",与运营效益关联不密切;同时由于老年人日间照料中心不是独立性机构,现有工作人员多为兼职,工作中缺乏应有的积极性。另外,老年人日间照料中心运营管理带有浓厚的行政色彩,缺乏市场机制的有效运作。表面上看,"日间照料中心"缺乏固定的、专业服务人员,服务工作多数由当地社区居委会工作人员"代劳",而社区居委会由于人手少、不专业等原因,服务跟不上,这是许多老年人子女不放心、老年人也不愿接受照料的重要原因,也是直接原因,但体制不顺、机制不活是根本原因。老年人日间照料中心属于多方"共建"性质,不是实体性机构,资产权属不明确,加之其属于社会公益性质,如果运营主体选择不当,或与其利益相关性不强,就不会真心对老年人日间照料中心的运营效益负责,自然没有积极性。这些因素导致对老年人的配套服务跟不上,老年人自然不愿光顾。目前,有些部门正在尝试请养老专业运营机构对日间照料中心进行运营管理并通过政府购买服

务方式提供资金支持，但由于日间照料中心实际床位少（一般为10张床位），养老专业机构运营没有规模效益，一旦失去政府支持，不可能持续运营下去。事实上，这些专业运营机构并非真正从市场化角度“真心实意”地运营好这些养老服务设施，在很大程度上是为拿到政府的补贴。

6.“居家养老”服务存在偏差，侧重医疗和护理服务而生活服务少

“居家养老”要满足居家老人医疗和生活多方面的服务，但目前多数地方推行医养结合的“居家养老”仅仅是医疗服务，主要是签约家庭医生团队的服务或社区卫生服务机构的基本公共卫生服务，并没有享受到社会化的生活服务，长护险中的“家护”也是以医疗和康复为主。目前看，“居家养老”需要有“机构养老”和“社区养老”的带动，但目前大部分养老机构还没有向居家养老延伸服务，加之“社区养老”缺乏实体性机构，“居家养老”缺少基础支撑。“12349”民政养老服务平台目标要实现社区居家医养服务，但缺乏相对固定的养老机构履行服务，实际上成为老年人“提意见”的平台。调研发现，有一些大型企业尤其是房地产企业有建立“机构养老”“社区养老”“居家养老”融为一体的大型化、多元化、集团化、连锁化医养联合体的想法，但由于政府相关政策支持跟不上，进展缓慢，至目前政府除开展了一批社区居家养老试点外，没有出台实质性支持居家养老的政策，真正市场化、社会化开展居家养老的机构并不多。目前，政府出资搞的居家养老服务试点，基本都不太成功，原因是执行主体不妥（多数是社区居委会或委托一些外地专业机构，他们在当地没有实体性养老机构，没有专业人员），没有社会化、市场化，也没有实现规模化经营。他们的目的主要是赚政府的钱，政府一旦不拨经费就经营不下去了，主要原因是没有规模效益，这样的居家养老不可能实现可持续发展。

7. 养老机构专业护理人员缺乏，流动性大

目前，各养老机构普遍面临的问题是护理人员缺乏，由于养老护理工作相对比较辛苦，加之社会上存在偏见，都认为护理员社会地位低下；加之待遇偏低，导致护理员难招且流动性大。调研发现，目前护理人员大部分是年龄偏大的农村打工人员，多数在45岁以上甚至有60岁以上，文化水平普遍较低，且流动性较大，队伍不稳定。对开展高端服务的养老机构来说，入住的老人都是有一定文化层次和社会地位的人，需求较高，目前招聘的护理员仅能够解决生活照料问题，极少有在精神心理方面与老人能沟通交流的，急需专业的护理人员充实到养老岗位上来，提高养老护理的职业化水平。

8. 部分医院转型为康复医院、护理院面临"掣肘"因素

探索将部分资源利用不充分的一级或二级综合医院进行结构和功能调整，将其转型为康复医院和护理院，虽是推进医养结合的有效方式，但在推进过程中面临一些现实困难：首先原有医院的医护人员大多不愿意放弃自己的学术和科研以及看起来更有前景的临床学科，都不愿意"舍本逐末"转为康复护理专业；其次医保对康复护理床位的支付标准低于综合医院普通病床；最后是目前的护理收费定价标准过低，导致综合医院转型为康复医院、护理院后其经济收入不高而影响转型的积极性。目前看，迫切需要医保对康复为重点的护理院的政策支持(如医保不限额)。

9. 专业评估体系未建立，缺少第三方评估监督机制

老年人入住养老机构后，首先要进行老年人能力评估，目前多数养老机构均是自己评估，评估人员一般也多是兼职，并根据自己的评估意见作为收费的依据，由此导致老年人家属往往对评估的等级不是很信任，多数认为机构自己评估会存在着为多收费而"高能低评"的现象。而国外，多数采用第三方评估的方式，可以有效规避这个问题，但我省多数地方还没有推行第三方评估机制。另

外，我省对养老机构的服务能力、服务质量评估以及综合的绩效评估基本处于“缺失”状态，既不利于开展业内竞争，也不利于监管。

10. 长期护理保险政策门槛过高，享受政策的覆盖面窄

长护险政策的实行，是一件非常好的事情，可以在很大程度上缓解失能老人家庭的困难。但是在实行过程中，长护险的门槛过高，导致很多失能老人并不能享受到补贴，至目前仍有许多县、区没有一例享受的。长期护理保险，实际上是为了解决失能老人的护理问题的，失能老人的护理问题关键点在哪里，应该在生活照护上。这就应该以其生活自理能力的程度高低作为主要评定标准，而不是以是否伴有哪种慢性病，是否插着胃管、尿管和引流管等为判定标准。目前，山东省长护险政策存在的主要问题：一是没有覆盖城镇居民；二是职工享受的比例不高；三是各地掌握的评定标准差异较大，导致不公平，尤其是有的市标准低，特别是对家护要求不严，造成医保资金利用不经济甚至存在透支风险。

11. 养老机构“消防”的门槛过高

调研发现，目前对养老机构及日间照料中心执行的“消防”条件过于苛刻，“一票否决制”和不切实际的消防设施建设不符合实事求是精神，给养老机构造成很大负担。

12. 部分养老机构治理结构不完善、机制不健全

目前，对养老机构的运营管理缺少统一规范，大部分机构缺乏经营管理经验，尤其是民办非企业性质的养老机构，多数由一个家庭负责管理运营，规章制度不健全，特别是对社会捐献财物账目不清，财务管理混乱。

13. 部分三级以上医院兴办养老机构，存在浪费高端医护资源现象

三级以上医院本身就人满为患，医护资源紧张，倘若再拓展养老服务，大有“大材小用”的作秀之嫌。

14. 政府对入住养老机构“五保老人”的补贴偏低，“拖累”养老机构发展

有些地方政府给予农村“五保老人”的生活补贴并不高，最低的每月400元。如果让这些“五保老人”入住养老机构，此补贴如果远远不能满足他们的医养需要，应该按实际医养服务的成本价进行补贴。但调研发现，有些地方政府不给养老机构追加补贴，这在很大程度上“拖累”了养老机构的发展。如庆云县一家民家养老机构入住“五保老人”100多人，当地政府每月给每位“五保老人”补贴400元，养老机构每年要为这些“五保老人”补贴100多万元，严重影响养老机构发展。

15. 养老机构为老年人提供的健康服务项目同质化倾向明显，不能有效满足老年人差异化、个性化和多样化需求

山东省现有养老机构在发展主导功能上大多数没有明确的市场定位，在实际运行中也没有凸显自己的特色，几乎是千篇一律，供给体系缺乏层次性，服务内容趋同。从调研情况看，明确提出开展旅居养老的养老机构很少，不能满足健康老年人对旅居养老的需求。许多养老机构因怕老人攀比，对所有入住老人都提供诸如中医泡脚、按摩等同样的服务，差异化不明显，不能满足老年人个性化、多样化需求，尤其不能满足高收入老人阶层更高的消费需求，也影响机构的经济效益。有的养老机构甚至将不同类型老年人群“混住”，影响老年人“心情”。

16. 社会上对养老服务和医养结合认识上还存在误区进而导致发展环境不优

政府对养老服务的定位早就从福利性事业转向市场化产业，养老服务业被作为产业调整和经济转型的重要力量。但目前仍有许多人认为养老服务业是公益事业，不能营利，应以政府投入为主，且政府对养老业的投入是民生投入，并没有真正从产业化角度认识养老业（事实上，只有产业化才能市场化，只有市场化才能社

会化)。正是由于没有从产业化角度加深认识,许多人认为投资养老业不应该营利,如“明目张胆”营利要受到谴责,从而导致养老业的投资环境不优。调研发现,目前有些人的确是从“献爱心”角度来开办养老机构,并非为了营利。目前政府对养老业的投入以转移支付为主,而购买服务较少,这也不利于拉动经济发展。另外,非营利性养老机构不能以土地及房产进行抵押贷款,在很大程度上影响了养老机构的正常融资。

17. 医养结合和养老业发展理论方面缺少创新

目前,对医养结合的理论研究滞后实践,理论上没有什么大的创新,不能有效指导实践。一般认为“医养结合是指医疗资源与养老资源相结合”,许多人简单地理解为医疗机构与养老机构的“机械拼凑”式的合作,没有从融合、协同、提高资源利用效率、发挥“1＋1＞2”等深层次的角度认识医养结合。另外,许多人认为养老是公益事业,对如何区分公益事业和产业缺少研究。这些认识上的误区不利于推进医养结合和养老业的健康发展。

另外,对部分医养结合机构调研发现,目前部分有住院功能的养老机构对生病老人存在“过度医疗”现象,一旦老人有个“小毛病”就让其住院,住院期间对病人进行乱开检查、滥用药物、乱康复等过度诊疗行为,使得医疗费用大幅升高。因为住院费医保能报销,钻制度不规范空子,打医保“擦边球”,甚至巧借名目“套保”,将常规的养老服务费用转移到医保,以此获取超出政策之外的医保资金。这一问题直接损害了医保制度的公平性,这是当前推进医养结合工作中值得提防的问题。

第七部分 

山东省基层医疗卫生发展目前面临的困境和问题

推进医疗结合型养老服务，其中的医疗服务主要依靠基层医疗机构来承担，因此，基层医疗卫生发展状况如何对开展医疗卫生服务和医养结合具有重要作用。为查找山东省目前基层医疗卫生发展目前面临困境和问题，我们对50多个县(市、区)的基层医疗卫生总体发展情况进行了调研。从调研发现的总体情况看，基层医疗卫生服务体系基本健全，基层医疗卫生机构的"硬件"建设尤其是房屋和设备配置有了大的改观，但人员配备、体制机制建设以及功能发挥还存在许多欠缺和不足，除少数机构发展势头良好外，大部分不景气，约有85%的机构尚未达到标准化建设的目标，总体发展不尽如人意，并存在诸多困境和问题。这种状况不适应实施乡村振兴战略、全面建成小康社会以及人民群众日益增长的健康需求，需引起各级党政领导的高度重视。

一、基层医疗卫生机构建设和发展目前存在的困境和问题

（一）面临的困境和问题

1. 工资负担“沉重”，医务人员福利待遇差

从山东省情况看，目前乡镇卫生院和社区卫生服务中心均定位公益一类事业单位，但大部分县（市、区）财政并没有按公益事业单位标准对“人头费”全额拨款（多数仅拨40%～70%），有些县（市、区）虽称全额拨款，但实际上将药品零差价销售补助、基本公共卫生服务项目补助“打包”作为工资予以拨付，也有相当一批县（市、区）不拨“人头费”，如何“保工资”成为基层医疗卫生机构最为“头痛”的问题。调研发现，多数机构没有加班费和夜班费，有的连职工食堂都没有，医务人员福利待遇与县级及以上医疗机构大相径庭。从村医收入情况看，较之新医改前大为减少，有些村医因收入太低而被迫离岗。村医同样从事公益事业工作，但没有享受到公益事业人员应有待遇，许多村医是个人购买养老保险，明显有失公平。

2. 医务人员总量不足，业务素质低

调研发现，许多基层医疗卫生机构“空编”20%～30%，并存在对外借调现象，部分机构“空编”一半以上、借调外单位人员占10%以上，且越是经济发展水平低的地区“空编”和对外借调现象越严重。按照国家卫健委要求，2020年全科医生占比要达到每万人口2～3人，而目前多数县（市、区）每万人不到1名全科医生，离国家规定目标相差甚远。现有医务人员职称层次普遍偏低，乡镇卫生院和社区卫生服务中心每个机构有副高级职称多者3～4个，有的机构连一个都没有。对村卫生室而言，由于村医收入偏低导致部分村医离职，村医总量只减不增，严重不足，有执业助理医师

的村医占比不到10%,几乎没有大专及以上学历者,且年龄老化、后继乏人,村医业务素质与标准化建设要求相差甚远。另外,由于经费紧张,医务人员很少有外出培训和研讨交流机会,业务素质难以提升。

3.医疗收入少,入不敷出难以可持续发展

调研发现,目前多数乡镇卫生院人均医疗收入10万~15万元,明显偏低。有些机构医疗收入总额不少,但真正能够支配的纯收入并不多(仅占30%~35%)。目前基层医疗卫生机构支出项目有20多项,支出涨幅大于医疗收入涨幅,导致有些机构入不敷出。调研还发现,目前许多社区卫生服务机构自行租赁房屋开展工作,高额的房租给正常的业务工作带来沉重压力;有些机构为了降低房租压力,不得不选址比较偏僻的地方或较高的楼层,场所狭小,条件简陋,给当地居民带来极大不便,居民意见很大。

4."基本药物"不能满足居民需求,用药安全风险不降反升

按目前政策规定,政府举办的基层医疗卫生机构全部实施基本药物制度。调研发现,目前从平台上购进的"基本药物"只能满足需求的40%左右(有些药品虽列入基本药物名录,但由于基层医疗卫生机构一次性采购数量少,物流往往以"缺货"为由不给配送),且多数药品价格比市场上高出30%~50%,有的高出一倍多,基层医疗卫生机构面临"缺医、少药、价格高"的严峻局面,居民颇有怨言,且又由于自行到药店购药得不到医务人员指导而加大用药安全风险。实施基本药物制度的本意是降药价,确保用药安全,为群众办实事,而实际执行结果却事与愿违,除"捧火"了药店外别无益处。面对居民"为何医院没有药"的质问,医务人员在严格执行国家制度与群众满意的矛盾面前显得非常尴尬。

5."药占比"和每次住院医保资金报销额度"封顶"制度有失人性化,增加管理难度

目前各级医疗卫生机构都实施"药占比"控制制度,医疗机构

为了降低“药占比”(有的在25%以上),往往违心地对患者增加一些不必要的化验和检查支出,必然会增加总的医疗费用,既推动“小病大治”、加大医保支出,也会影响对患者的合理用药,同时还增加业务管理难度。在实施药品零差价政策之前,控制“药占比”是为了防止“以药养医”,而目前公立医院药品全部零差率销售,再控制“药占比”反而容易“诱导”医院为患者多作检查而加重患者负担。调研还发现,有些县(市、区)对基层机构实施每次住院医保报销“封顶”制度(有的1200元,有的1500元),导致部分确需持续住院治疗的患者往往需要先出院、紧接再住院的“瞎折腾”,而每次出院后再住院,患者都要多交纳一次起付线的钱,给患者带来一定的经济和精神损害。

6. 家庭医生签约“华而不实”,有损公信力

调研发现,目前各地家庭医生签约数量基本都达到了30%的预定目标,但普遍存在形式签约、签而不约甚至假签约状况。各地为了完成签约目标任务,“巧”用手段搞签约,形式主义严重(大部分居民是“被签约”)。事实上,现有医务人员总量不足、素质偏低的整体状况根本无力支撑如此大规模的签约服务。根据2018年统计数据进行测算,目前全省组建家庭医生服务团队2.7万个,签约居民3529.9万人,平均每个家庭医生团队签约1307人。试想,每个团队服务1307人,团队中的每一个人还是在医疗机构正常上班,如此大的规模怎能做到周到服务?尤其是初级包不向居民收费,也不提供上门服务,充其量是咨询服务,签了也是白签,很难得到个性化服务。如仅仅是咨询服务,基层医疗卫生机构任何人都可以提供相应服务。我们调研认为,家庭医生签约将医疗服务更加分散化、个体化,不符合我国人口众多、医生少的国情特点,不利于资源优化配置。

7. 重基本公共卫生服务、轻基本医疗现象严重

基层医疗卫生机构承担着基本公共卫生服务和基本医疗同等

重要的双重职责，但大部分机构存在“重基本公共卫生服务、轻基本医疗”现象，尤其是城区社区卫生服务机构的基本医疗越来越萎缩，有的机构很少开展基本医疗，已基本失去“方便社区居民就医”的功能。这种状况难以履行“社区首诊”等职责，长此以往也不可能支撑基本公共卫生服务的高效开展。

8.信息化建设滞后，难以有效共享资源

调研发现，各个县(市、区)之间甚至同一县(市、区)不同机构之间所运用的信息化软件不统一，相关信息共享不够，尤其是不适应远程诊疗、分级诊疗和家庭医生签约需要，不适应居民健康档案自动更新需要，多数机构的基本医疗和基本公共卫生服务没有实现互联互通。

9.卫生和计生融合不到位，影响工作效率和协调发展

目前，乡镇计划生育服务站虽名义上划归乡镇卫生院管理，但多数没有实质性合并。调研发现，这部分人的工资多数由乡镇政府发放，大部分人虽在乡镇卫生院上班，但不具体从事乡镇卫生院工作。原乡镇计划生育办公室虽改名为乡镇卫生和计划生育办公室，但所属工作人员并没有参与基本公共卫生方面的工作，大多数村级卫生计生专干也是如此。

10.农村居民健康教育基本缺失，村级基本公共卫生服务存在较大困难

农村居民文化素质低，本是最应该接受健康教育的群体，但调研发现多数村卫生室不开展健康教育，有的虽开展一些教育，村医讲课，只有几个村民参加，基本属于“搞形式”，而乡镇卫生院所开展的健康教育覆盖不到农村居民，农村居民的健康教育基本处于缺失状态。调研还发现，由于乡镇政府和村委会未参与基本公共卫生服务的宣传发动和相关组织工作，许多村民对基本公共卫生服务不够配合，尤其是老年人健康查体不想查、坚决不查现象大量存在，有时需耐心细致做工作甚至发纪念品、负责早餐等才能勉强

同意查体,加大了工作难度和服务成本。

11.用药管理严格程度差异较大,村医待遇和群众满意度“冰火两重天”

调研发现,有些乡镇卫生院对村卫生室用药管理很严,村卫生室必须严格执行基本药物制度和药品零差率销售,此类村卫生室由于无法满足居民用药需求,不但村医收入少,而且居民也很不满意;而有些乡镇卫生院对村卫生室用药管理相对宽松,对村卫生室自行进药“睁一只眼,闭一只眼”,村医因自行进药并加价销售,不但收入大有提高,而且因满足居民用药需求居民很满意。调研发现,凡是“病号”多、业务“火爆”的村卫生室,大都存在自行进药并加价销售现象,有的自行进药占比达60%以上。此类村医,一方面享受着政府提供的药品零差价补助,另一方面又私自进药加价销售,同时赚取公益机构和民营机构两方利益。调研还发现,乡镇卫生院对村医自行进药是否需要“睁一只眼、闭一只眼”显得很为难,如坚决制止,村医和村民不满意;如不制止,属于不严格执行国家政策。

12.养老保险和医疗保险没有实现全覆盖,影响全面小康进程

按目前政策,每位居民参加医保需要个人先缴纳部分资金,但由于宣传发动不够,仍有少数身体比较健康的居民拒绝缴纳医保中个人承担的资金,无法实现居民医保全覆盖。根据2018年统计数据,全省职工基本医疗保险和居民医疗保险参保人数为9437万人,占全省总人口的94%,仍有6%的人没有参加医保。从基本养老保险情况看,全省职工基本养老和居民基本养老保险为7314.6万人,占全省人口的72.8%,仍有近30%的人没有参加基本养老保险,这些人今后成为老年人的生活质量难以保证。

13.部分医生不履行职责,导致套取医保资金现象严重

调研发现,村医存在套取医保非法牟利现象,如给村民看病多开药,用医保资金报销一半,但实际交给村民的药并不多,剩余的药卖给药店赚取差价。城镇职工凭医保卡看病，医生不根据病情开药，而是按患者意图开药，有些患者开药并非自己用，而是供家人用。更有的医生对患者索要不能医保报销的药物，虚开医保能够报销的检查诊断凭据并收费，然后给患者提供所需之药，导致医保资金并非完全用在参保职工身上。

14.城区诊所中存在“假证经营”和“假医生”现象

调研发现，有些城区诊所自己不具备条件，“租用”别人的资格证来充当门面进行经营；部分医生已吊销医师证但仍执业，还有部分没有任何医学知识的“假医生”在诊所从事相关工作，存在很大安全隐患。

（二）原因分析

目前，基层医疗卫生机构存在的困境和问题，主要是政府投入不足以及改革措施不完善、不配套造成的，当然也与有关制度和政策不优有关。有些制度初衷虽好，但不符合基层实际，实际执行“事与愿违”；有些改革措施行政“色彩”太浓，并没有以市场化为导向；政府管理采用的计划手段和限制手段太多，“一刀切”的情形太多；基层医疗卫生机构没有自主权，缺乏积极性。

1.政府投入不足，存在不作为现象

在资金投入方面，许多县（市、区）“人头费”拨付不足，有些县（市、区）诊疗费中需要由医保资金报销的部分没有兑现，多数县（市、区）培训投入严重不足，尤其是多年不开展村医培训。调研发现，部分县（市、区）存在政府不作为并向基层医疗卫生机构转嫁负担现象。如健康扶贫中本应由县级财政承担的费用却让基层医疗卫生机构独自承担；对三级以上精神障碍患者住院病人不单独提供资金支持，却让其从医保资金中支付而医保限额又不给追加，无形中加重了医疗机构负担；在职称晋升尤其是分配高级职称指标并没有向基层医疗卫生机构倾斜。

2. 绩效工资比重低，医务人员缺乏积极性

调研发现，多数乡镇卫生院和社区卫生服务机构职工绩效工资只有500～800元/月，仅占工资总额的10%～15%，还有的县(市、区)没有任何绩效工资。对现有收入水平的不满意以及缺乏有效的绩效工资奖励机制，无法调动医务人员积极性。调研发现，许多医务人员“人浮于事”“干好干差一个样”现象明显。

3. 机构负责人缺乏自主权，影响创新发展

调研发现，机构负责人不但对引进高层次人才没有自主权，而且连聘任一个临时工也需要上级审批，其他事项更没有自主权，这严重束缚机构负责人的“手脚”和工作积极性。

4. 县级及以上医院不断扩张，“虹吸”基层医疗卫生机构的优质资源

县级医院本应与基层医疗卫生机构协同发展，但调研发现，几乎各个县(市、区)人民医院都在扩建，许多基层机构的优秀医务人员纷纷被正式调入或借调至县医院，对基层医疗卫生机构的优质资源产生“虹吸”效应。调研还发现，县级及以上医院的自主权比基层机构大得多，尤其在用人方面可以直接到基层医疗卫生机构聘任，基层医疗卫生机构有苦难言。

5. 同质化的“医保限额”制度，严重制约基层医疗卫生机构收入增长

多数县(市、区)对辖区内所有医疗卫生机构医保支出额度实施“总量控制、超支不补”，这一制度表面上看似公平，但严重制约基层医疗卫生机构收入增长。调研发现，由于基层机构承担能力差，快接近限额时，本来能正常诊治的病人不再收留，被迫“撵”到大医院诊治，使该有的收入流向了大医院。据了解，“医保限额”使基层医疗卫生机构的医疗收入减少一半，是目前乡镇卫生院入不敷出的重要原因。另外，这一制度还会导致“多劳少得”，违背市场经济规则，与市场化改革的总趋势背道而驰。

6.差异化的基本药物管控制度使基层医疗卫生机构陷入“尴尬”境地，由此滋生出诸多矛盾

按目前政策，政府举办的基层医疗卫生机构使用的药品全部采用“基本药物”并通过平台采购，而县级及以上医院使用的药品并非全部“基本药物”，这一差异化的基本药物管控制度使基层机构与县级及以上医院相比可供选择使用的药品种类和数量受到很大限制，难以满足居民用药需求；加之目前交通便捷，自然导致部分农村患者直接奔向了县级及以上医院。这一状况既增加了患者负担和大医院的就医拥挤程度，又减少了基层医疗卫生机构的医疗收入，导致基层医疗卫生机构既“缺药”又“缺钱”。

7.“分级诊疗”缺乏硬措施，基层医疗卫生机构难以从中受益

分级诊疗制度对基层医疗卫生机构本是难得发展机遇，但目前由于“分级诊疗”仅仅运用医保报销比例这一经济手段进行调节，而不同层级的医疗机构医保报销比例差异较小，尤其是二次报销后使其差异更小；加之该政策与“医保限额”制度相掣肘，使其激励“分级诊疗”的效果大打折扣，基层医疗卫生机构从中受益不大。从“双向转诊”执行情况看，由于调控手段不“硬”，导致基层医疗卫生机构只向上级医院转诊而上级医院难以向基层转诊的“一边倒”现象，“小病在基层、大病到医院、康复回基层”的合理就医秩序很难形成。

8.市场化竞争机制运用不够，医务人员缺乏积极性

调研发现，在基层医疗卫生机构人员聘任制基本没有运用，职称晋升过程中论资排辈现象严重，绩效工资比例低，绩效考核“走形式”，机构负责人缺乏自主权，这些均严重影响了医务人员的积极性。从开展基本公共卫生服务和家庭医生签约情况看，承担机构均为政府指定或委派，均为公益性机构，加之奖惩力度小，没有形成以提高服务质量为核心的竞争氛围，工作人员只求完成工作任务，而不追求服务质量，服务过程存在“走形式”、穷于应付的现象。

二、基本公共卫生服务目前面临的问题

(一)部分服务项目“劳而无功”甚至“劳民伤财”

调研发现,目前开展的基本公共卫生服务项目中属于“无用功”项目主要有:

1. 居民健康档案

居民健康档案是工作量最大的一个项目,虽花费了很大精力,但因政府投入不足导致信息化建设滞后,每次就医信息不能实现自动更新,而靠人工更新不但费事、费时,而且还不及时、不准确。医疗过程对健康档案信息也没有应用,也不对个人开放(大部分人不知道自己有健康档案),居民对此项服务也不太配合。另外,在考核中发现,许多居民健康档案是“死档”,有的是假档案。这项工作基本属于“无用功”。目前的档案更新方式及所谓的动态使用,给基层公卫服务人员带来极大“困惑”,围绕居民档案真实率以及动态使用率所开展的考核,完全属于故意给基层公卫服务人员“找麻烦”甚至是“找茬。建电子健康档案的目的是为了动态使用,但目前能否动态使用,不是基层公卫服务人员的能力所能办到的。如果强行让基层公卫服务人员人工更新居民健康档案,费事、费力暂且不论,关键是不准确,主要是存在“遗漏”,没有实际意义。

2. 健康教育

开展健康教育是推进医防融合的关键。目前乡镇卫生院和社区卫生服务机构每月开展一次健康教育活动,但参与人数较少,且许多是通过发放“纪念品”吸引老年人参加,甚至同一批人多次听不同内容的讲座,总体发挥作用不大。调研中了解到,基层医疗机构开展健康教育并非真心让更多居民受教育,主要目的是为了完成考核任务,“摆摆样子”“拍拍照”以应付绩效考核,纯属形式主义。从理论上说，越是健康的人越需要接受健康教育，以促进健康老龄化。但从实际情况看，只有不健康的人才容易接受健康教育，越是需要进行健康教育的群体越得不到健康教育，健康群众以及农村健康教育普及率很差。

3. 对精神障碍和结核病患者的随访服务

对精神障碍和结核病患者的随访和咨询服务，由于没有跟上相应的医疗服务，对患者家庭没有大的帮助，许多家庭担心病人隐私被泄露，不愿意接受随访，甚至极不配合，不但工作难开展（调研了解到，工作人员开展随访服务时有被人带着菜刀追逐的案例），所起作用也不大，基本属于“劳而无功”项目。精神障碍患者和结核病患者具有与其他疾病不一样的特点，一旦发病后，受危害的不仅仅是患者本人及其家庭，而且还有可能造成对社会的危害。所以医治精神障碍患者和结核病患者，不仅仅是患者家庭的责任，也是社会责任，更多的是政府责任，甚至可以称得上属于政府的“公共产品”，因此，医治费用应该由政府来支付。但从现实情况看，医治三级以下精神障碍患者除了享受普通的医保政策外，其他没有特殊的医疗方面的优惠政策，这类患者要维持病情稳定必须长期服药，对患者家庭而言除了医保报销外仍有不菲的费用支出，因而很容易导致患者家庭陷入贫困。而比较贫困的患者家庭，限于其经济能力，只要患者病情基本稳定均不想继续服药治疗。对结核病患者，国家虽提供免费药物，但需要患者本人到专业机构就诊后才能提供，一方面给患者带来不便，同时也往往由于不及时等原因而延误治疗。这种状况不但对患者本人不负责任，而且还给患者家庭及社会带来潜在危害。

4. 承担公卫服务机构内部的绩效考核基本无用

按上级要求，各承担机构都必须开展内部绩效考核，并列入考核记 4 分。但从我们调研情况看，多数机构内部的绩效考核都是应付上级对机构的考核，有些机构明显作假，导致机构内部考核对

调动工作人员积极性作用不大。承担机构对内部考核不重视的原因，主要是上级对机构的考核与机构内部的考核不衔接，内部考核缺乏模式或样板。目前对机构的考核方式以及补助资金的分配办法，导致机构对有些项目干多了反而无用，“多干不多得”与“干少了就受罚”并存局面，这种状况又导致机构内部考核无所适从。为此，必须改革补助资金的分配方式来加强机构内部的绩效考核。

（二）基本公共卫生服务机构的部分职能作用发挥不到位

1.“重基本公共卫生服务，轻基本医疗”现象严重，基本医疗越来越萎缩

社区卫生服务机构本质上是医疗机构，承担着为辖区居民提供基本医疗和基本公共卫生服务的双重职责，这两大职责犹如“鸟之两翼”应协调发展。但调研发现，目前大部分公立社区卫生服务机构存在“重基本公共卫生服务，轻基本医疗”现象，基本医疗越来越萎缩，有的机构很少开展基本医疗，已基本失去“方便社区居民就医”功能。除重点服务人群外，一般居民对社区卫生服务机构感受度低甚至基本没有获得感，在居民心目中已形成“社区卫生服务机构只对居民开展免费基本公共卫生服务”的印象。这种状况如不改变，将难以履行基本医疗“社区首诊”和家庭医生签约等职责，长此以往也不可能支撑基本公共卫生服务的高效开展，起不到社区居民健康“守门人”作用。公立社区卫生服务机构基本医疗萎缩原因主要有：一是由于基本药物制度的原因，社区卫生服务机构药品不全，不能满足居民用药需求（调研发现，有的社区服务站只有50～60种药品）；二是医务人员多为事业在编人员，由于“铁饭碗”、“大锅饭”、绩效工资比重低等原因，诊治疾病的积极性不高，到点就下班，晚上没有值班的。周末虽值班，基本属于“摆样子”，居民不愿前来就医。而同样是附近承担基本公卫服务的民营医疗机构，其基本医疗却非常“火爆”。分析“火爆”原因为：一是用药品

种齐全；二是服务态度好，医务人员积极性高且很晚才下班。这就是体制因素带来的明显差异。

2. 基本公共卫生服务与专业机构部分业务交叉重叠，存在重复劳动问题

预防接种、精神障碍和结核病患者管理、老年人健康评估、提供避孕药具、计生健康教育宣传、已婚育龄妇女孕前和孕期优生健康检查以及新生儿四种遗传代谢性疾病免费筛查等服务项目，基本公共卫生服务与专业机构或计划生育服务机构有些业务交叉重叠。有些地方不衔接甚至造成重复劳动，指标要求不一样、考核内容不一样并重复进行考核。如预防接种基本公卫和专业机构都开展相应的考核；基本公卫对 65 岁以老年人开展健康评估，而健康需求评估中心对 60 岁以上老年人开展评估。另外，民政部门还开展老年人能力评估。

（三）服务手段和能力建设还存在较大欠缺

1. 信息化建设严重滞后

目前全省及各市还没有构建起统一的基本公共卫生服务信息管理平台，同时也由于缺乏总体设计，大部分市甚至各个县、区“自行其是”建平台，上下左右不能互联互通，不但“花冤枉钱”（省、市平台建成后还需修改），而且不能实现信息资源共享。目前看，大部分基层医疗机构既不能实现对基本公共卫生服务数据的统计功能，也不能实现门诊医疗与居民健康电子档案的互联互通，更不适应居民健康档案自动更新需要。

2. 基本公卫服务服务工作中存在“两头热、中间冷”现象

按照基本公共卫生服务的总体设计，该项工作由卫生行政部门负责宏观管理，专业公共卫生机构负责培训，基层医疗机构负责具体实施。但目前处于“中间环节”的专业公共卫生机构积极性不高，对基层医疗机构的指导、监督普遍不够，培训频次、质量、内容

均不足，有的根本就不参与相关工作。其原因主要是由于补助经费均拨付给了基层医疗机构，专业公共卫生机构只有工作任务，而没有相应工作经费。目前看，指望专业机构强化对基层医疗机构开展基本公共卫生服务的培训、监督指导不太现实。有些专业机构不接触基本公卫服务实际，不熟悉基层情况，在指导、监督以及考核基本公共卫生服务工作中存在“专业机构不专业”问题。所以，在开展基本公卫服务过程中不能过分依赖专业机构。

3. 基本公卫服务人员素质低、培训不到位问题突出

目前从事基本公共服务人员多数素质偏低，部分工作人员业务素质和专业技能不能充分满足工作要求；现有村医几乎都是兼职基本公共卫生服务，集预防、医疗多项职能于一身，且年龄偏大，知识结构和业务能力均不适应未来形势发展的要求，加之操作微机不熟悉，开展公卫服务力不从心。从我们调研情况看，许多基本公卫服务人员在单位中由于业务素质偏低才从事公卫服务工作。2017 年对部分县、区基本公卫服务人员素质测试表明，约占 1/3 人员测试成绩不及格，甚至有相当一批人不知道目前执行的规范是第三版。因此，加强基本公卫服务人员业务培训显得非常重要。实践也充分证明，基本公卫服务质量与培训呈显著正相关，凡是基本公卫服务工作做得好，都是因为经常性开展全员、全面的培训。但目前政府部门组织培训不能收费，这对没有培训经费预算的县、区卫计局而言是一大困难，所以导致许多县、区不能正常开展基本公卫的培训。

按目前财务规定，基本公卫经费中包含服务人员的知识更新和继续教育费用，相关人员的培训费可以在公卫经费中报销。为节省经费支出，建议请第三方机构到当地开展培训，实践证明这是解决行政经费困难、增强培训效果“一举两得”的好办法。

4. 统筹利用多方面资源的力度不够，有些工作流于形式

目前看，在开展基本公共卫生服务过程中仅仅是医疗卫生部

门“单兵作战”(财政部门虽也参与,但参与度较低),没有统筹其他部门可资利用的资源,导致有些项目开展得规模小、成本高、绩效差,甚至有些工作容易流于形式。

5.部分社区卫生服务机构工作场所不稳定,房租负担重

目前,有些城市如济南,大部分公立社区卫生服务机构工作场所、所用房屋由机构或依托单位自行租赁,有的还需经常变换地点,水电暖及物业费也需自行承担。房屋租金每年30万～50万元,个别高达80万元(有些机构获得的基本公共卫生服务补助资金还不如房租多),高额房租给社区卫生服务机构及依托单位带来沉重压力。调研发现,有些社区卫生服务机构为了降低房租压力,不得不选址比较偏僻的地方或较高楼层,场所狭小,条件简陋,给当地居民就医和接受服务带来极大不便(有人戏称为“空中社区卫生服务站”,尤其对老年人很不负责任)。调研还发现,社区卫生服务机构使用的水、电、暖、物业费等多数按商用价格标准收费,高出民用价格标准近一倍。这个问题是地方政府不作为或作为不够造成的。

6.基层政府对基本公共卫生服务的宣传和组织发动力度不够,导致医疗卫生机构服务工作难度加大

从理论上说,基本公共卫生服务是政府的公共产品,技术服务部分通过政府购买服务方式由具备资质条件的医疗机构来承担。由于乡镇政府及街道办事处没有开展基本公共卫生服务的宣传及组织发动的应有职能,导致本应主要负责技术服务工作的医疗卫生机构还要独立承担宣传和相应的组织发动等事务性,工作量和工作难度加大。调研发现,许多地方的老年人查体,需要医务人员苦苦“央求”并负责早餐才勉强同意查;加之考核中“××完成率”是刚性指标,使医疗卫生机构与服务对象本来的关系由“只要你需要我服务,我积极开展服务”变为“不论你是否需要服务,我都想法设法为你服务”,主动服务有些“过火”,服务对象的配合度低,有些

地方主动上门还不得不靠发放纪念品来吸引服务对象接受服务（在济南历下区，曾发生过因主动上门服务过多导致服务对象拨打12345电话投诉的现象；我们认为这是项基础性工作，基本公卫服务虽是普惠性服务、均等化服务，但应该要针对有需求的人实施“精准服务”）。调研中还发现，实践中存在浪费基本公卫资金的现象，如“一位老年人在多个地方查体”，有的社区服务中心为了完成“老年人查体率”，花更多的钱甚至每人100多元组织到大医院去查，造成基本公卫服务资源以及资金不应有的浪费。组织到大医院查体虽是好事，但基本公共卫生服务是“托底”均等化，目前的补助资金是经过严格测算仅仅能完成现有的服务项目，如果某项目支出增加，就会影响其他服务项目的开展。

（四）基本公卫服务工作体制机制中存在的一些问题

1.整体工作没有引入竞争机制，机构及人员均缺乏创新工作的主动性和积极性

除政府新建的社区卫生服务机构外，大部分机构由政府部门委派或指定某个公立医院举办，基本没有通过竞争方式择优遴选；尚没有建立退出机制，对工作绩效差的机构主要进行经济处罚，尚未发现因工作绩效差而被取消承接基本公共卫生服务资格的先例。公立社区卫生服务机构工作人员多数是依托医院派遣的在编人员，人事管理基本没有建立公开招聘、签订聘用合同和建立辞聘、解聘制度，基本属于“铁饭碗”，并有部分机构认为从事基本公共卫生服务工作轻松，有意识安排业务技能偏低的人员从事该项工作。在收入分配方面，虽然有一部分绩效工资，但所占比重小，多数机构是按依托医院的平均工资进行分配，“吃大锅饭”（在现有医疗机构中基本属于唯一吃“大锅饭”的人群）。调研发现，机构内部虽然也开展绩效考核，但多数属于搞形式甚至造假，绩效考核结果与工作人员收入不挂钩。

2.现行分配补助资金的方式存在诸多弊端

调研发现,现行按区域人口平均分配补助资金的方式,县、区卫计局在核定各机构辖区内服务人口数量有较大随意性,有的机构尤其是新建社区人口增长变化较大,但核定人口数多年不增长(有的社区6年间实际居住人口增加3倍多,但核定人口一直未变);一些高档社区和高端人士集聚区(如行政机关及其宿舍所在地、高校所在地)许多人口往往享有所在单位更好的卫生保健服务而不需要基本公共卫生服务,但这些人口也被划定到相应社区卫生服务机构参与补助资金的分配,"枉花"了补助经费。在济南市调研发现,一些高档社区许多人不愿享受基本公共卫生服务,但社区卫生服务机构为了完成服务目标却"不厌其烦"地动员人家接受服务,导致许多人反感,甚至拨打12345投诉"扰民"。由于不同类型社区人口结构不一样,在考核时按"核定人口的某一比例"推算的不同服务项目应服务的人口数,既存在"多劳而不多得"甚至"白干"现象,也存在完不成目标任务的现象,很不公平。调研发现,某一老社区按核定人口推算的老年人服务人口为200人,而实际服务的老年人高达960人,多服务的760人没有相应报酬;某一新建社区,按核定人口推算的儿童服务人口为341人,而实际服务的儿童数高达1700人,多服务的1300多人没有相应报酬。另外,新建社区老年人口少,对老年人的服务往往完不成目标任务而在绩效考核时被扣分;同样,老社区儿童和孕妇少,在绩效考核时往往完不成目标任务也被扣分。

3.开展第三方绩效考核不够

基本公共卫生服务绩效考核结果与补助经费是紧密"绑定"的,若不引入第三方机构开展考核而由卫生行政部门自行考核,由于卫生行政部门与基层医疗机构是上下级关系,考核时难免由于一些"人情"因素,无法保证考核结果的客观和公平公正。2015年,省卫计委和省财政厅出台的《山东省基本公共卫生服务项目绩

效考核办法》(鲁卫基层发[2015]5 号文)曾明确指出，坚持和推广第三方考核机制。但从全省绩效考核的总体情况看，60%以上的市和县、区并没有开展第三方考核，普遍存在考核实施主体不合理问题。省卫计委前几年一直推行第三方考核，而自 2017 年却直接委托给自己的下属事业单位开展考核，在改革方面有走“回头路”倾向，与鲁卫基层发[2015]5 号文、鲁政办发[2013]35 号文的精神不符，对全面建立基本公共卫生服务绩效第三方考核机制带来不利影响。从我们调研发现的情况看，县、区自己组织力量考核除存在难以克服的“人情”因素外，还存在如下问题：如抽调各机构人员进行考核，机构之间存在相互“放水”现象，难以查出存在的真实问题；如抽调专业机构人员进行考核，存在专业机构人员不了解实际情况的问题，难以考核出真实水平。

4. 现行绩效考核结果的奖惩策略与基本公共卫生服务均等化的初衷相悖

目前，对基本公共卫生服务绩效考核结果的奖惩策略均是按考核名次进行“奖优罚劣”，即通过扣减考核名次位居后几名机构的补助经费来奖励名次位居前几名的机构。这样做的结果表面看是奖罚分明，但有可能会导致工作落后地区或机构得不到应有的资金支持更为落后，即“越罚越差”；而工作先进地区或机构“越奖越好”，有可能会形成“好的更好、差的更差”的马太效应，难以实现基本公卫服务均等化的目标。

5. 有些地方社区卫生服务机制管理体制不符合国家规定，一体化管理“错位”

按国家有关规定，社区卫生服务中心对下辖的社区卫生服务站实行一体化管理。但在济南市调研发现，该市目前社区卫生服务中心和社区卫生服务站多数是彼此独立的平行机构，不存在行政从属关系。这种状况既不利于中心对站开展业务指导，也不利于彼此间资源共享。按国家相关规定，社区卫生服务中心应具有独立法人资格，人、财、物独立。但在济南市调研发现，该市大部分社区卫生服务中心有相应的依托单位，不具有独立法人资格。目前看，依托单位对所属社区卫生服务机构大多数实施一体化管理，人财物由依托单位集中管理，经济上“统收统支”，社区卫生服务机构基本没有与开展工作相适应的自主权。在收入分配方面，往往按依托单位的平均数进行分配，“吃大锅饭”，导致工作缺乏积极性。

6.服务机构的区域布局“疏密不匀”，满足不了可及性与浪费资源并存

按国家相关规定，服务机构合理的服务半径要让服务对象步行最多10～15分钟内到达，但目前许多城市既存在机构覆盖不到的“空白区”，满足不了可及性，也存在机构交叉重叠、过于密集而造成资源浪费现象。目前看，成熟社区尤其以老城区机构布局比较密集，而新建社区相对稀少，许多机构覆盖的服务人口偏少（调研发现，许多服务站覆盖人口不足5000人，最少的只有2000人），有些新建社区没有及时成立社区卫生服务机构，存在服务“空白区”；有些服务机构相距太近，过于密集，有的甚至在一座居民楼上设置两家社区卫生服务站，人为抬高了机构布局成本（调研发现，有的机构并非为居民开展医疗服务，主要想赚取基本公共卫生服务的补助），“疏密不匀”的机构布局难以实现服务均等化。调研还发现，在部分高校和大医疗机构院内还布局了社区卫生服务机构，有的机构不对周围社区居民服务，服务人口少，浪费了医疗资源。产生上述问题的责任在政府。存在服务“空白区”是政府作为不够，而机构布局过于密集以及在高校和大医疗机构中布局社区卫生服务机构，属于政府照顾各方面人情关系的乱作为。

第八部分 

推进医养结合、加快健康山东建设改革措施和对策建议

综合分析各方面情况，我们认为，今后一个时期我国养老业和医养结合将呈现如下发展态势：一是社会力量将成为养老机构投资运营的主体力量，养老机构的市场化趋势将会更加明显，必须积极推进养老服务的社会化与市场化发展，市场与社会力量的作用将越来越大，因此，取消"公建公营"、对"公建民营"进行混合所有制改革、对民非性质的养老机构改制为企业是大势所趋；二是养老法规体系和养老标准体系将逐步健全，养老服务主体的规范化、标准化运营是未来主旋律；三是养老事业与养老产业将分工明确，政府在养老业发展中的角色定位将开始调整，从主导行业动向引导市场对行业进行自动调整，从倡导大势转向标准化制定，不再做养老市场角逐的运动员，而专心做裁判员，政府在充分放权的同时，通过加强评估等手段强化监管；四是政府对养老业的投入由直接投资建设养老机构向建立基本养老保障制度、加大养老公共服务投入转变，由"补砖头"向"补人头"转变；五是社区和居家养老将越来越被重视，"机构养老"向"社区养老"和"居家养老"延伸服务，机构养老服务将与居家和社区养老服务融合发展、一体化发展将是

必然趋势；六是规模化、专业化、社区化、连锁化将成为养老机构发展的主要态势，养老机构必须达到适度规模，必须依托社区发展并向社区和居家提供延伸服务和连锁化经营，才能拥有更高的市场竞争力；七是养老服务将更向亲情化、人性化方向发展，旅居养老、基于时间银行的互助养老将成为时尚；八是养老业中的医养融合服务将呈现常态化，所有的养老方式都应该有“医”的参与，都应是医养融合型的；九是所有医疗机构都应提供养老服务，尤其是基层医疗机构将成为提供医、康、养一体化养老服务的主体力量；十是智慧养老越来越普及化、常态化，任何养老方式都将建立在互联网、物联网的基础上，信息化、智能化等技术手段在养老中的应用越来越广泛，智慧健康养老新产品、新业态将不断增多。

一、进一步明确养老业发展的目标方向，加快建立完善的社会化健康养老服务体系

（一）提升“旅居养老”地位并将其纳入养老服务体系建设范畴

旅居养老是一种新型的养老方式，它遵循健康养老目标，是“候鸟式养老”和“度假式养老”的融合体，利用养老机构、度假村等闲置资源，组织老人在不同季节，辗转多个地方，结合休闲旅行，享受一种安全愉悦的高品质养老生活。旅居养老可以让老年人在日常居家养老或机构养老的同时，根据个人需求，选择有内涵的、慢行式的异地居住产品，享受吃、住、行、玩、乐等全站式服务的养老体验。它有别于以观光为主的老年旅游，老人一般会在一个地方住上十天半个月甚至数月，虽有旅游的成分，但不是以旅游为主，而是既养老又旅游，既健康养生，又通过旅游愉悦身心、开阔了视野，是有利于老年人身心健康的一种“品味”最高、老人幸福感最强、且对产业发展贡献最大的一种养老方式。山东省拥有丰富的

旅游资源和众多的休闲度假目的地城市，发展“旅居养老”具有得天独厚的优势，但目前对旅居养老不太重视，没有将其列入养老服务体系，政府也没有相应的支持政策，至目前全省没有一家旅居养老的专业机构，没有旅居养老信息管理平台。建议将旅居养老作为最为时尚的一种养老方式列入山东省的养老服务体系建设范畴，出台对旅居养老的支持政策，加快建立旅居养老信息管理服务平台。对山东省目前养老机构空闲床位达45%的现实状况而言，加快发展旅居养老是提高床位利用率的重要途径，对提升老年人消费水平、加快产业化发展意义重大。

（二）以“互助养老”为重点，谋求更多运用社会资源开展养老服务

互助养老是老年人出于自愿或有一定的目的，老人和老人之间以一定的方式进行结合，服务的内容主要为生活照料、精神关心等帮助，以实现“积极老化”为根本目标，并且辅之以必要的社会支持的新型养老方式。互助养老可以发挥老人均在同一社区、邻里之间比较熟悉尤其是对服务对象精神慰藉效果好的优势，有利于优化配置资源，实现低成本、高质量服务。尤其是“时间银行”的互助养老，通过发起成立互助社，带动低龄老人服务高龄老人，有利于发挥老人自身价值，在服务过程中一方面实现了“老有所为”，另一方面也有服务“积分”，当他成为高龄老人之时，凭他当年的“积分”又有新的低龄老人为其服务。因此，需要高度重视这种“时间银行”的互助养老方式。建议建立“五位一体”的支持体系：一是加大政府对老年群体养老的政策支持，政府要向全社会开展“互助养老倡议”，要设立专项基金支持建立为互助养老服务的互助社工组织和信息管理平台；二是提升老年人自我价值的个体支持，广泛宣传，让老年人树立“积极老化”的观念；三是加强老年群体互助养老服务的社区支持，拓展社区互助养老服务功能；四是提供老年群体

互助养老的群体支持，做好老年群体的协调工作；五是动员老年人参与互助养老的家庭支持，鼓励家庭成员在尊重老年人意见的前提下，支持老年人参与互助养老。

关于利用其他社会资源开展养老服务方面，一要积极探索“物业服务＋养老服务”模式，支持物业服务企业开展老年供餐、定期巡访等形式多样的养老服务；二要打造“三社联动”机制，以社区为平台、养老服务类社会组织为载体、社会工作者为支撑，大力支持志愿养老服务，建议社区要按每千名老年人配备1名社会工作者，养老机构按每百张养老床位至少配备1名社会工作者的标准为社区和养老机构配备社会工作者；三要大力培养养老志愿者队伍，加快建立志愿服务记录制度，积极探索“学生社区志愿服务计学分”制度，以保护志愿者合法权益。

（三）明确各种养老方式的功能定位和发展方向

针对山东省“机构养老”“社区养老”“居家养老”功能和服务存在偏差、发挥作用不理想的现实，需要进一步明确各种养老方式的功能定位，具体建议如下：“机构养老”的服务对象以失能失智老人、半失能老人、高龄老人、不能自理残疾人为主；“社区养老”的服务对象以半失能老人、高龄老人为主；“居家养老”服务对象以健康老人和慢性病老人为主，可以有部分半失能老人；“旅居养老”以健康老人尤其是经济条件较好的低龄健康老人为主。各种养老方式今后的发展方向是：“旅居养老”要做优、做高端、做成品牌；“机构养老”要做大、做强，在自身充分发展的同时，还要带动“居家养老”和“社区养老”发展，并向“居家养老”和“社区养老”提供延伸服务；“居家养老”要做广、做细，尤其要大力提倡互助养老；“社区养老”与“居家养老”是密切联系在一起的，一定要有实体性机构，要做实、做稳，一定要做好向“居家养老”提供延伸服务并实现融合发展。“机构养老”要差异化发展，有条件的城区大型及高端养老机

构要积极发展“旅居养老”，养老院、护理院等不同功能机构要实施差异化策略，以更好满足老年人多样化、个性化需求；“社区养老”和“居家养老”要坚持社会化、市场化、产业化的发展方向，政府公益性“托底”服务要通过购买实体机构的服务来实现。

（四）建立完善的社会化养老服务体系

山东省以前对养老服务体系的提法是：“以居家养老为基础，社区养老为依托，机构养老为支撑，医养相结合的多层次养老服务体系。”该服务体系中没有提到“旅居养老”、互助养老和社会化养老问题，也没有明确怎样开展医养结合以及医养结合的目标和路径。事实上“旅居养老”是一种高层次的养老方式，需求旺盛，且对地产、养老和旅游业发展都具有重要的关联带动作用；“互助养老”具有多重复合价值，有利于优化配置资源，实现低成本运作、高质量发展。养老业发展到今天已不再是公益事业，依靠政府的基本养老服务已经难以满足老年人的多样化、多层次需求，单纯靠政府不具有可持续性，单纯走公益路线也不能解决生存和发展，因此，必须切实发挥市场在资源配置中的决定性作用，提高养老服务供给的质量和效率，不断推进养老服务向社会化、市场化、产业化发展。为此，我们建议将养老服务体系建设的提法修改为：“以旅居养老”和“互助养老”为时尚，以“居家养老”为基础，以“社区养老”为依托，“机构养老”为支撑，因地制宜地采用优化模式推进医养融合发展，加快建设兜底线、织密网、多层次、全覆盖、适应全生命周期的健康老龄化战略要求，有效满足老年人需求、各个环节有机衔接、线上线下一体的社会化养老服务体系。

（五）进一步厘清政府和市场在养老服务体系建设中的功能和作用

养老服务是兼具事业和产业性质的特殊行业，需要进一步厘清政府和市场两者的功能，处理好两者的关系。我们认为，政府在养老服务中的功能主要有：一是制定并落实养老服务规划，进行总体顶层设计；二是制定并落实相关扶持政策；三是制定准入标准，加强规制监管；四是建立基本养老保障制度，搞好“兜底”服务。市场的功能是发挥在资源配置上的决定作用，提供多样化、多层次的服务项目，最大限度地满足老年人不同需要，同时推动产业发展，使养老服务业成为促进经济社会发展的新功能。政府与市场之间的边界是：市场会主动了解社会需求，准确提供服务，推进供给侧和需求端有效对接；市场有效率，政府不宜过多干预乃至代替市场，应尽可能地把服务供给从自管自办让渡给市场；资本要逐利，政府应当强化兜底责任，通过宏观调控将资源向弱势群体倾斜。

（六）制定养老业发展专项规划，确保养老业高质量发展

今后一个时期山东省养老床位潜在需求总量约200万张，但目前各地养老机构床位无序发展，导致不同地区之间形成“不能满足有效需求与床位过剩并存”的局面。建议各地对老年人口及养老需求进行科学预测，摸清在潜在需求的基础上，科学制定养老业发展专项规划，统筹安排旅居养老、居家养老、社区养老、机构养老布局和发展数量；要坚持政府主导、社会参与、统筹规划、分类推进的原则，不断推进养老服务的社会化、市场化和产业化；政府要在做好“保基本、兜底线”的基础上，着力培育养老服务市场主体，提升老年人获取服务的系统性和便捷性，促进各类养老服务形态的融合发展，提高运营能力和资源利用效率。

二、明确政府在养老服务体系中的职责定位，建立基本养老服务制度

（一）明确政府职责定位，保障兜底性、福利性养老服务供给

需要牢牢把握政府在养老服务中“兜底线，保基本，扶市场”的职能，因为政府是基本养老服务最重要的责任主体，政府的职能定位直接关系到城乡居民基本养老服务需求的满足和养老服务体系的完善，政府要保障低收入者、贫困老年人和特殊老年人的兜底性、福利性养老服务需求。在确保兜底性、福利性服务的同时，建立基本养老服务制度，在发挥家庭和个人作用的基础上，实现各类老年人“人人享有基本养老服务”的目标。政府既不能缺位，也不能越位，在确保政府保障兜底性、福利性服务的基础上，其他各类服务充分交给市场主体。

（二）改革福利养老服务供给方式

目前许多地方开展的福利养老服务多是面向全体老年人的“普惠制”，老年人均可享有，如青岛开展的“助老大食堂”，供应辖区（村、社区）所有老年午餐，给村委会或社区居委会带来较大负担（据调查，有的村居让两位村干部靠上负责，每年还要支付 10 万元左右的经费）。建议取消此类“普惠制”的福利养老服务，重点对需要特殊照顾的群体如失能、失智的老人，尤其是特困、低保、低收入家庭、计划生育困难家庭、纯老年人家庭提供相应服务。建议学习借鉴广州、杭州、苏州、北京、南京等地“喘息服务”经验，由政府出资通过购买服务方式对“居家养老”中符合条件的老人家庭提供“喘息服务”，以改变山东省养老公共服务中“喘息服务”的缺失。

（三）改革政府“托底”保障供给方式，实现保障对象公平享有相应服务

在目前“小政府，大社会”格局下，政府的“托底”保障供给没有必要通过政府新建服务设施来实现，建议完全通过竞争方式实施政府购买服务，将取消新建服务设施节省下来的资金主要用于提高“托底”保障能力。“托底”保障的目标要全覆盖且公平享有，如农村“五保老人”各地的保障水平应该一致；再如养老保险和医疗保险，每个人不论其是否愿意交费，政府补贴部分都应该人人享有（个人不交费者，可以给予较低的保障）。

三、强化市场主体的角色定位，加快养老服务市场化改革步伐

（一）养老服务市场化改革的主要路径

只有市场才能敏锐地捕捉到老年人的各种养老服务需求，并通过公平的市场竞争来为老年人提供适合的养老服务。目前，养老机构的双轨制发展环境明显不利于其健康发展。我们认为，养老服务业目前存在的问题在很大程度上与政府直接投资过多、市场主体缺乏、市场化改革不到位有关。为此，在明确政府职责、充分发挥政府“兜底线、保基本”作用的同时，需要充分运用市场和社会资源，大力培育养老服务市场主体，全面发展养老服务市场，推动形成多元化、多层次、专业化的养老服务供给局面，满足不同老年人多样化的养老服务需求。目前首要的问题是推进养老服务的市场化改革，因此，要重点解决好三个基本问题：养老服务由谁提供（即市场主体的角色定位）、如何提供（即市场在养老服务资源配置中的基础地位）、提供什么（即养老产业的发展）。我们认为，养老服务市场化改革主要应从以下三个方面取得突破：一是改变传

统资金筹集方式，强调市场化筹资。主要侧重于从政府供给与筹资一体化的传统资源分配模式向供给方与生产方分离模式转变，通过财政补助、税收优惠、土地使用、信贷融资等政策实现对市场主体的资金支持，并通过建立养老服务产业投资基金、股权融资和债权融资等探索市场化融资渠道。二是强调市场化运作，提升养老服务的质量和效率。要通过多种方式引导市场主体参与，通过“需求管理”或分层分类方法来实现市场细分，并借助市场定价、信息网络技术等手段或载体实现服务供需匹配，提高养老服务的供给质量和效率。三是增加市场供给，强化养老服务产业化发展。主要侧重于倡导养老服务事业向养老产业转变，通过养老服务产业规划、产业政策调整，打造上下游产业链以及线上线下产业集群，实现市场的丰富化和多元化。

（二）强化社会力量是市场主体的角色定位

在过去相当长一段时间里，养老服务都是由政府包办或政府绝对主导的，主要针对鳏寡孤独等弱势老年人，将其纳入政府供养，养老服务属于福利产品的观念深入人心，这使得对于社会主体的政策优惠往往难以真正落实，由此导致营利性组织在养老服务中的地位更是被淡化和模糊化，养老业市场主体角色定位发生偏差。为此，必须明确社会力量尤其是民营机构在养老服务供给中的主体地位。目前的养老服务主体既有公建公营、公建民营，也有民建民营，政府对不同性质的服务主体实施的优惠政策差异较大，民建民营与公建公营、公建民营存在不公平竞争。建议统一梳理现有政策，并开展政策评估，以公平竞争为目标对目前的不公平政策进行调整，集中清理废除在养老服务机构公建民营、养老设施招投标、政府购买养老服务中涉及排斥营利性养老服务机构参与竞争等妨碍统一市场和公平竞争的各种规定和做法。为强化社会力量是市场主体的角色定位，一方面要加快培育民建民营养老服务机构，另一方面要加快公办养老机构的民营化改制，应取消公建公营的养老方式，对现有公建民营养老机构加快混合所有制改革，对民非性质的养老机构改制为企业，通过改革培育更多的市场主体。建议通过实施“市场主体活力激发计划（或工程）”，以打通养老服务领域的“堵点”，破除发展障碍，健全市场机制，形成公平竞争的市场环境，着力提升社会主体市场生存能力和市场发展能力。

（三）发挥市场机制在资源配置中的决定性作用和基础地位

在养老服务社会化进程中，一直存在养老服务资源配置效率不高、供给和需求结构性不匹配等问题，这与政府行政主导为主的资源配置方式密切相关。政府行政手段和资源的不足导致养老服务供给侧和需求侧的对接错位，极大地影响了资源配置的效率。相比之下，市场对于需求的敏感性使其具有先天的优势，其作为一种资源配置方式能够自动调节养老供给与需求之间的矛盾。基于此，养老服务市场化改革需要突出市场的基础地位，以改进资源的配置效率。建议政府采取如下措施：第一，发挥市场在获取需求信息、手段和方式的灵活性和多样性，积极推进社会主体通过多种手段和方式满足老年人多样化需求。基于智慧养老在实现服务供给和需求匹配方面的特殊意义，政府积极支持民间资本运用互联网、物联网、云计算等技术手段，对接老年人服务需求和各类社会主体服务供给，发展面向养老机构的远程医疗服务和老年电子商务，为老年人提供紧急呼叫、家政预约、健康咨询、物品代购、服务缴费等服务项目。第二，政府通过创新投融资方式，支持以股份制、股份合作制、PPP 等模式建设发展养老机构，并进一步尝试将政府投资举办的养老机构特别是新建机构，在明晰产权的基础上进行混合所有制改革，或通过公开招投标，以承包、联营、合资、合作等方式，交由社会力量运营，实现运行机制市场化。

（四）着力加快养老服务供给侧改革

要注重从微观层面为老年人提供人性化、个性化、精细化和专业化的服务。老年人的身体状况、心理特点、收入水平以及需求层次各有不同，因此要基于需求评估分层分类为其提供人性化、个性化、精细化和专业化的服务。一切改革都应以更有效率地满足需求为目标，这也要求养老服务市场化改革要以老年人需求为本位，同时发挥市场的决定性作用，通过市场自身的优胜劣汰机制，不断优化服务手段，提高服务质量，增加老年人对服务的独立选择权。

四、动员社会力量参与养老机构建设及养老业发展，加快培育养老业市场主体

对于民办养老机构，应该充分体现市场化导向，引导民办养老机构提供差异化、多层次的养老服务，促进竞争性市场的发育，提高民办养老机构的营利能力与收益。要避免民办养老机构服务提供的完全同质化、功能单一化，避免过于低端化与过于高端化。应该根据不同老年人的需求和收入能力，提供大众化、差异化、多层次的养老服务，提高民办养老机构服务的精准性与可及性。建议重点采取如下路径：

（一）采取 PPP 等形式，支持社会资本和医疗卫生机构合作开展“机构养老”

建议由政府出“地皮”，吸引大企业集团等社会资本投资养老机构的基础设施建设，医疗卫生机构负责运营管理。“护理院”要实施投资主体多元化，形成股份制，面向社会，市场化收费，产业化运营。

（二）加快医养融合集团建设，提高资源融合度和利用效率

针对目前养老资源和医疗资源均存在闲置浪费问题，建议有条件的县、区组建医养融合服务中心（为县、区卫计局下设的自收自支事业单位，由龙头单位牵头并整合相关医疗机构和养老机构进行组建），以此为核心实施龙头带动并在全县范围内优化布局和配置相关资源，建设医养融合集团。此举可以有效规避不能跨区域开展医疗服务的政策限制，实现县、区医养结合全覆盖。

（三）支持有条件的城区个体诊所和村卫生室新办养老业务

对举办家庭化、小型化养老机构并验收合格者，执行“机构养老”的相关支持政策。

（四）将民非性质的养老机构改制为企业性质的养老机构

民非性质的养老机构对养老业发展而言存在许多弊端，建议取消民非养老机构类型。过去之所以大多数养老机构到民政部门注册非营利性机构，是因为他们希望得到民政部门的特殊扶持政策。而目前养老业相关支持政策对不同所有制性质的养老机构均一视同仁，所以将非营利性的养老机构改制为企业性质的养老机构是大势所趋。建议由政府强力推动加快非营利性机构向企业化改制步伐，以利养老机构增加投入，同时也利于通过投资主体多元化，扩大规模，做大做强，更重要的是能够增强市场竞争活力。

（五）重点支持企业型的养老机构加快发展并做大做强

鼓励通过股份制和投资主体多元化等形式建设大规模企业型的养老机构，建议将大型企业投资500张床位以上医养结合型养老机构纳入新旧动能转换项目库予以重点支持。鼓励大型养老机构采取多种方式差异化发展养老业。

（六）支持社区养老服务设施通过托管运营成为医养结合型的实体性养老服务机构

目前的社区养老服务设施如“老年人日间照料中心”“老年人综合服务中心”基本由政府投资建设，但多数不是实体性机构，目前这些服务设施多数由社区居委会代为运营，没有专职工作人员，社区居委会不是真正意义上的养老业市场主体，在承接政府购买服务并运营这些服务设施过程中不能做到“能负责、能问责”，同时也不关心这些服务设施的运营效益，导致设施利用不充分以及大量闲置浪费。社区卫生服务机构是法人实体，建议首先由社区卫生服务机构托管运营目前的这些服务设施，或由规模化、连锁化的专业养老机构托管运营，使其成为医养结合型的实体性机构，这样既能发挥“社区养老”的应有作用，也能以这些社区养老服务设施为“阵地”向“居家养老”提供延伸服务。

（七）运用市场化手段提升居家养老服务能力

我们认为，居家养老＝传统家庭养老＋社会化和市场化服务。没有一定实力、尤其不是实体性的机构不可能开展好社会化和市场化的养老服务，而能够开展社会化和市场化养老服务的机构，应该是实体性且具有较强实力的医养结合型养老机构或能够有效运作居家养老所需各种医养资源的机构。此类机构只有通过在社区建立服务站，依托机构或社区资源向居家提供延伸服务才能实现居家养老的服务目标。为此居家养老只有做广、做细，实行规模化、连锁化甚至集团化经营才能产生规模效益，才有可能实现可持续发展。我们认为，要做好居家养老，应该明确以下几点：一是应该让老人都用上可穿戴设备（尤其是空巢老人），对其身体状况进行 24 小时远程监控，并承诺解决好身体突发事件；二是应该实行会员注册制，实施“套餐”式和差异化服务，有基本服务，也要有个性化服务（至于需要政府的“托底”服务可以通过政府购买服务来实现)；三是执行团队应该是复合型的专业化团队，并应在社区建立服务站，以实现快速服务(建议通过托管运营现有的老年人日间照料中心建立服务站)；四是应该充分利用社区卫生服务机构的力量参与团队服务，甚至以他们作为主体力量，并把基本公卫服务的相关项目纳入到居家养老服务中(这样可有效配置资源并节省大量的人力成本，社区卫生服务机构再上聘几名护工完全可以高质量完成居家养老服务)；五是为降低居家养老服务运营成本，应发挥好社工、志愿者等的资源，向居家养老提供辅助性服务，尤其应运用“时间银行”开展互助养老，让更多本社区的低龄老年人加入居家养老服务团队，发挥其“老有所为”作用，以实现居家养老的低成本、高质量发展。

五、以问题为导向，调整优化养老业及医养结合的相关支持政策，激发养老有效需求

(一)政府不再直接投资新建养老机构

目前地方政府直接投资新建养老机构可谓是“热火朝天”，应及时“刹车”。鉴于政府直接投资建设养老机构对民营养老机构形成“挤占效应”，且“公建民营”不利于形成公平竞争环境并且国有资产存在流失或损失风险等问题，建议政府不再直接投资建设养老机构，而应更多鼓励社会资本投入养老业。

(二)对“机构养老”补贴要由“补砖头”“补床头”向“补人头”转变

养老机构建设的“补砖头”实际上属于支持了养老业的“供给”，由于养老机构“欺贫爱富”，目前的收费水平总体较高，许多家庭难以承受，真正需要住养老机构的老人却住不起。而“补人头”属于刺激养老需求的政策，政府给补贴，个人交费少了，会有更多

的老年人入住养老机构。需求增加就会带动供给，社会资本就会更多地投资养老机构，因此“补人头”要比“补砖头”好得多。取消政府直接投资新建养老机构后，将节省下来的钱采取差异化的补贴政策引导老年人选择适宜的养老方式，实现由“补砖头”向“补人头”的转变。建议在长护险政策未实现全覆盖之前，政府对入住养老机构且符合补贴条件者按稍低于长护险中的“院护”标准给予补贴。具体建议如下：“机构养老”收费较高，建议对目前不能享受长护险的失能老人、85岁以上高龄老人、不能自理的残疾人入住养老机构，由政府对按市场平均收费标准的40％给予补贴；对计划生育“失独”老人以及“空巢”老人入住养老机构分别给予20％和10％的补贴；对入住养老机构适宜对象购买意外伤害险给予50％补贴；对“五保”老人按养老机构人均服务成本通过购买服务方式全额支付。目前山东省长护险政策的享受对象除青岛外仅针对符合条件的城镇职工，这对农村居民有失公平，建议城乡实行大致相当的补贴政策。

（三）“养内设医”劳民伤财不应再提倡

目前在推进医养结合过程中，大部分养老机构新建了小型医疗机构，自聘了医生、护士、药剂师，成本不菲，但实践证明由于成本高难以持续最终“人去楼空”造成浪费。因此，建议今后不提倡在推进医养结合进程中任何养老机构都新建医疗机构（如果“大养老＋小医疗”型模式解决不了在养老机构直接办住院的问题，这一模式的推广没有多大的经济意义，只有规模特别大的养老机构新建医院才可能有效益）。

（四）“医养签订协议合作”要重点支持医疗服务整体外包以及通过购买医疗服务方式实现医疗机构向养老机构的“嵌入”

“医养签订协议合作”不能仅仅是为养老机构患者到医疗机构

就医有“绿色通道”，要重点支持医疗服务整体外包以及通过购买医疗服务方式实现医疗机构向养老机构的“嵌入”。为支持这种“嵌入”式的医养结合，调动医疗机构的积极性，建议政府为每家医疗机构在养老机构开展医疗服务的提供25万元医疗设备补助；同时养老机构患者住院医保资金使用不能限额；要打破医疗机构不能异地行医的限制，允许乡镇卫生院在县域范围内可以在任一机构提供养老服务。对养老机构主要购买医疗设施实现医养结合的，建议政府按符合实际需求的实际购买服务额度给予20%的补贴。

（五）充分用好长期护理险政策

以充分满足失能老人需求为导向，调整长期护理险享受对象的认定标准，充分用好长期护理险，并借鉴推广青岛市经验，积极探索城乡居民的长期护理险政策，让这一政策最大限度地惠及所有失能老人。为更好地促进养老业市场化发展同时也充分保障失能老人享受高质量服务，建议取消长护险中的“家护”补贴，鼓励符合“家护”标准的失能老人入住养老机构。

（六）加大对“社区养老”“旅居养老”及护理人员的政策支持

对具备医养结合条件的社区养老服务机构如“日间照料中心”等接纳半失能老人给予平均收费的20%补贴，对入住养老机构和日间照料中心的适宜对象购买意外伤害险给予50%补贴，对专职从事老年人护理工作人员的“五险”给予50%补贴。学习江苏经验，对在养老机构工作的高校毕业生每月提供500元岗位补贴，建议政府为“旅居养老”购买相关保险并对交通费给予50%补贴。另外，对养老机构向社区和居家养老延伸服务的、对通过连锁方式直接向“社区养老”和“居家养老”提供服务的，要给予相应政策支持，如优先让其承接政府购买服务等。

（七）制作并发放“养老服务券”

建议政府不再以现金方式追加老年人高龄补贴及特殊困难老人群体的补贴，而是借鉴科技部门“创新券”经验，将相应补贴以“养老服务券”方式发放。根据老年人及其子女提出的需求，通过互联网、物联网技术建立相应服务平台实现供求对接，机构和社区养老工作人员可以及时上门提供助餐、助购、助浴、助洁、助急、助医、助慰等服务，并领取相应服务券。此举既能够解决老年人领取现金补贴后不愿再花钱买服务的问题，有效满足老年人多样化、个性化、多层次服务需求，而且能够有效刺激养老消费，激活居家养老服务市场，有利于市场主体发展。

（八）调整居家养老的支持政策

过去政府对居家养老是直接投资搞试点或示范，承接主体往往不是实体性机构，起不到培育市场主体的作用。建议政府实施“老吾老”计划，通过政府购买服务等方式，普遍开展失能老年人家庭照护者技能培训；实施“老伙伴计划”，实现对无子女、高龄、独居老年人社区探访全覆盖；支持发展面向长期照护对象家庭成员的“喘息服务”，试点“时间银行”等做法，开展互助养老。借鉴上海经验，推行“护理站＋家政服务”型模式。这种模式是在社区建立护理站，以护理站为依托，向有需求的居家老人提供上门服务，既有医疗卫生服务，也有生活服务，是一种比较理想的居家养老模式。可以在目前社区卫生服务机构以及城区私营诊所、村卫生室的基础上，增加几位护理人员，加挂护理站牌子；也可以依托现有医养结合型养老机构在社区建设一批连锁经营的护理站。为加快推进居家养老尤其是加快推行“互联网＋可穿戴设备＋实体性服务机构”型优化模式，目前需要破解老人认可度不高、对可穿戴设备不信任、不舍得养老消费、“机构养老”向“居家养老”提供延伸服务不积极等问题，需要政府出台有效的支持政策。建议政府对“远程监控云平台”建设给予一定补贴，先开展试点，试点期间对在平台上注册的“居家养老”适宜服务对象，由政府免费提供可穿戴健康监测设备或给予租金补贴，甚至每月发放适量的养老服务券以激发养老消费；对向居家养老提供服务的养老机构和社区养老机构，政府在安排购买养老服务项目时给予相应政策支持；鼓励具备医养结合条件的养老机构在不同社区建设护理站，依托“互联网＋”提供“点菜式”就近便捷养老服务，支持连锁化、综合化、品牌化、集团化经营。

六、明确“医”在医养结合中的主导地位，采取“硬”措施强力推进医养结合

（一）清晰界定“医”和“养”的边界

作为老龄事业发展的引领，“大卫生”“大健康”“大老龄”“大养老”等理念本身是正确的，但医养结合要落地，其公共政策讨论的语境必然要具体化、清晰化，不能过于宽泛。在医养结合的语境下，我们认为应将“养”限定为社会服务性质的“照护”，即老年人的生活照料以及社会化服务性质的康复与护理；而医学性质的康复和护理，应将其纳入“医”的范畴。

（二）明确“医”在医养结合中的主导地位

“医养结合”源于“医”“养”分离，“医养结合”形成“共同体”后，“医”“养”是一对矛盾的两个方面，认清矛盾的主要方面并确立其在“共同体”中的主导地位非常重要。目前，民政部门和卫健部门均在积极推动医养结合，但各说自话并存在一定的“扯皮”现象，社会各界对“医养结合”中究竟是以“医”为主还是以“养”为主有不同

认识，影响政策执行。一般认为，医养结合有“养内设医”“医内设养”“医养协作”三大类型。我们认为，“养内设医”与“医内设养”相比，成本高，制约因素多，难度大，而且经济意义小（假如老人患病需要住院，如果不能在养老机构就地解决住院问题，其养老机构所设立的医疗机构经济价值就不大）；而医疗机构新办养老机构，只需在原来基础上增加护理人员就可以办到，成本低，难度小，一旦老人患病需要住院可以就地解决住院问题，经济意义比“养内设医”大得多。从实际调研发现的情况看，“养内设医”养老机构招聘医生、护士比较困难，且工资成本比较高，同时相应的医疗设备投入也较大，且一般情况下只能解决患者门诊问题，虽起到一定的医疗保障作用但没有经济效益，不能可持续发展（许多“养内设医”已“人去楼空”）。同时由于在养老机构不能解决住院问题，其对老年人入住的吸引力也比不上“医内设养”机构（目前，“医内设养”的床位利用率比“养内设医”要高得多）。为此，我们认为，目前应明确“医”在医养结合中的主导地位。国发2013(35)号《关于加快发展养老服务业的若干意见》，明确地提出了要“推动医养融合发展，各地要促进医疗卫生资源进入养老机构、社区和居民”，这也表明“医”在医养结合中居主导地位。从优化配置资源、提高资源利用效率的角度考虑，推进医养结合应重点需要在“医内设养”方面大做文章，目标应该是“全覆盖”，建议二级以上医疗设立老年病科或康复中心，一级医院要全部新建护理院等养老机构，并在此基础上通过“医疗服务整体外包”“政府购买服务”两种方式由医疗机构向养老机构“嵌入”医疗服务，开展“医养协作”，所有社区卫生服务机构以及村卫生室都要开展养老服务。正常情况下，养老机构尤其是条件较差者没有必要新建医疗机构。建议本着上述思想，以“医”为主来统筹推进医养结合工作。

（三）城区的“老年人日间照料中心”全部由社区卫生服务机构托管运营，赋予社区卫生服务机构开展社区和居家养老服务的新职能

目前多数社区“老年人日间照料中心”资源闲置，同时社区卫生机构多数自行租赁办公用房，为从社区层面推进“医养结合”，同时也为化解社区卫生服务站（中心）用房紧张的矛盾、促进资源共享，建议由社区卫生服务站（中心）运营老年人日间照料中心，社区卫生服务站（中心）免费使用老年人日间照料中心的房屋等设施，并承担起照料老年人的相应工作，甚至可以将“老年人日间照料中心”改为“老年人社区护理站”，成为设置在社区开展居家养老的“工作站”。这样，“老年人日间照料中心”的设施可以在养老、医疗、基本公共卫生服务等多方面得以共享使用，并使其成为从社区层面开展“医养结合”的载体。在托管运营的同时应适当扩建并整合社区内其他老年人娱乐、残疾人康复等设施，以扩大规模，并建设成实体性“社区医养融合服务中心（站）”，使城市的“社区养老”成为实体性机构。建议赋予社区卫生服务机构开展社区和居家养老服务的新职能，从“医养结合”角度研究出台新的《老年人日间照料中心服务规范和服务标准》，以保证运营服务的规范化和标准化。社区卫生服务机构整合并运营“老年人日间照料中心”资源后，要切实建成“医养结合”的新型实体性社区养老机构，在正常开展好“社区养老”服务的同时，以此为依托向“居家养老”延伸服务，尤其是借助家庭医生签约服务以及对慢性病人的随访服务开展相应的“居家养老”服务。同样，各街道办事处建设的综合养老服务中心，要委托给社区卫生服务中心运营，以便于更好地开展医养结合型的社区养老服务。目前，民政部门对实施这项改革有阻力，应引起省领导高度重视并指令性强力推进。

（四）将地方政府举办的“敬老院”全部委托给当地乡镇卫生院托管运营，以此作为农村医养结合开展“机构养老”的主体

将敬老院委托给乡镇卫生院经营，可以实现多方共赢：一是可以有效保障老年人的医疗和身体健康；二是可以将敬老院的资源与乡镇卫生院共享，有效扩展乡镇卫生院发展空间；三是可以使乡镇卫生院借助敬老院的基础设施面向社会发展养老业，并将敬老院的闲置资源向社会开放，有力促进农村养老业发展；四是可以为农村养老业发展培育新的市场主体，大幅增加乡镇卫生院收入，改善职工的福利待遇；五是乡镇卫生院接管敬老院后，部分工作人员可以享受养老从业人员的补贴，有利于稳定人才队伍；六是乡镇卫生院新办护理院后可以更好地承接上级大医院康复转诊的任务。为此，建议将所有的公建公营以及公建民营效果不理想的敬老院全部委托给有实力的乡镇卫生院运营管理，在适当改扩建的基础上，面向市场接收适宜“机构养老”的服务对象。

（五）赋予乡镇卫生院开展养老服务新职能，指令性要求各个乡镇卫生院都要兴办护理院等养老机构

农村失能老人较多，是目前全社会需要关爱的弱势群体，而农村居民收入偏低，很难入住城市养老机构。建议指令性要求各个乡镇卫生院都要兴办养老机构，以集中接纳农村中的失能老人和高龄老人。乡镇卫生院兴办养老机构有一些有利条件：一是现有住院床位空置率较高（许多卫生院高达50%），可以利用现有空置床位开展失能老人的养老；二是大多数乡镇卫生院职工宿舍基本全部闲置且多数为平房，拆除后可就地建设护理院，无需占用土地指标；三是部分乡镇合并后乡镇卫生院没有合并，同一乡镇的两家卫生院相距很近造成医疗资源浪费，完全可以将其中的一家卫生院改为护理院。另外，每个乡镇卫生院还要设置康复护理床位，视条件在辖区内合理设置健康养护站，由专业医护人员定期上门为老年人提供相关服务，做好居家养老的医疗保障工作。乡镇卫生院拥有这些有利条件，只要打破现行“一类事业单位”政策的藩篱，出台相应激励政策，完全可以作为重要的市场主体发展好农村的健康养老业。

（六）由村卫生室托管运营农村幸福院

农村幸福院要重点做好农村半失能老人的日间照料，具备条件的村卫生室可以举办小型养老机构；规模较大的行政村完全可以建设一处村级养老机构（如有农村幸福院的村也可以在幸福院基础上进行扩建），本村“五保户”和失能、失智及高龄老人均可入住。农村幸福院要与村卫生室设置在一起，全部由村卫生室或乡镇卫生院托管运营，实现村级层面的医养结合。

（七）二级以上医院要全部建设康复中心或老年病科

医疗机构开展养老服务是大势所趋，建议指令性要求任何一个综合性医疗机构都必须开展养老服务。调研发现，二级以上医院医疗任务很重，运用高端医疗资源新建养老机构从资源配置角度看往往经济效益不佳，应该赋予其开展康复服务的职责，二级以上医院要全部建设康复中心或老年病科。

（八）每个县、区都要“建立养老健康远程监控与管理平台”

通过加强平台建设，沟通各个养老机构、社区养老服务机构、相关医疗机构、居民家庭等的信息衔接，为“机构养老”和“社区养老”向“居家养老”提供延伸服务时的信息化支持。

（九）扩大医疗机构自主权并加大绩效奖励力度

调动医疗机构开展养老服务的积极性，需要赋予医疗机构更多的自主权，如人才调配问题，政府按服务人口核算相应编制后，

“缺编”人员政府拨付相应经费，所需医务人员由机构自主聘任；按照“允许医疗卫生机构突破现行事业单位工资调控水平，允许医疗服务收入扣除成本并按规定提取各项基金后主要用于人员奖励”要求，提高绩效工资比重，对所开展的养老业务实施“下托底、上不封顶”绩效工资奖励政策。为鼓励乡镇卫生院加快发展，要取消医保“限额”控制制度；对“两院一体”的乡镇卫生院，政府对需要“托底”的服务如“五保老人”入住养老机构，要通过购买服务方式按成本价全额支付“基本保障”所需费用，确保不让乡镇卫生院“亏本”。

七、因地制宜地选择适宜的医养结合模式，对重点模式给予重点支持

（一）“机构养老”中的医养结合要重点支持“医内设养”“医养协作”的优化模式

“机构养老”中的医养结合有“医内设养”“医养协作”和“养内设医”三种类型。我们认为，在这三种类型中“医内设养”对推进医养结合最为重要，其次是“医养协作”。建议今后除部分专科医疗外，其他医疗机构都要开展养老业，但要重点支持基层医疗机构为主兴办养老机构，不提倡二级以上医院兴办养老机构（浪费高端医疗资源，效益不佳），二级以上医疗机构都要新建老年病科或康复中心。新建医养结合机构要重点推行“医疗、养老并重”型。“医养协作”要突出医共体建设过程中，将养老机构纳入医共体统筹管理，重点支持养老机构承接本医共体中医疗机构下转需长期护理患者的分级诊疗任务；有条件县、区可以推行“医养融合服务中心＋医养融合服务集团”型模式。

(二)“社区养老”在整个养老服务体系中居于“中枢”地位,必须采取“硬”措施强力推进社区层面的医养结合

从山东省目前情况看,社区养老服务机构主要是“老年人日间照料中心”“老年综合服务中心”,农村主要是幸福院。目前,这些养老服务设施已基本建立齐全,但资源闲置问题突出,除了部分机构与社区卫生服务机构签署相关协议外,基本没有做到医养结合。“社区养老”在“机构养老”和“居家养老”中居中间位置,开展“居家养老”必须以“社区养老”为依托,为此,必须采取“硬”措施强力推进“社区养老”建设以及医养结合。建议重点支持社区卫生服务机构托管日间照料中心等养老机构,并一定要成为法人实体性机构,社区新建养老服务机构一定要与社区卫生服务机构实施“设施共建”。

(三)“居家养老”中的医养结合要重点支持为老年人配备可穿戴设备以及“社区养老”能够向居家提供延伸服务的相关模式

如“互联网+可穿戴设备+应用管理平台”型、“社区卫生服务机构+老年人日间照料中心+居家服务”型和“护理站向家庭延伸服务”型等模式。为加快推进“居家养老”中的医养结合,建议政府对“远程监控云平台”建设给予平均市场价格的50%的补贴;对在平台上注册的“居家养老”适宜服务对象,由政府免费提供可穿戴健康监测设备。另外,对向居家养老延伸服务的养老机构,政府在安排政府购买养老服务项目时给予相应政策支持。

八、进一步改革体制机制,加强养老业及医养结合的宏观调控和管理服务

(一)厘清并进一步优化政府各部门对养老服务及医养结合的管理职责

为解决养老业和医养结合“政出多门”问题,建议将养老服务

的相关职能由民政部门向卫健部门转移，民政部门重点做好需要由政府“兜底”的养老保障服务，其他都转给卫健部门；或者由民政部门和卫健部门等建立医养健康产业服务管理领导小组，并实施联席会议制度，多部门分工共同参与，建立各司其职、各尽其责的跨部门协同监管机制。

（二）建立养老服务及医养结合的综合监管制度

随着养老机构许可的放开，制定加强养老服务综合监管的相关政策文件、完善事中事后监管制度就显得更为迫切。要健全“双随机、一公开”工作机制，加大对违规行为的查处惩戒力度，坚持最严谨的标准、最严格的监管、最严厉的处罚、最严肃的问责。要加快推进养老服务领域社会信用体系建设，建立健全失信联合惩戒机制。在放管服改革过程中对“医”和“养”要采取差异化的策略，“养”可以放开（即使出现质量问题，也不会带来生命忧患），但养老机构办医仍必须从严审批（一旦出现质量问题会带来生命忧患）。通过实施差异化策略，一方面可以抑制不具备条件的养老机构办医，另一方面可以鼓励医疗机构新办养老机构。

（三）优化“公建民营”养老机构国有资产监督管理

针对目前“公办民助”养老机构比较多、各地政策差异较大、不公平的现实，要加强对“公建民营”养老机构国有资产监督管理的力度，建议政府出台相关管理办法，一方面要防止国有资产不应有的损失或流失，另一方面要提高国有资产的利用效率。建议对“公办民助”养老机构进行混合所有制改革，将国有资产折价入股，与民间资本建立混合所有制企业组织，实施投资主体多元化。

(四)改革对经济困难失能、失智老年人、计划生育特殊家庭老年人的养老“兜底”保障

目前,对养老“兜底”保障人群多数由公建民营养老机构来承担,以此为噱头,许多地方政府以非常廉价的方式推进公建养老机构的民营化改革,不但导致公建民营机构与民建民营机构的不公平竞争,而且还存在国有资产流失和利用效率低下的风险,建议政府对养老“兜底”保障人群没有必要全部委托给公建民营机构,而是向具备条件的所有养老机构,不区分经营性质,以竞争方式购买相应的“兜底”保障服务。

(五)本着实事求是精神,适当降低“消防”的门槛标准

目前,养老机构已经取消设立许可,但调研发现,目前民办养老机构建设和发展中最大的“拦路虎”是“消防”的门槛太高,使许多养老机构不能通过正常验收,而要达到标准,养老机构要多支付30万～60万元不等的成本,这使本来就赔钱的养老机构“雪上加霜”。建议本着实事求是的精神,结合山东省实际出台“临时标准”,对达到“临时标准”的养老机构允许正常营业,通过加快实施“民办养老机构消防安全达标工程”,以逐步达到“消防”条件。

(六)破解目前相关政策对推进医养结合的“羁绊”

目前,仍有一些政策阻碍医养结合的推进,如不能“异地行医”政策,阻碍了有些医疗机构跨区域为养老机构提供医疗服务。建议通过“放管服”改革和政策调整,允许医疗机构在市域范围内跨区域在养老机构中建立分支医疗机构;建议采取备案制,不必另行审批,但要加强监管。目前有关医疗机构新办分支机构的审批还存在许多障碍,建议对采取由具有住院功能的医疗机构以整体服务外包方式直接托管养老机构的医疗服务,这些医疗机构在养老机构开办分院、康复科或老年病科的不需再行审批(但要加强事后

监管和绩效评估)。医保定点要向医养结合养老机构全覆盖,不受医疗机构布局规划的限制,但要加强监管。为促进“居家养老”,医务人员按规定程序到居民家中提供诊疗服务视同在医疗机构开展服务。

(七)积极探索建立城乡居民基本统一的长期医疗护理保险制度

山东省目前只有城镇职工才能享受长期医疗护理保险,这有失公平,建议积极探索城乡居民的长期医疗护理保险制度,支持全社会失能、失智老人(包括不能自理残疾人)的“机构养老”问题。建议推广青岛经验或学习温州经验,在全社会增加“长期护理保险”这个新险种,居民的长期护理险保障标准可以稍低于城镇职工。同时,建议取消长期护理保险中的“家护”,引导更多的失能老人入住养老机构。我们调研认为,取消“家护”无论对保障对象及其家庭,还是对养老机构和全社会都有好处:对保障对象而言,取消“家护”后,更多的保障对象要入住养老机构,可使保障对象得到更好的照料;对保障对象家庭而言,失能老人入住养老机构后,可以“解放”出多位家庭劳动力投入正常工作,同时与不享受长护险相比,还能节省出与长护险同等的养老费用支出;对养老机构而言,“家护”变成“院护”,能够增加养老机构的收入;对全社会而言,“家护”变成“院护”可以去除“家护”路途中的时间和烦恼,可以提高资源配置效率,创造出更多的GDP。

(八)建章立制,加快养老业行业规范和行业标准建设

要健全医养结合机构认定标准,明确兼具医疗卫生和养老服务资质和能力的医疗机构或养老机构为医养结合机构。完善不同类型医养结合机构的设置审批、设备配置、人员配备等方面的政策措施,优化医养结合服务流程。要充分学习日本经验,制定符合我们实际的医养规范和标准,研究出台医养结合机构服务和管理指

南;在服务水平方面,尽快制定出台医养服务对象护理等级,以便为不同需求层次的老人提供最快捷对口的服务质量,提高资源配置效率,防止套保骗保情形。围绕老年服务队伍建设,借鉴日本的成功经验,从资格证考取、在职(岗)继续教育或培训、薪金待遇、职称评定等方面明确介护工作岗位,开设介护培训职业教育,提高介护人员的社会与福利待遇,制度化解决养老服务人员的学历与专业性差的痼疾。在医养结合机构建设方面,采纳国际最新标准,分档次引导新建医养机构提升养老设施先进性和技术性,以释放更多介护人员用于老年人精神关怀;实施医养机构第三方评估机制,作为医养服务的收费定价依据。

(九)加快养老业市场主体内部治理结构和治理机制改革

政府要对养老业市场主体提出明确的内部治理结构和治理改革目标方案,建议以开展养老业市场主体绩效评估为重点,督促其整改。要鼓励养老机构开展精细化服务和"暖心工程"。如:针对养老机构中信仰佛教的老人占一定比重,可以在养老机构内容设立佛堂;与老年人子女建立微信圈;免费对看望老人的子女提供用餐;在养老机构内部留出一定房间作为"亲人团聚室";组织老人看电影、看演出或亲自参与相关的娱乐节目;每天免费为老年洗脚;免费为老人代购物品;工作人员在开展服务过程中要穿着暖色调衣服;在养老机构中增加老人的个性化服务,更多地满足老年人需求;组织社工和志愿者服务,更多地利用社会资源开展养老服务。

(十)建立养老机构分类管理制度

山东省目前的养老机构类型多样,不同所有制性质、不同运行模式、不同功能定位、不同规模和档次应实施差异化的管理,但目前由于缺乏分类管理制度,导致养老机构同质化倾向明显。建议

区分公办民营、民办民营、公办医疗机构运营、大型医养融合集团以及不同功能定位的养老机构建立分类管理制度。同时，建议政府出台医养结合模式管理办法，对医养结合中的重点模式、再创新模式提供相应支持，并细化相关政策措施。

（十一）加强医养结合工作监管和绩效评估

要建立医养服务质量监管机制，加大养老服务项目精细化分类，研究制定相关标准，对现有及新办医疗机构和养老机构都要对医养融合提出指令性要求；建立第三方评估机制，委托第三方加强老年人身体及护理人员技能状况评估、政策等事项的评估以及养老机构的绩效评估，为市场定价及相关决策提供依据。建立健全医养结合工作监测评价机制，对重点工作进展和服务效果进行跟踪评估。建议把健康养老需求综合评估中心不要设置在医疗机构或养老机构内部，而应作为县区卫健部门的下属机构，应该与基本公共卫生服务结合一道开展工作，与健康档案资料“共享”。考虑到卫健部门开展的健康养老需求综合评估综合性较强，为避免重复劳动，建议民政部门不必再单独开展老年人能力评估，医保部门也没有必要再单独开展“享受长护险资格评估”，有关的健康养老评估都归卫健部门统一组织开展。

（十二）开展健康养老政策全面评估

建议梳理现有涉及医疗健康产业所有政策措施，开展政策评估，将分散的政策进行整合、集成再创新，减少个别政策“梗阻”，使之形成“拳头”和政策叠加效应。

（十三）加快完善医养结合信息平台，加快推进医养结合服务模式智慧化

通过全省人口健康云平台，调整完善医养结合监测系统，推动

山东省医养结合智慧服务平台建设。推动建立智慧健康养老社区，制定省级智慧健康养老社区建设标准，加快培育一批省级智慧健康养老示范社区、示范基地、示范企业。在社区层面，要重点打造好一站式居家社区医养服务平台，整合老年人基本信息档案、电子健康档案、电子病历等资源，推动居家养老服务平台和全民健康信息平台信息共享，打造集居家社区养老、医疗救护、健康咨询、生理监测、远程健康管理、养生康复、亲情关爱、互助养老等功能于一体的一站式服务平台。要运用互联网、物联网、大数据等信息技术，探索基于互联网的医养结合服务新模式。要以居民身份证或社会保障卡为载体，推进养老金、护理补贴等社会保障性资金领取"一卡通"，实现老年人就医、购药、医疗项目记录、处方记录、实时医疗费用联网结算、金融机构联网在线金融服务等功能。

（十四）加快开发医养结合智能化服务产品

鼓励产学研用相结合，发展适用于医养结合服务的低功耗、微型化智能传感技术、高精度定位技术、高性能微处理器。针对家庭、社区、机构等不同环境，研发健康管理类可穿戴设备、便携式和自助式健康监测设备、智能养老监护设备和康复辅助器具、家庭服务机器人等，促进医养结合服务的便捷、精准、高效。

（十五）建立养老业和医养结合协同创新研究机构

由政府牵线，推动大型养老机构与相关高校和科研机构合作建立协同创新研究机构，开展养老业新业态、新产品、新技术、医养结合新模式等的研究开发及养老业发展创新政策等的研究，政府建立养老业技术创新基金予以支持，以推动养老业技术进步和高质量发展。

九、整合现有养老业发展基金和相关政策，提升财政养老补贴效率

（一）强化补贴政策的顶层设计，协同推进各项配套制度建设

为发挥财政补贴在引领养老业发展中“四两拨千斤”作用，必须转变养老业是社会公益事业的理念，真正从新型服务业角度予以谋划，从激活养老业服务市场、加快培育市场竞争主体的“产业”角度开展养老业政策的顶层设计；同时要全方位协同推进各方面的制度建设、部门职责调整、任务分工和保障措施的落实，彻底解决财政补贴碎片化、重复补贴以及受助主体“错位”、监管“缺位”、绩效评估“缺位”等问题。

（二）加大财政补贴整合力度，调整补贴重点

目前的养老服务主体主要有乡镇政府、社区居委会、村委会和民办非营利机构，这些均不是有效的养老市场主体（有的还不具备法人资格）。由于目前养老服务主体众多、“小而杂”，在客观上导致财政补贴碎片化。为有效激活养老服务市场，必须充分发挥具有独立法人资格的营利性养老机构作用，把其作为最重要的市场主体来对待，为此，财政补贴除提供基础保障外，还应重点培育营利性养老机构，促其尽快发展壮大。首先，要加大政府养老补贴的整合力度，减少名目，调整补贴重点，既不“错位”也不“越位”。建议重点加大营利性养老机构的补贴力度，尤其加大对“医养结合”机构的补贴力度；由“补砖头”“补床头”改为重点“补人头”，由直接补贴为主改为以间接补贴为主；同时建议政府不再直接投资兴建新的养老设施，而是加大对民间资本运营公有产权养老服务设施的补贴力度。其次，各个条管部门财政补贴资金也要加大整合力度，防止“钱出多门、重复补贴、过量补贴”。最后，财政资金补贴给

养老机构后，必须赋予养老机构整合使用的权利。目前看，如果没有营利性养老机构的支持，居家养老、社区养老难以有大的作为；只有真正把营利性养老机构做大做强，使其成为养老服务的最重要主体，并以其为龙头为居家养老、社区养老提供技术支持和延伸服务，才能充分发挥出社会力量的整体作用，养老业也才能真正成为市场化、社会化的新产业。

（三）创新财政补贴方式，提高资金使用效益

第一，养老补贴在设立股权引导基金的基础上，建议财政出资设立养老补贴资金投资平台，以股权方式注入民间养老机构，原则上不直接补贴社区居委会和行政村开办养老机构，从而鼓励社会资本投资养老业。提高财政资金的撬动能力和引导功能，同时待养老机构发展壮大后，为最终的财政资金退出提供出路。第二，充分利用支持服务业发展的各类财政资金，探索采取建立产业基金、PPP 等模式，支持发展面向大众的社会化养老服务产业，带动社会资本加大投入。第三，通过政府购买服务方式大力支持居家养老，建议政府不再以现金方式追加老年人高龄补贴及特殊困难老人群体的补贴，而是借鉴科技部门“创新券”经验，将相应补贴以“养老服务券”方式发放。通过互联网、物联网技术建立相应服务平台实现供求对接，根据老年人提出的需求，养老机构工作人员可以及时上门提供助餐、助购、助浴、助洁、助急、助医、助慰等服务，并领取相应服务券。此举既能够解决老年人领取现金补贴后不愿再花钱买服务的问题，有效满足老年人多样化、个性化、多层次服务需求，而且能够有效激活居家养老服务市场，有效带动养老机构加快发展，是养老机构向居家养老延伸服务的有效形式。第四，设立“养老产业创新发展引导基金”，支持养老机构开发养老新产品、培育新品牌和新业态，拉长产业链。第五，减少直接补贴，增加间接补贴，如为养老机构提供贷款贴息、为养老机构集中供养老年人

购买健康保险、长期护理保险、意外伤害保险、为护工购买“五”险提供补贴等(此举可消除护理人员后顾之忧,稳定护理人员队伍)。

(四)加强项目论证和过程监管,实现精准补贴、高效补贴

财政补贴的性质和额度决定了其必须用在刀刃上,才能发挥“四两拨千斤”的作用。为此,一方面要加强补贴项目前期的可行性论证,实现精准补贴、适度补贴;另一方面要健全养老服务市场规范和行业标准,加强全链条的过程监管,确保规范服务;再一方面建议强制性要求聘请第三方机构开展财政补贴资金使用效益评估,确保补贴资金用准、用好,真正发挥实效。

(五)积极发展养老普惠金融

支持商业保险机构开展老年人住房反向抵押养老保险业务;支持老年人投保意外伤害保险,推动建立特殊群体综合养老保险计划;推动银行、信托等金融机构针对不同年龄群体的养老保障需求,积极开发可提供长期稳定收益、符合养老跨生命周期需求的差异化金融产品;推动养老目标基金实行市场化、差异化销售费率管理,扩大基金管理规模,增强市民养老消费能力。对养老服务领域非法集资、消费侵权行为等加强整治,研究养老社区大额收费资金及服务风险防控机制,切实保障老年人消费权益。

十、建立长效机制,加快健康养老服务业人才培养

(一)以短期培训方式加快养老机构护理工作人员培养

目前护理工作人员难招聘是养老机构面临的一大困难,建议当地政府核算辖区内护理工作人员缺口,将培训费列入财政预算,以政府购买服务方式依托现有养老机构加快培训,培训合格后颁

发相关证书并持证上岗。目前相关资格书考试,不适应当前养老护理员普遍文化素质低、年龄大、理论基础差而实践经验丰富的特点,建议结合养老服务业及其护理人员的特点,对其考试标准及规范进行调整,以增强其适应性,否则将会导致大量护理员离岗现象。

(二)加快培养健康养老业高层次人才

鼓励相关高校开办养老管理专业,采取免学费、定向委培等措施,持续鼓励高职、大专及本科学校开设医疗护理服务专业,鼓励适龄青年报考高校养老及护理专业,为老龄化社会培养急需人才;教育部门适当增加养老业硕士、博士学位点,加快培养高层次专业人才。

(三)完善医生多点执业机制,打通养老服务领域医护人员晋升通道

目前养老机构医护人员招聘难的最大障碍在于该领域医护人员的晋升渠道不畅、发展前景有限。建议卫健、人社部门对养老服务领域医护人员与医疗机构平等对待,打通其职业晋升渠道。同时,要建立全科医生和专科医生在养老机构轮换执业和定点帮扶机制,将现有的全科医生、专科医生资源充分利用起来,以缓解养老机构人才缺乏困境。

十一、解决好基层医疗卫生面临的困境和问题,为推进医养结合提供坚实支撑

(一)强化县(市、区)政府对基层医疗卫生机构的投入主体责任,确保各项投入足额到位

1.差异化拨付基层医疗卫生机构“人头费”

基层医疗卫生机构有一定医疗收入且机构间差异较大,不宜

将基层医疗卫生机构都定位公益一类事业单位，政府投入也不宜搞"一刀切"。建议实施差异化策略，对基础条件好、收入高、实力较强、财政少支持也具有较强自我发展能力的机构，将其定位公益二类，少拨"人头费"，而赋予充分自主权鼓励其创新发展；而对医疗收入少并缺乏自我发展能力的机构，要视情况加大"人头费"拨付比例对其职工工资予以"兜底"，确保能够发挥正常的职能作用。

2.坚决纠正相关部门在支持基层医疗卫生机构方面不作为现象

建议以县(市、区)为单位，由卫计局、编办、财政局等部门牵头，全面梳理政府相关部门对基层医疗卫生机构应该给予支持的具体事项，明确分工，落实责任，该支持的项目要支持到位，该由哪级政府承担的要足额承担，不得"欠账"，更不得向基层医疗卫生机构变相转嫁负担。当务之急要尽快解决"空编"问题，一时难以满编的，要先按应有的编制数量拨付"人头费"，同时全面清理上级医疗机构向下级借调人员现象(双向挂职交流除外)；街道办事处或社区居委会要为社区卫生服务机构无偿提供用房和工作场所；针对信息化滞后问题，各级政府都要高度重视并加大投入尽快解决。

3.加大对基层机构医务人员培训投入力度

第一，加大对全科医生转岗培训的投入力度，壮大全科医生队伍。第二，加大对现有村医的培训投入力度。一是要保证村医每年至少接受两次免费岗位技能培训，累计培训时间不低于两周。二是实施"村医全员全科基本知识技能培训计划"，针对目前90%村医不具备执业助理医师资质的状况，建议每年强化培训一批，三年培训一遍。第三，针对大多数村医对国家基本公共卫生服务项目规范(第三版)不掌握的状况，开展强制性达标培训。

4.以居民电子健康档案自动更新和适应"互联网+医疗健康"为重点加快信息化建设

省、市、县三级政府必须尽快完善医疗卫生信息化建设规划，并将其作为一项重要基础工程加快建设，尽快实现居民电子健康档案自动更新,实现服务对象就医、健康管理等信息的自动收集与更新,同时还要能够为家庭医生签约、分级诊疗以及患者远程会诊、智慧医疗等提供有效支撑。

5. 加强各级医疗资源的统筹管控

第一,省、市两级财政要加大对困难县(市、区)基层医疗卫生机构投入的转移支付力度,确保不能因地方财力差异而影响基层医疗卫生机构的足额投入。第二,对县级及以上医院的规模扩张进行必要管控,除挂职交流及规范化培训外,严禁县级及以上医院向基层医疗卫生机构借调人员。第三,鼓励县级及以上医院医务人员在基层医疗卫生机构多点执业,将基层执业等同于在基层锻炼,并按执业的实际工作天数折算为在基层锻炼天数。第四,通过对口支援等形式将更多的基层医疗卫生机构纳入医联体建设。第五,强力推进以县级医院为龙头、相关基层卫生医疗机构参与的县域医共体建设。第六,选择基层医疗卫生机构建设的一些关键指标,尤其是投入到位情况和标准化建设的一些指标列入地方政府的考核体系。第七,坚持和持续推行第三方考核机制,将基层医疗卫生机构标准化建设、家庭医生签约、基本公共卫生服务、分级诊疗等融为一体委托第三方机构进行定期考核。

(二)加大改革创新力度,消除体制机制因素对基层医疗卫生机构的制约

1. 取消对基层医疗卫生机构的“医保限额”制度

建议对县级及以上医疗机构有“医保限额”,而取消基层医疗卫生机构的限额,以促进患者更多流向基层医疗卫生机构。同时要同步加强巡查监督力度,防止“小病大治”。

2. 化解差异化的基本药物管控制度对基层医疗卫生机构的制约

基本药物制度是因对基层医疗卫生机构的信任度差而实施的

差异化管控，随着基层医务人员专业素质提高和监管力度加强，应适时取消。在目前没有取消的情形下，建议采取如下措施予以化解：第一，参照县级医院的控制比例允许基层医疗卫生机构采用一定比例的非基本药物；第二，允许正规药店在基层医疗卫生机构设立非基本药物代销点；第三，允许基层医疗卫生机构为正规药店提供非基本药物代销服务；第四，在严格保证用药安全的前提下，尝试将基层医疗机构的药房"服务外包"。

3. 取消"药占比"控制制度

医疗卫生机构应该以病人为本，而"药占比"控制制度有失"以病人为本"原则，不利于合理用药，建议予以取消。

4. 运用经济和行政双重手段强行推进分级诊疗

科学制定分级诊疗标准，明确什么类型、什么程度的疾病必须在何种类型医院诊治。如病人及其家属在没有办理转诊手续的前提下坚持到上级医院诊治，医保资金的使用由原来降低报销比例改为不予报销。同时对符合"由上向下"转诊条件而该转不转的患者，在大医院康复阶段的新增费用医保资金不予报销，如因医院原因导致"该转不转"者要同时核减该医院的"医保限额"。

5. 调整医保资金在门诊和住院之间的分配比例

为动员居民积极参加医保并主动个人多缴费，建议进行如下改革：一是将门诊报销额度提升至个人缴费水平，并于年初一次性将门诊报销资金汇入个人账户；二是由过去门诊医保资金报销50%降为30%，以利增加在基层医疗卫生机构的门诊次数；三是将医保个人账户年底剩余资金由全额留用改为"对半分成"，即一半转入当地医保资金总账户，另一半留给个人并结转下年度使用。关于住院费用报销比例，建议对县级及以上医院在目前基础上降低5～10个百分点，并取消在基层医疗卫生机构每次住院医保支出"封顶"制度，以促进患者更多向基层机构流动。

6. 严格限定医保卡只能在医疗机构使用并严厉查处违规使用

目前,用医保卡在药店什么东西都可以购买,不利于发挥医保资金的应有作用。建议医保卡只能用于在正规医疗机构的医疗,今后在药店自行购药者一律不能刷医保卡。同时要从严查处挪用医保资金现象,将其作为贪污论处。

7. 建立差异化的居民医疗保障体系

针对目前少数身体比较健康的居民拒绝缴纳个人承担费用而未加入医保的状况,建议向上级部门呼吁,将这部分人一并加入医保,政府给予与其他居民同等的补贴。但其医保资金只有政府补贴的部分,一旦生病医保资金只提供住院保障,且适当降低报销比例。

8. 调整优化基层医疗卫生机构区域布局

由于历史原因,部分基层医疗卫生机构相距太近,覆盖半径小,随着交通条件改善,存在相互争夺患者资源问题并导致医疗资源利用效率低下。建议结合城乡建设规划和基层医疗卫生机构标准化建设,打破乡镇区域限制,按乘车"15 分钟基本医疗卫生服务圈"调整布局,重点考虑对标准化建设不达标的机构予以撤并。对目前社区卫生服务机构区域布局而言,主要问题是存在机构覆盖不到的"空白区",满足不了可及性,建议按步行"15 分钟基本医疗卫生服务圈"增设社区卫生服务机构,尽快实现全覆盖。

9. 探索村卫生室民营管理体制改革模式

目前,部分村卫生室"缺药少药",建议由乡镇卫生院注册成立一批民办非营利医疗机构代替这些"缺医少药"的村卫生室,探索建立村卫生室的民营管理体制,以摆脱基本药物制度束缚。要通过试点,逐步对村卫生室实行两种管理体制:一种是现行公益管理体制,一种是民营管理体制。对执行公益管理体制的村卫生室,乡镇卫生院一方面加强监管并严格执行基本药物制度,另一方面要切实保障对村医的诊疗费和药品零差价补助落实到位,保障村医

待遇。对执行民营管理体制的村卫生室，要放开搞活，政府不再提供诊疗费和药品零差价补助，但要加强对其进药渠道和加价幅度的监管，还要强制性要求从事基本公共卫生服务。

10. 有序推进乡镇卫生院与村卫生室一体化建设

鼓励乡镇卫生院直接领办或创办村卫生室；对通过标准化建设验收的村卫生室，可将人、财、物逐步委托给乡镇卫生院统一管理，使村卫生室逐步与乡镇卫生院融入一体，实现一体化发展。

11. 提高绩效工资比重

为调动医务人员积极性，建议实施岗位工资和绩效工资相结合并逐步提高绩效工资占比的薪酬制度改革，建立以服务数量、服务质量和服务对象满意度为核心的绩效分配制度。按照“允许医疗卫生机构突破现行事业单位工资调控水平，允许医疗服务收入扣除成本并按规定提取各项基金后主要用于人员奖励”要求，各机构根据自身实际将绩效工资占比提高至30%以上，实现多劳多得、优绩优酬。

（三）加强基层医疗卫生机构人才队伍建设，提高医务人员社会地位和业务素质

1. 出台“下一提一”政策，鼓励全科医生到基层医疗卫生机构工作

对具备全科医生资质条件并自愿到下一层级医疗卫生机构工作的，建议将其待遇按提升一个层级职称执行，并服务一定年限（如五年）。服务期内原单位优先晋升职称，服务期满后仍在基层工作并经考核合格者直接聘任相应职称。目前在乡镇卫生院和社区卫生服务中心通过培训转岗为全科医生的，工资晋升一级；规范化培训合格回来工作的本科生按硕士研究生待遇。要大幅增加基层医疗卫生机构中的高级职称指标数量，评定职称时不看论文数量，而重点考察业务工作绩效。

2.为基层医疗卫生机构医务人员留出职业发展“空间”

一是县级及以上医疗机构招聘人才，先要到基层医疗卫生机构锻炼并工作一定年限，达到规定工作年限并考核优秀者可以调回大的医疗机构，也可以将待遇提高一个职称档次后继续留在基层医疗卫生机构。二是在“评先树优”方面，适当向基层医疗卫生机构倾斜。三是建立基层医疗卫生机构医务人员继续教育和岗位培训长效机制，制订明确的培训目标以及参加经验交流会的目标计划，采取“走出去与请进来”相结合的方法，强化培训和经验交流。四是借助“医联体”，采取与大医院“双向挂职交流”等形式，提升基层医疗卫生机构医务人员业务素质。五是接纳基层医疗卫生机构全科医生规范化培训的上级医疗机构，要与规培人员所在单位建立对口支援关系，签订对口支援协议，尤其是业务人员基层锻炼要优先到规培人员所在单位。

3.大力提升村医队伍建设质量

针对村医数量不足问题，建议对因年龄原因离开岗位且身体健康、业务精湛的村医要更多地予以返聘。为适应乡村卫生一体化发展，建议财政拨付专项补贴资金，一方面对考核优秀的村医购买“五险”，稳定现有村医队伍；另一方面支持乡镇卫生院和社区卫生服务中心医务人员轮流到部分村卫生室或社区卫生服务站“坐诊”。针对部分村医年龄老化、专业素质差、难以完成基本公共卫生服务的实际，可由乡镇卫生院负责聘任一批新毕业大学生，作为村医助理，让他们分工包片协助现有村医完成基本公共卫生服务项目。建议借鉴“大学生村官”经验，实施“大学生村医”制度，“大学生村医”编制和人事档案在县级医疗机构，接受乡镇卫生院或社区卫生服务中心的管理，平时工作在村卫生室，建立县招、乡管、村用的用人制度。

（四）促进基本公共卫生服务与基本医疗协调发展，为推动医养结合奠定良好基础

1.全面建立居民电子健康档案并与医保卡"绑定"实现自动更新

居民健康档案非常重要，应将其与个人身份档案列为同等重要地位，建议今后对每个出生的孩子从出生之日起就建立个人电子健康档案，同时将居民电子健康档案与医保卡"绑定"。建议凡新办医保卡者要先建立电子健康档案，只有电子健康档案建好了，才发医保卡；同时要求凡有医保卡而无电子健康档案者，要一律补办居民电子健康档案，拒不补办电子健康档案者，今后就医不能使用医保卡。通过信息化手段，无论在哪里就医，一旦刷了医保卡，其就医信息能够及时自动进入个人电子健康档案并实现自动更新。

2.引入竞争机制，支持符合条件的各类医疗机构领办社区卫生服务机构

对部分基本医疗差的社区卫生服务机构予以撤换（医务人员可以充实到其他医疗机构），建议政府不再直接投资建设新的社区卫生服务机构，而是支持具备条件的现有不同所有制性质的医疗机构领办社区卫生服务机构，由所在地的街道办事处或社区居委会免费提供房屋和工作场所，政府通过购买服务方式支付公共卫生服务经费。鼓励和支持具备条件、信誉好的民营医疗机构参与基本公共卫生服务项目，构建不同类型医疗机构竞争开展基本公共卫生服务的新格局。目前看，更多的民营机构开展基本公共卫生服务，能够有效解决现有社区卫生服务机构基本医疗萎缩局面，也有利于做实家庭医生签约服务。

3.改革基本公共卫生服务承担机构补助资金的分配方式，由按区域人口平均分配改为按实际工作量差异化分配

第一，各机构年初对本辖区居民是否愿意享受基本公共卫生

服务开展普查，摸清享受基本公共卫生服务的居民“底数”及服务项目的“需求清单”，此项工作要结合对基本公共卫生服务宣传，向全体居民发放宣传材料和问卷调查表，逐户进行调查，也可与家庭医生签约同步推进。第二，各机构对照“底数”及“需求清单”制订全年工作计划和目标任务报县（市、区）卫计局审定，卫计局综合平衡后对各机构下达年度工作量目标，同时测算出每个服务项目、每一服务人次的绩效分配额度。第三，在第一季度按愿意享受基本公共卫生服务的居民“底数”（也可以参照家庭医生签约数量）对各承担机构进行第一次补助资金分配（第一次分配可按一半）。第四，结合半年和全年的绩效考核，按项目核算实际服务工作量和工作质量，对另一半补助资金分两次进行绩效分配。这一分配方式还可以带动机构内部的绩效考核，有效解决目前机构内部考核“走过场”甚至假考核的问题。

4. 充分利用社会上其他资源提供基本公共卫生服务，提升服务质量和效率

在提供基本公共卫生服务过程中，对有些工作开展不好、效率低的机构以及服务成本较高的服务项目，建议实施“整体外包”和“项目外包”。“整体外包”要由县（市、区）卫计局负责确定具备相应资质条件的医疗机构承担；“项目外包”由机构提出申请，报县（市、区）卫计局审批，要重点外包给具有规模优势的第三方机构。“外包”组织工作按照政府购买服务程序进行。目前看，老年人查体可作为“项目外包”的重点。另外，考虑到目前许多机构对开展健康教育“走形式”现象，健康教育很有必要实施“外包”，尤其提倡结合查体结果反馈开展健康教育。建议专门组建健康教育讲师队伍，制定教育计划，突出“治未病”宣传，全面讲解健康知识。同时，要注重利用其他资源开展健康教育，提倡与老年大学、科普大学、上党课等相结合，以利提高教育效果并实现资源共享。要充分利用社区号召力强的“知名人物”如人大代表、政协委员等，由这些

“知名人物”负责召集居民开展健康教育，更好地促进健康教育均等化。

5.将精神障碍患者和结核病患者的后期治疗纳入基本公共卫生服务体系，延伸基本公共卫生服务链条

精神障碍患者和结核病患者具有与其他疾病不一样的特点，一旦发病后，受危害的不仅仅是患者本人及其家庭，而且有可能造成对社会的危害。所以医治精神障碍患者和结核病患者不仅仅是患者家庭的责任，也是社会责任。建议将这两类患者的后期治疗纳入基本公共卫生服务体系，后期医疗服务内容主要有两方面：一是该用药者由公共卫生服务人员及时按专业医疗机构出具的药方配药并送药上门，指导合理用药；该住院者由公共卫生服务人员及时联系并安排到指定的专业医疗机构住院。后期医疗发生的费用从基本公共卫生服务经费中支出。建议以县（市、区）为单位统筹解决这两类患者的后期医疗费用，县（市、区）卫计局在年初进行基本公共卫生服务补助资金分配时单列“专项”，各基层公共卫生服务机构支出相应费用后再到区卫计局据实报销。财政部门要将结核病患者后期医疗的免费药物经费统一拨给卫生计生行政部门统筹用于这项改革。

6.做实家庭医生签约服务，实现由“保疾病”向“保健康”转型

要以建设全科医疗卫生服务体系、做实家庭医生签约服务为重点，推进基层医疗卫生机构供给侧改革。建议重点做好以下工作：第一，针对目前家庭签约医生团队力量不足的状况，在保证质量的前提下，要允许民营医疗机构建立家庭医生签约团队。第二，家庭医生签约工作不再盲目追求签约数量，重在提高签约服务质量，本着居民自愿出资原则并以初级包和中级包为重点进行签约（建议取消基本包），签约一个要严格履约一个；为配合家庭医生履约服务，各医疗机构都要建立家庭医生签约患者的“绿色通道”。

第三，强化家庭医生签约服务绩效考核和监管。建立相应管理平台，建立家庭医生签约服务中心，统一管理签约收费，对团队工作情况及服务效果进行监督管理，根据绩效考核情况向签约团队兑现奖惩。第四，推动基层医疗机构向前向后延伸服务。从医疗服务向前延伸，通过做好基本公共卫生服务工作，实现预防为主，防治结合；向后延伸，通过做好“双向转诊”和“医养结合”，形成预防—治疗—康复—养老护理服务链。

十二、加快卫生与计划生育、养老管理体制改革，全方位促进计生与医疗卫生和健康养老的融合发展

（一）加强计划生育管理机构与卫生行政管理机构的融合

二孩政策放开后，尤其是计划生育管理机构与卫生行政管理机构合并后，对乡镇一级计划生育管理工作带来不小的“冲击”，许多工作人员感到无事可做，村级计划生育专干也觉得无事可做，加之思想松懈，由此导致计划生育管理上的弱化。建议撤销乡镇卫生院的“基层公卫科”，将“基层公卫科”的职能与乡镇计划生育办公室合并，成立乡镇卫生和健康管理办公室，村级计划生育专干改为卫生和健康专干。乡镇卫生和健康办公室和村级卫生和健康专干其职能除了计划生育管理外，又增加了推进基本公共卫生服务和养老健康等的职能。这一改革既可以有效改变计划生育专干“无事可做”状态，又赋予了乡镇政府和村民委员会推进基本公共卫生服务和养老健康等的职能，有利于乡镇政府和村民委员会更加重视居民的基本公共卫生服务和养老健康等工作。为有效调动村卫生和健康专干的工作积极性，要将其纳入村干部管理范畴，工资报酬建议实行县级统筹、按月发放，并纳入财政涉农资金“一本

通”发放范围。为推动乡镇计划生育服务站真正与乡镇卫生院融合，建议核算乡镇计划生育服务站人员工资及业务支出，由当地乡镇政府将这部分资金作为支持乡镇卫生院建设的拨款直接拨至卫生院，原乡镇计划生育服务站这部分人员的工资由乡镇卫生院发放。

（二）推进计划生育管理服务与基本公共卫生服务的融合发展

基本公共卫生服务项目中有关儿童和育龄妇女的项目与计划生育服务项目有相似之处，建议将诸如此类以前各自为政的服务项目予以合并。建议将计划生育中的已婚育龄妇女孕前和孕期优生健康检查以及新生儿四种遗传代谢性疾病免费筛查转入基本公共卫生服务项目，与基本公共卫生服务中的 0～6 岁儿童健康管理、孕产妇健康管理进行衔接；将计生健康教育宣传转入基本公共卫生服务项目；基本公共卫生服务项目中有免费提供避孕药具服务，在计划生育服务项目中取消此项服务。总之，要通过多种方式深化卫生、健康、计生理念融合、阵地融合、队伍融合、资源整合、业务融合。

（三）制定新时期计划生育工作管理规范

二孩政策放开后，计划生育工作出现了一些新特点，对计划生育的管理也提出了一些新要求，要结合目前形势的变化，及时对原有不合时宜的管理制度和措施进行改革，重新制定新时期计划生育工作管理规范。

（四）继续坚持计划生育是基本国策加强管理不放松，以提高人口质量

放开“二孩”政策后，许多地方尤其是农村“超生”现象严重。但遗憾的是对“超生”家庭没有相应的处罚措施，由于“超生”家庭

多为经济比较困难、文化素质较低的家庭，如不采取相应处罚措施予以遏止，将会导致大量低素质人口的出现。目前，在计划生育管理方面存在的诸多问题，均与“二孩”政策放开后社会各界对计划生育管理存在“松气”“懈怠”情绪有关，加之计划生育管理机构与卫生行政管理机构合并，不少地方的计划生育管理服务机构存在“人散、线断、网破”的倾向，影响了计划生育的管理效率。建议对“超生”家庭实施相应的处罚措施，每年层层对计划生育工作进行严格考核，并加大对考核结果的应用和奖惩力度，既要有经济奖惩，也要有行政奖惩，要继续像过去一样，对违犯计划生育的单位和个人给予严肃处理。

(五)进一步明确以现居地为重点的计划生育和基本公共卫生服务属地管理制度

目前，我省仍有近1%的出生人口未办生育证，属于出生未上报，出生未上报的主要原因是计划生育属地管理不到位。目前，计划生育工作主要是户口所在地管理，但由于外地打工多、人员流动性加大，导致计划生育管理难度加大，再加之计划生育管理力量弱化，由此导致出生不上报现象大量存在，这是目前计划生育管理工作中存在的一个严重问题。无论是基本公共卫生服务还是计划生育，建议进一步明确以现居住地为重点的属地管理制度，以现居住地管理为主，户口所在地管理为辅。租房居住的要在公安部门办理暂住证，凭暂住证在现居住地享受基本公共卫生服务，办理生育登记手续和生育证，并据此享受相关的计划生育和基本公共卫生服务项目。孩子出生后凭生育证和出生证明可以在异地办理户口落户手续。

十三、推进养老业发展和医养结合的理论创新并加大宣传力度，营造各类服务主体公平竞争的良好环境

（一）推进养老业发展和医养结合的理论创新

随着健康养老理念广泛普及，建议重点从以下几个方面推进理论创新：一是把“医养结合”改为“医养融合”，医疗机构与养老机构的“合作”改为“协同”，做到“医中有养，养中有医”。“医养”要成为一个有机体，由原来的“利益相关者”变为“利益共同体”，发挥“1＋1＞2 的效果”。将“医养结合”改为“医养融合”，有利于运用市场机制培育市场主体，有利于市场主体做大做强，有利于多层次增加养老服务供给，有利于优化配置现有资源，有利于提供服务效率。二是要融入健康老龄化的新理念，深化研究“健康老龄化”并将其作为医养结合追求的目标，只有融入健康老龄化的发展理念，以老年人需求为引导，才能构建更加科学、规范、有效的医养结合服务体系，实现医养结合服务的可持续发展。三是要深化医养结合养老服务理论体系研究，引进并加深对国外的“长期介护”“综合照料”“整合”等的研究，以进一步丰富医养结合内涵与外延，深化对医养结合构成要素、目标、主要特征、主要模式与实施路径、质量评估、监管体系等的研究，深入研究全生命周期的卫生健康体系，丰富医养结合养老服务理论体系，以更好地指导医养结合和养老业发展实践。

（二）在全社会提高对“养老服务既是大民生，也是大产业”的认识

要广泛宣传，动员全社会提高对养老业发展重要性的认识，转变观念，不把老人作为累赘，而把老年人作为产业发展的资源；不

能把养老全部看成公益事业，要正确区分养老事业与养老产业，需要政府“托底”的养老服务和志愿服务才是公益性的，属于养老事业，其他养老服务都是养老产业，要充分认识养老业的双重属性。因“托底”服务在整个养老产业中毕竟占很小的比重，所以必须提高对社会化、市场化发展养老业的认识。养老服务既是大民生，也是大产业，在“积极老龄观”视角下，养老服务不仅是推动高质量发展、创造高品质生活的重要结合点，而且还是释放消费潜力、培育发展新动能的重要增长点。要通过广泛宣传，引导全社会更多地从社会化、市场化、产业化角度认识养老业，引导传统家庭养老方式积极向现代养老方式转变，尤其要动员失能失智和部分半失能老人、高龄老人进入医养结合机构享受专业化服务。

（三）营造各类养老服务主体公平竞争的市场环境

今后在政策导向上要积极引导社会主体参与养老，并保障其在养老服务中合法、平等的市场地位，统一公办、民营养老机构的补助标准，避免不平等竞争；要改革传统的政策支持方式，通过政府购买服务、协调指导、评估认证等方式，吸引民间资本举办养老服务，支持品牌和连锁化经营，并在建设资金、土地征用、税收、信贷、医保报销等方面提供更多的政策扶持；要不断提升社会主体的服务能力，通过构建培育、扶持、监督和反馈机制，提升社会主体市场生存能力和市场发展能力。同时要表彰奖励医养结合先进单位和优秀的服务品牌，营造良好社会舆论氛围；要选取优秀典型、优化的模式，组织媒体开展集中报道，为推进医养结合、加快全省医养健康产业发展营造良好舆论氛围。

十四、攻难破难，实施好《“健康山东 2030”规划》

对照《“健康山东 2030”规划》，我们初步论证分析认为，要实

施好该规划需要重点破解的九个难点问题，主要有健康教育问题，居民健康素养和生活方式监测体系问题，医疗卫生、计生、体育、养老等的体制融合问题，医疗、制药、养老、养生、文化、旅游、体育产业融合问题，转变医疗卫生服务模式问题，如何打造健康新业态问题，如何营造良好的健康环境问题。如何解决这些问题，我们通过论证提出“十化”观点。具体是：要加快推进健康教育专业化、职业化、健康素养监测常态化，以实现健康老龄化；要通过加快推进健康子产业融合化、健康新业态培植社会化、健康品牌高端化、健康环境优质化、健康管理法制化、健康服务智慧化，率先实现健康产业高质量发展。特从宏观方面提出如下建议：

（一）实施“抓两头，带中间”策略，全面开展健康教育，普及健康行为

把健康教育作为公共产品，健康教育从幼儿园抓起，要进课堂，从小就要掌握基本的健康知识和健康技能；老年人重点普及养生和养老知识，对在职人员要将健康教育作为工作中继续教育的重要内容。采取政府购买服务方式，推进健康教育专业化、职业化。

（二）建立居民健康素养水平、健康生活方式、健康行为方式的监测体系，加强监测预警

要改革健康教育考核方式，提升考核等级和层次。建议基本公卫考核中取消对健康教育的考核，通过建立居民健康素养水平、健康生活方式、健康行为方式的监测体系，重点考核居民的健康素养水平，并将这个指标列入对地方党委、政府的经济社会综合考核内容，基本公卫考核中直接引用这个指标。要建立专业化监测队伍，采取政府购买服务方式，推进健康教育专业化、职业化；通过建立专业化的健康素养监测队伍，推进健康素养监测产业化，以全面提升健康治理现代化水平，为健康中国建设奠定坚实基础。

(三)加强健康评估体制机制和人才队伍建设,促进健康评估专业化和产业化

建议健康评估工作都由卫健部门来抓,民政部门没有必要再单独搞一套"老年人能力评估",减少不必要的重要劳动。建议以健康养老需求评估工作为统领,在搞好健康养老需求评估工作的基础上,搞好"老年人能力评估","申请长护险资格评估";同时要开展养老机构服务能力和服务质量评估,对养老机构开展"星级"评定。建议今后所有评估都应聘请第三方专业机构进行,以促进健康评估专业化和产业化。

(四)开展健康产业发展示范工程建设

如健康教育专业化,健康素养监测常态化,加快推进健康老龄化,健康子产业融合化,健康新业态培植社会化,健康品牌高端化,健康环境优质化,健康管理法制化和信息化。

(五)建立健康子产业相关产业园区,促进产业集聚

尤其在生物制药方面要学习借鉴江苏泰州中国医药城成功模式,高起点规划建设科研开发区、生产制造区、会展交易区、康健医疗区、教育教学区、综合配套区等功能齐全的生物医药产业园区。通过政策扶持、税收减免、土地置换、科技合作等方式吸引国内外先进海洋生物医药上下游企业、科研机构、行业组织、中介机构等要素聚集,有效刺激创新、提高效率、降低成本,形成强大的集群竞争力。

(六)发挥健康产业相关龙头企业的引领作用

对部分健康产业中的龙头企业在环境配套、土地使用、人才流动、成果转化等方面给予重点扶持。鼓励龙头企业通过联合、兼并、改制、参股、控股等多种形式,做大做强。

(七)开展医养健康产业普查

医疗健康产业是新兴产业，且有许多是从公益性转化而来，通过对产业发展情况进行普查，充分摸清底数、全面了解现状，建立医疗健康产业信息数据库，有利于今后对全省医疗健康产业发展的监测预警。

(八)加快构建开放协同高效的医疗健康产业创新平台体系

一方面要在重点企业加快布局建设一批省级技术创新中心，引导企业加快成长为具有国际影响力的创新引领企业；另一方面要围绕制约我省产业发展的关键瓶颈，由政府引导，加快建设一批政府、企业、高校院所共同参与的协同创新中心；再一方面推动政府、科研院所、高校的各类涉及医疗健康产业创新服务平台资源信息共享、分工合作，形成具有全产业链的技术创新平台体系。

十五、向国家提出相应建议，从国家层面推动相关改革

(一)调整老年人口年龄段

我国目前对老年人口年龄段的界定为60岁以上人口。从实际情况看，随着生活条件、身体健康状况的改善以及人均预期寿命延长，许多人虽然60岁以上，但身体健康、精力充沛，不符合老年人的特征。将这些“硬性”规定为老年人，不利于其心理健康，也不利于养老金的集约使用。为此，有必要向国家提出建议，将老年人口的年龄段由60岁以上调整至65岁以上，这有利于制定更加符合我国老年人特点的相关政策，并因年龄段范围缩小可以将节省的经费加大对适宜保障对象的保障力度。目前，英国、美国、日本、

韩国等发达国家的相关养老政策其受益对象多是针对65岁以上老人，因此将老年人口年龄段调整至65岁以上可以更好地借鉴国外养老政策并使养老政策受益对象与老年人口年龄段相适应。

（二）延长退休年龄

目前我国男同志退休年龄多为60岁，而对女同志退休年龄的规定较为混乱，根据其身份和职业不同，大致分三个层级：有50岁退休的（主要为企业职工），也有55岁退休的（主要为机关事业单位工作人员），还有60岁退休的（主要为处级干部和高级知识分子）。从公平性和资源利用等角度看，现行规定很不合理，既存在身份、职业等方面的不公平，也存在性别歧视问题，还加重养老金支付负担，同时还不利于女同志购买养老保险（许多本应购买养老保险的女同志因年龄原因尤其是离退休年龄不足15年而放弃购买养老保险的计划，影响今后的生活质量）。从实际情况看，目前许多到了退休年龄的人正年富力强且经验丰富，过早退休实属浪费了富贵的人力资源，同时也加剧了我国劳动力资源供给不足的矛盾。因此，借鉴国际有益经验，适当延长退休年龄是十分必要的，于国于民均有利。建议提倡不论男女均是65岁退休，个人因自身状况可以申请提前退休或延期退休。因延迟退休所节约的养老金可用于提高65岁退休的养老待遇以及支持养老业发展。

（三）取消独生子女奖励政策

目前已经放开“二孩”政策，不再鼓励一对夫妻只生一个孩子，为此有必要取消独生子女奖励政策，对现在已经生育一个孩子的不再办理独生子女证书和享受相关奖励。

（四）取消基本药物制度

按目前政策规定，政府举办的基层医疗卫生机构全部实施基

本药物制度。调研发现，目前从平台上能够购进的“基本药物”只能满足需求的40％左右（有些药品虽列入基本药物名录，但由于基层医疗卫生机构一次性采购数量少，物流往往以“缺货”为由不给配送），且多数药品价格比市场上高出10％～50％，有的高出一倍多，基层医疗卫生机构面临“缺医、少药、价格高”的严峻局面，居民颇有怨言，且又由于自行到药店购药得不到医务人员指导而加大用药安全风险。实施基本药物制度的主要目的是降药价，确保用药安全，为群众办实事，而实际执行结果却事与愿违，除“捧火”了药店外别无益处，还带来许多副作用。事实上，只要从源头上、从生产环节加大监管，用药安全是能够保证的，没有必要通过基本药物制度对公办基层医疗机构进行控制，既不合理，又有失公平，建议国家予以取消。

主要参考文献

[1]申曙光,马颖颖.新时代健康中国战略论纲[J].改革,2018(4).

[2]邹茜.南昌市医养结合养老模式研究[D].南昌大学,2018.

[3]王跃,毛开云,王恒哲,范月蕾,于建荣.面向老龄化和慢病推进我国大健康产业发展[J].生命科学,2018(8).

[4]郭新艳,陈林会.共建共享:健康产业协同发展推进思路[J].成都体育学院学报,2017(1).

[5]黄佳豪,孟昉."医养结合"养老模式的必要性、困境与对策[J].中国卫生政策研究,2014(6).

[6]赵晓芳.健康老龄化背景下"医养结合"养老服务模式研究[J].兰州学刊,2014(9).

[7]廖芮,张开宁,王华平,等.我国健康老龄化背景下的医养结合:基本理念、服务模式与实践难题[J].中国全科医学,2017,20(3).

[8]程承坪,吴琛.健康战略下发达国家发展养老健康产业借

鉴研究——以美国、德国、日本为例[J]. 当代经济管理，2018(3).

[9]燕妮. 新时代健康养老产业与保险业融合模式研究[J]. 金融与经济，2018(3).

[10]孙世会. 医养教模式——养老经济背景下多产业融合研究[J]. 中国卫生事业管理，2018(4).

[11]柳鸣毅，王梅，徐杰，等. "健康中国 2030"背景下中国青少年体育公共政策研究[J]. 体育科学，2018(2).

[12]廖远朋，王煜，胡毓诗，等. 体医结合：建设"健康中国"的重要途径[J]. 成都体育学院学报，2017(1).

[13]肖远平，王伟杰. 大健康产业背景下民族医药民俗的传承与保护研究[J]. 中南民族大学学报(人文社会科学版)，2016，36(4).

[14]胡振宇，黄艳. 中医健康养生保健服务产业存在的问题与对策[J]. 企业经济，2015(12).

[15]李煜. 商业健康险发展的国际经验及启示[J]. 改革与战略，2018(5).

[16]王小琳，孙东雅. 商业健康保险发展思考[J]. 中国金融，2018(15).

[17]杨星，龙茜，龙琛. 大健康背景下我国健康管理产业发展策略分析[J]. 中国卫生经济，2017(5).

[18]王昊，张毓辉，王秀峰. 我国民族地区健康产业发展现状及战略研究[J]. 中国卫生经济，2018(3).

[19]单敏飞，徐俊杰. 以健康产业为农村经济增长战略支撑点的思考[J]. 农业经济，2018(5).

[20]张毓辉，王秀峰，万泉，等. 中国健康产业分类与核算体系研究[J]. 中国卫生经济，2017，36(4).

[21]倪春霞，张晓燕. 从公共产品理论看健康产业的概念与分类[J]. 卫生经济研究，2016(6).

[22]杨林.健康产业统计方法研究与应用——以深圳市为例[J].调研世界,2015(10).

[23]医养结合的社会养老服务筹资模式构建与实证研究[D].浙江大学,2014.

[24]杨贞贞.医养结合的社会养老服务筹资模式构建与实证研究[D].浙江大学,2014.

[25]鲍捷,毛宗福.社会医疗保险助推医养结合服务的政策探讨[J].卫生经济研,2015(8).

[26]王素英,张作森,孙文灿.医养结合的模式与路径——关于推进医疗卫生与养老服务相结合的调研报告[J].社会福利,2013(12).

[27]郭聪.医养结合中外比较研究[D].东北财经大学,2016.

[28]夏天慧,范玲.我国医养结合养老模式发展现状研究[J].护理研究,2018,32(11).

[29]孟颖颖.我国"医养结合"养老模式发展的难点及解决策略[J].经济纵横,2016(7).

[30]吴侃,钱佳慧,罗会强,曹裴娅,李念.我国"医养结合"养老模式构建现状及存在问题探讨[J].现代预防医学,2016(10).

[31]廖芮,张开宁,王华平,刘湘源,邓睿.我国健康老龄化背景下的医养结合:基本理念、服务模式与实践难题[J].中国全科医学,2017(3).

[32]王赟,曹勇,唐立岷,潘聪聪.青岛市"医养结合"养老模式探索[J].卫生软科学,2015,29(2).

[33]耿爱生.养老模式的变革取向:"医养结合"及其实现[J].贵州社会科学,2015(9).

[34]钱红祥,陈荆立."四大路径"推进医养结合[J].社会福利,2015(1).

[35]黄佳豪,孟昉."医养结合"养老模式的必要性、困境与对

策[J].中国卫生政策研究,2014(6).

[36]支建福,刘敏,白建,任鹏锟,孟兆敏.老年人口社区医养结合创新模式研究[J].劳动保障世界,2018(9).

[37]闫薇,刘伟超.关于社区居家医养结合养老模式的思考[J].北京城市学院学报,2018(3).

[38]邓大松,李玉娇.医养结合养老模式:制度理性、供需困境与模式创新[J].新疆师范大学学报(哲学社会科学版),2018(1).

[39]徐静,张洪雷,王琦,等."一带一路"战略下中医药文化软实力提高策略研究——以江苏省为例[J].时珍国医国药,2017(8).

[40]侯红明,庞弘燊,覃筱楚,等.广州生物医药领域科技创新服务平台发展策略若干建议[J].科技促进发展,2017(1).

[41]张俊华.浅析促进和加快社会办医的四个问题[J].中国卫生人才,2015(8).

[42]李长远,张举国.我国医养结合养老服务的典型模式及优化策略[J].求实,2017(7).

[43]牛亚冬,张研,叶婷,张亮.我国基层医疗卫生机构医疗服务能力发展与现状[J].中国医院管理,2018(6).

[44]刘芷含,赵旭宏.大数据时代下我国社区卫生服务发展的态势分析与战略选择[J].中国全科医学,2018(22).

[45]邵仲岩,张闻煜.我国医药行业内部控制优化研究[J].北方经贸,2017(8).

[46]潘中立.我国制药行业发展现状及发展趋势探究[J].现代营销(下旬刊),2017(5).

[47]柳鸣毅.健康中国背景下全民健身公共政策分析[J].中国体育科技,2017,53(1).

[48]谭森.我国体育产业发展审视及其与大众健身互动关系探讨[J].沈阳体育学院学报,2015(4).

[49]王占坤.发达国家公共体育服务体系建设经验及对我国的启示[J].体育科学,2017(5).

[50]夏杰长,张颖熙.健康服务业发展的重点领域与政策建议[J].银行家,2018(9).

[51]孙世会.医养健康产业发展现状及政策研究[J].中国医药导报,2018(5).

[52]何炤华.协力推进医养结合助力健康养老产业繁荣发展[J].城市住宅,2017(1).

[53]屈昌辉.建立以社区养老为中心的养老服务产业体系研究[J].城市发展研究,2015(11).

[54]王喜红.烟台市产业链视角推动医养结合发展研究[J].烟台职业学院学报,2018(2).

[55]孟晓伟,姚东明,胡振宇.中医药健康旅游发展现状与对策研究[J].江西中医药大学学报,2018(1).

[56]杨艳梅.医养结合型养老设施建筑设计策略研究[D].西南交通大学,2015.

[57]张维嘉."医养结合"型机构养老模式研究——以武汉市城区为例[D].湖北中医药大学,2015.

[58]党瑞英.城市医养结合养老机构模式及对策研究[J].实用预防医学,2017,24(5)

[59]王磊.医养结合模式在齐齐哈尔市某养老机构运行中存在的问题及对策研究[D].吉林大学,2016.

[60]杨景亮.老年人医养结合服务模式探究[D].东北大学,2012.

[61]梁宏姣.城市医养结合机构养老模式研究——以黑龙江省失能、半失能老人为例[D].黑龙江省社会科学院,2015.

[62]耿爱生,王珂.英国"医养结合"的经验与启示[J].华东理工大学(社会科学版),2016(5).

[63]成秋娴,冯泽永.美国 PACE 及其对我国社区医养结合的启示[J].医学与哲学(A),2015(9).

[64]黄佳豪,孟昉."医养结合"养老模式的必要性、困境与对策[J].中国卫生政策研究,2014(6).

[65]睢党臣,彭庆超."银发浪潮"下我国医养结合养老服务模式探析[J].社会保障研究,2016(1).

[66]王雯.推行"医养结合"养老服务模式的必要性、难点和对策[J].中国老年学杂志,2016(10).

[67]陈颖,马丽霞,裴慧丽,刘灵灵.不同失能程度老年人居家养老照护服务项目需求调查[J].中国实用神经疾病杂志,2016(1).

[68]俞帼英.医养结合的干预对社区养老居民的日常活动能力(ADL)和社会支持情况(SSRS)的影响[J].中国民康医学,2016(1).

[69]孟颖颖.我国"医养结合"养老模式发展的难点及解决策略[J].经济纵横,2016(7).

[70]周国明.宁波市医养结合养老服务发展政策路径研究[J].中国农村卫生事业管理,2014(11).

[71]宋澜,王超.从覆盖到发展:医养结合养老模式三步走战略[J].求实,2016(9).

[72]张晓杰.医养结合养老创新的逻辑、瓶颈与政策选择[J].西北人口,2016(1).

[73]成秋娴,等.我国发展社区医养结合的必要性、可行性、困境及建议[J].中国卫生事业管理,2016(5).

[74]冯丹,等.对医养结合型养老机构的思考[J].医学与哲学(A),2015(4).

[75]於军兰,等.黄石市医养结合养老服务现状分析[J].护理研究,2015(9).

[76]刘清发,孙瑞玲.嵌入性视角下的医养结合养老模式初探[J].西北人口,2014(6).

[77]王建云."医养结合"养老服务模式下资源整合路径研究[J].老龄科学研究,2015(12).

[78]唐钧.关于医养结合和长期照护服务的系统思考[J].党政研究,2016(3).

[79]何寿奎.社会资本参与医养结合项目面临的问题治理路径研究[J].当代经济管理,2018(1).

[80]耿爱生.中国医养结合政策研究[J].中州学刊.2018(6).

[81]杜少英."医养结合"养老模式的障碍及破解[J].人民论坛,2018(11).

[82]刘亚娜.我国医养结合养老服务政策网络与耦合协同[J].中国行政管理,2018(11).

[83]郝涛,商倩,李静.健康中国背景下医养结合养老模式研究[J].社会科学战线,2018(6).

[84]李长远.社区居家医养结合养老服务的比较优势、掣肘因素及推进策略[J].宁夏社会科学 2018(11).

[85]王智昊等.医养结合养老模式的制度困境与完善[J].领导科学论坛,2019(1).

[86]熊功友.探索"互联网+"医养结合模式的实践[J].当代医学,2019(1).

[87]崔树义,田杨.养老机构发展"瓶颈"及其破解[J].中国人口科学,2017(4).

[88]李爱.山东省医养结合养老服务发展现状、问题与对策[M].山东社会形势分析与预测,2017(4).

[89]邓大松,王凯.国外居家养老模式比较及对中国的启示[J].河北师范大学学报(哲学社会科学版),2015(3).

后 记

2018年6月，山东省人民政府发展研究中心、山东省社会科学规划管理办公室联合发布了《2018年度山东省人民政府决策咨询研究重点课题招标公告》，对10个重点课题面向社会公开招标，本人参与投标并有幸中标了其中的一个课题——《加快推动医养结合，建设健康山东研究》。2018年7月，本人召集济南大学、山东省卫健委、山东第一医科大学（山东省医科院）、滨州医学院、济宁医学院、滨州市卫健委、临沂市河东区卫健局、临沂市九曲护理院等单位的专家组成课题组，进行了为期近一年的调查研究，圆满完成了规定的研究任务。本书为本课题研究成果综合研究报告的内容。

本成果特色是点面结合、全面调研、全方位查找问题，以问题为导向提出相应对策建议。在对国内外研究现状综合评述、相关理论问题分析、解剖发达国家典型案例、对面上数据进行综合分析的基础上，持续开展了近一年的调研，取得了大量第一手资料。通过调研，总结出山东省医养结合的18种模式并分析了各自优缺点，提出了基于不同养老方式、不同层级、不同规模的医养结合优化模式；找出了影响和制约医养结合和养老业发展的48个问题；

从15个方面提出了105条具体建议，撰写了30篇专题调研报告和决策咨询建议（因专题调研报告和决策咨询建议字数较多，未能收录书中）。

在课题研究过程中，先后到过省内外150多家养老机构进行调研，先后组织召开了五次较大规模的学术沙龙和学术研讨会，广泛征求意见和建议；成果完成后多次到山东省卫健委等部门召开座谈会征求意见，将研究报告多次印刷送相关专家征求意见，不断完善，形成了目前的综合研究报告。主要创新点如下：

1. 首次系统总结出了山东省医养结合的18种模式。其中，“机构养老”医养结合模式有10种，“社区养老”医养结合模式有5种，“居家养老”医养结合模式有3种。

2. 首次提出了具有协同效应是评判医养结合优化模式的重要标准，这是重要的理论创新。医养结合取得实效的关键是医疗资源与养老资源通过“合作”达到“共享”，实现“协同”，发挥出“1+1>2效果”。

3. 首次提出了机构养老、社区养老、居家养老三种养老方式分别在城区、乡镇、村级的医养结合优化模式，可为实践提供“模板”；同时提出了各个优化模式的相关支持政策建议，具有重要应用价值。

4. 对照医养结合的优化模式，首次提出应该对目前的医养结合政策进行反思。主要是：不应该提倡不具备条件的养老机构新办医疗机构，实践证明容易导致劳民伤财；“医”在医养结合中居主导地位，应提倡医疗机构有重点地开展养老服务，但目前推进力度不够，主要是“医”缺乏主动性和积极性，应指令所有医疗机构都涉足养老，赋予医疗机构全面开展养老服务的新职能（一级医院都新建或托管养老机构，社区卫生服务机构都要开展社区养老和居家养老服务，二级以上医院不必建养老院，应建老年病科或康复科）。医疗机构与养老机构合作，不能仅仅签协议、“医”为“养”提供“绿色通道”，关键是推行“医”为“养”嵌入式提供整体医疗外包服务。

5.首次从供求关系角度提出山东省养老业发展存在的主要问题。主要是：从需求侧看，潜在需求很大，但有效需求激发不够；从供给侧看，一方面供给总量不足，而另一方面利用率不高（约45%床位空置），存在供给结构性矛盾；从供给方式看，政府主导多，市场化多元供给少，市场主体培育不够；从政策供给看，目前政策主要是刺激供给，而激发需求用力不足。

6. 提出新的社会化养老服务体系是一大创新，应该将“旅居养老”“互助养老”并入健康养老服务体系。将以居家养老为基础、社区养老为依托、机构养老为支撑，医养相结合的多层次养老服务体系修改为：以“旅居养老”和“互助养老”为时尚，以“居家养老”为基础，以“社区养老”为依托，以“机构养老”为支撑，因地制宜地采用优化模式推进医养融合发展，加快建设兜底线、织密网、多层次、全覆盖、各个环节有机衔接、线上线下一体的社会化养老服务体系”。

7.首次提出政府在养老服务体系中的职责定位。政府不再直接建设养老机构，而是要履行好“兜底线、保基本”职能，建立基本养老服务制度，其他服务交给市场主体；政府的“托底”保障没有必要由政府新建服务设施来实现，应该完全实施政府购买服务。

8.提出的加快养老服务市场化改革路径有新意。强调市场化筹资；强调市场化运作；强化产业化发展；强化社会力量是市场主体的角色定位，发挥市场机制在资源配置中的决定性作用。

9.提出激发养老有效需求及相关支持政策建议具有新意。政府养老补贴要由原来以刺激供给为目标转向以刺激需求为目标，由“补砖头”向“补人头”转变；要制作并发放“养老服务券”，刺激养老消费。

10.提出了一些消除“瓶颈”制约的体制机制创新建议具有新意并具有重要应用价值。如：民非养老机构改为企业，公建民营向混合所有制过渡，取消公建公营，允许县域范围内跨区域行医，取消医疗机构新办分支机构的审批，医保定点要向医养结合机构全覆盖，取消长护险中的“家护”，民政部门只管养老“托底”保障，其他养老业务包括养老评估都交卫健部门负责。

研究报告由朱孔来、朱孟斐、孔杨执笔撰写，姜文华、韩春蕾、李胜、刘明芝、巨云田、郭士文、魏振民、张凯兆、张月盈等同志参与部分调研，有的同志还提供了一些研究资料；山东省人民政府发展研究中心的多位同志以及在课题开题、中期检查、结题时多位评审专家对本成果提出了很好的意见和建议；同时在课题研究过程中也参考了其他学者的一些研究成果，在此书出版之际一并向为本成果做出贡献的同志表示衷心感谢。

本人从事课题及调查研究30多年，甚感对这个课题的调研用的功夫最大（为了搞好调研，把我的父母送到了一家医养结合的机构），取得的成果相对较多，除了书稿中的综合研究报告外，另外还撰写了30篇专题性调研报告和决策咨询建议（已有多篇被中共山东省委书记刘家义，山东省省长龚正、副省长孙继业和于国安、山东省政协副主席赵家军、中共济南市委书记王忠林、济南市市长孙述涛等领导同志批示）。但由于受本人水平能力所限，书稿有可能存在不当之处，同时由于时间仓促，对相关内容推敲整理不够，书中观点有可能会存在一定争议，敬请读者多多提出富贵意见，多多批评指正。

朱孔来
2019年7月于济南